COLLECTION
UNIVERSELLE
DES
MÉMOIRES PARTICULIERS,
RELATIFS
A L'HISTOIRE DE FRANCE.
TOME VII.

Contenant *les Mémoires de la* Pucelle d'Orléans, *ceux du Connétable de* Richemont, *& ceux de* Florent Sire d'Illiers.

XIVe & XVe. SIÈCLES.

Il paroît régulièrement chaque mois un Volume de cette Collection. Les Editeurs ont pris les précautions nécessaires pour qu'il en ait paru 12 volumes à la fin de l'année 1785.

Le prix de la Souscription pour 12 Volumes, à Paris, est de 48 l. ou de 24 l. pour la demi-année. Les Souscripteurs de Province payeront de plus 7 l. 4 s. pour l'année entiere, ou 3 l. 12 s. pour la demi-année, à cause de frais de poste.

C'est au Directeur de la Collection des Mémoires, &c. qu'il faut s'adresser, *rue d'Anjou-Dauphine* N°. 6, à Paris. Il faut avoir soin d'affranchir le port de l'argent & des lettres.

COLLECTION

UNIVERSELLE

DES

MÉMOIRES PARTICULIERS

RELATIFS

A L'HISTOIRE DE FRANCE.

TOME VII.

A LONDRES;

Et se trouve à PARIS,

Rue d'ANJOU-DAUPHINE, N°. 6.

1785.

MÉMOIRES
CONCERNANT
LA
PUCELLE D'ORLEANS.
XVe SIÈCLE.

MÉMOIRES

CONCERNANT

LA

PUCELLE D'ORLÉANS.

XV Siècle.

NOTICE
DES ÉDITEURS
SUR LES MÉMOIRES
Relatifs
A LA PUCELLE D'ORLÉANS.

Le nom du Rédacteur des Mémoires sur la Pucelle d'Orléans, n'est pas connu. Denys Godefroy, qui en a été l'Editeur, ne nous en apprend pas davantage. On trouve dans ces mémoires un grand nombre de particularités qui ne se rencontrent point ailleurs. Tout ce qui concerne la Pucelle y est très-détaillé. Comme ces mémoires finissent plus d'un an avant sa mort (& ce n'est pas la portion la moins curieuse de son Histoire) nous y avons suppléé en plaçant à la suite de ces Mémoires ce qu'en rapporte Jean Chartier, Historien de Charles VII. Les notes qui accompagnent ces Mémoires, & le Chapitre que nous avons emprunté de l'Historien de Charles VII, réunissent les différents témoignages des contemporains sur les actions & sur la fin tragique de Jeanne d'Arc.

Nous y avons joint une lettre de Guy XIV du nom, Sire de Laval, à ses mère & ayeule Dames de Laval & de Vitré : cette lettre, où sont consignés plusieurs faits relatifs à la Pucelle, nous a semblé digne d'être conservée.

Peut-être nous objectera-t-on que ces Mémoires intéresseront foiblement, parce qu'aux yeux de bien des gens les exploits de Jeanne d'Arc passent pour être mêlés de fables, ou au moins exagérés par l'enthousiasme. Nous répondrons que le premier reproche tombe de lui-même. Quand même on n'auroit pas l'histoire & les lettres de noblesse accordées aux parents de Jeanne d'Arc, il suffiroit de lire attentivement les dépositions (*) qui furent recueillies lors des trois révisions du procès de sa condamnation. Les deux premières de ces révisions se firent en 1552 & 1557. On procéda à la troisième en 1463 sous le règne de Louis XI; & celle-cy assurément ne doit pas être suspecte.

(*) Voyez ces dépositions dans l'Histoire de Jeanne d'Arc, par l'Abbé Lenglet Dufresnoy, 3. Part. in-12.

Dans le nombre des témoins qui ont déposé, on compte des Princes du sang, des Evêques, des Officiers Généraux & des Magiſtrats. Parmi ces témoins ſont le Duc d'Alençon, le Comte de Dunois, le Sire de Gaucourt, Grand Maître de France, le Sieur Daulon, Sénéchal de Beaucaire, &c. Quand on conſidère quels ſont les Auteurs de cette opinion qui tend à faire regarder Jeanne d'Arc comme une fille ſuſcitée par l'intrigue & par la fraude, on voit avec ſurpriſe que les deux premiers (du Bellay & du Haillan) ont vécu 150 ans après ſa mort. Les autres (*), qui leur ont ſervi d'échos, n'ont pas héſité deux ſiècles après de contredire à cet égard les monuments de l'Hiſtoire, ſans leur oppoſer des titres qui les autoriſent. Les Hiſtoriens Anglois n'ont pas manqué de ſe joindre à ces détracteurs de Jeanne d'Arc. Ils ſentoient bien qu'ils ne pouvoient pas autrement laver leur nation du ſupplice atroce infligé à cette fille courageuſe. Au

---

(*) Nous ne nommerons parmi ces derniers que Juſte Lipſe & Gabriel Naudé. Plus d'un moderne, au lieu d'approfondir s'ils avoient tort ou raiſon, les a copiés : cela eſt bien plus commode. Voilà comment les erreurs & les préjugés ſe propagent.

surplus, quelle qu'ait été sa mission, nous nous contenterons d'observer qu'elle renferme des circonstances très-extraordinaires : il est constaté qu'elle n'avoit jamais vu Charles VII : elle le démêla (*) cependant dans la foule de ses courtisans où il étoit confondu. Le ton d'assurance avec lequel elle s'exprimoit, étonna (**) le Dauphin & toute sa Cour. Ce Prince en fut si frappé, qu'il enjoignit à Guillaume Bellier, son Maître d'hôtel & Bailli de Troyes, de la loger chez lui ; l'épouse de cet Officier, femme connue par sa vertu & par son mérite, eut ordre d'en prendre soin. On envoya des gens dignes de confiance vérifier ce qu'on disoit & ce qu'on pensoit d'elle à Vaucouleurs, à Donremmy & à Greux. L'enquête tourna (***) complètement en sa faveur.

Nous ne nous étendrons point sur les exploits guerriers de Jeanne d'Arc : nous renvoyons aux mémoires qui suivent. Nous remarquerons seulement qu'il est singulier

---

(*) Dépositions de Jean de Gaucour, Grand Maître de la Maison du Roi, & de M. Simon Charles.

(**) Déposition du Duc d'Alençon.

(***) Dépositions de Jean Barbin Avocat du Roi.

qu'une fille de dix-huit ans, habituée depuis l'enfance à garder des troupeaux, ait eu l'art d'en impoſer aux Dunois, aux Chabanne, aux la Hire, aux Saintrailles, & que ces hommes l'aient jugée digne (*) de diriger leurs opérations militaires.

En ſuppoſant que la bravoure & les actions de cette fille aient été le produit d'une tête exaltée, il faut avouer qu'elle ne pouvoit arriver ſur la ſcène plus à propos. La France écraſée ſous le joug de l'Angleterre, tendoit les mains aux fers qu'on lui préparoit. Quelques guerriers fidèles à leur Roi & à leur Patrie, retardoient l'inſtant où ſon eſclavage alloit ſe conſommer. Tandis qu'ils combattoient généreuſement, une foule de courtiſans avides & ambitieux, rempliſſoient de troubles la Cour de Charles VII. Ce Monarque accablé ſous le faix des malheurs, languiſſoit dans une molle apathie : on lui arrachoit l'héritage de ſes peres ; & il s'occupoit tranquillement à deſſiner ſes parterres de *Meung ſur Yevre*. Le François, découragé par des pertes ſucceſſives, ne ſavoit plus

---

(*) Dépoſition du Comte de Dunois, du 22 Février 1456.

que fuir devant ſes ennemis. La Pucelle paroît : elle le rappelle à ſon devoir & à l'honneur. Le François redevient ce qu'il doit toujours être; & l'Anglois conſterné fuit à ſon tour.

Nous obſerverons enfin que les hommes injuſtes, qui condamnèrent Jeanne d'Arc à mort, ne purent jamais entacher ſon honneur. Ils l'accuſèrent de magie, de preſtiges; & on la brûla comme ſorcière. Ses principaux perſécuteurs ne jouirent pas longtemps du fruit de leur iniquité. L'indigne Evêque de Beauvais (que ſes Diocéſains chaſſèrent avec raiſon) Pierre Cauchon périt ſubitement, tandis qu'on le raſoit. Nicolas *Midy*, qui l'avoit prêchée le jour de ſon exécution, mourut de la lépre quelques jours après ſon ſupplice. Le Promoteur de l'officialité d'*Eſtivet*, pourſuivi par la miſère & par le mépris public, termina ſa vie dans un colombier.

En récapitulant ce que nous venons de dire, nous avons cru devoir inſérer, dans cette Collection, des Mémoires relatifs à une des époques les plus intéreſſantes de notre Hiſtoire : par le moyen des notes ajoutées à ces

Mémoires le pour & le contre y sont rassemblés. On y voit la maniére dont étoit affecté chaque écrivain de ces temps-là : du choc des opinions naît la vérité ; & nous ne connoissons point de meilleure méthode pour pouvoir porter un jugement sain & libre.

Fin de la Notice des Éditeurs.

MÉMOIRES
CONCERNANT
LA
PUCELLE D'ORLEANS,

Dans lesquels se trouvent plusieurs particularités du regne de CHARLES VII, *depuis 1422 jusqu'en 1429.*

S'ENSUIVENT les choses advenues, du temps du tres-Chrestien & très-noble Roy Charles VII de ce nom, qui eut le Royaume aprés le trespas de feu son pere Charles VI, lequel trespassa l'an mille quatre cent vingt-deux, le vingt & uniesme jour d'Octobre; auquel temps y eut divers exploits de guerre, & grandes divisions (1) presque partout. Or il y avoit en Auvergne un grand Seigneur terrien nommé le Seigneur de Rochebaron, qui possedoit plusieurs belles Terres & Seigneuries, & tenoit le party du Duc de Bourgogne, & par consequent du Roi d'Angleterre; lequel eut en sa compagnée un Savoisien, nommé le Seigneur de Salenoue; & se mirent sus, accompagnez de bien huict cent hommes d'armes & les Archers; & tenoient les champs, & faisoient beaucoup de maux, & endommageoient le pays en diverses manieres. La chose vint à la cognoissance du Comte de Perdriac fils du feu Comte d'Armagnac, du Mareschal de France, nommé la Fayette, & du Seigneur de Grossée Seneschal de Lyon, & Bailly de Mascon, lesquels assemblerent gens, le plus diligemment qu'ils peurent, & se mirent sur les champs, en intention de rencontrer lesdits Rochebaron & Salenoue : & de faict, ils les trouverent, & penserent frapper sur eux; mais ils n'attendirent pas, & s'enfuirent tres-laschement & deshonnestement, & se retirerent en une Place nommée Boufos. Tout au plus près d'icelle Place il y avoit un moulin, auquel un Arbalestrier mit le feu, & fut si fort & vehement qu'il entra dans la Ville, dont on ne se donnoit de garde: tellement que les Bourguignons & les Savoisiens en furent surpris, & les Capitaines trouverent moyen de se sauver, & s'en allerent : aucuns de leurs gens se vinrent rendre prisonniers & les autres furent tués. Aprés cela lesdits Seigneurs de Perdriac, le Mareschal, & Grossée, allerent devant la place de Rochebaron, qui fut prise, avec toutes les autres places de ce Seigneur : & ceux de leurs gens qui s'en peurent fuir, furent tuez dans les montagnes en divers lieux, par les gens du plat pays, que on nommoit Brigans; & tout ce pays fut lors réduit en l'obéiſſance du Roy.

Cependant le Vicomte de Narbonne, & le Seigneur de Torſay mirent le ſiege à Coſne; mais les Ducs de Betfort & de Bourgogne aſſemblerent gens pour venir en faire lever le ſiege : & les François voyans qu'ils eſtoient trop foibles, leverent d'eux-meſmes leur ſiege, & s'en allerent en Guyenne, à une cité vers Bordeaux, nommée Baſas, devant laquelle les Anglois mirent le ſiege : & finalement leſdits Seigneurs François prirent compoſition de ſe rendre, au cas que dedans certains temps, les François ne ſe trouveroient plus forts que les Anglois. Si eſtoient lors en Languedoc les Comtes de Foix, d'Armagnac, & autres : & pour le gouvernement des Finances y eſtoit Maiſtre Guillaume de Champeaux Eveſque de Laon, qui fit toute la diligence d'aſſembler gens, pour aller devant la Place; & fit tant, qu'il y eut aſſez belle compagnée. Or eſtoit un des principaux Chefs de guerre des Anglois, un nommé Beauchamps : ledit Eveſque de Laon avoit mandé ou prié au Seigneur de Laigle Vicomte de Limoges, qu'il luy vouluſt envoyer des gens; lequel avoit en ſa compagnée un Chevalier nommé Meſſire Louis Iuvenal des Urfins, fils du Seigneur de Traignel, lequel faifoit fouvent des courfes fur les Anglois dans le pays de Guyenne, & ledit Beauchamp Anglois le cognoiſſoit bien : doncques ledit Seigneur de Laigle envoya iceluy Iuvenal des Urſins, à tout vingt Lances & des Arbaleſtriers, devers ledit Eveſque de Laon ; il arriva environ minuict en l'oſt des François, dont pluſieurs firent grand bruit, croyans qu'il euſt amené bien plus grande compagnée. Sur quoy les François fe difpoferent le matin de combatre, fi meſtier eſtoit : & Beauchamp ſceut la venue dudit Iuvenal des Urſins, & lui envoya requerir, que s'il y avoit befongne, qu'il adviſaſt comment ils ſe pourroient rencontrer, (car autresfois ils avoient rompu lances enſemble) & que s'il le prenoit, il luy feroit bonne compagnée. Ledit Iuvenal des Urſins, & aucuns Seigneurs du pays, furent ordonnez le matin, pour aller voir le maintien des Anglois ; & veirent que les Anglois eſtoient quatre fois plus que les François, & eſtoient campez en place advantageuſe, ayans mis paux ou pals devant eux, & qu'il n'y avoit aucune apparence qu'on les deuſt combatre ; & qu'il valoit mieux laiſſer perdre la Place, que de mettre la compagnée en adventure ; & ainſi fut fait & exécuté.

Environ ce temps, Meſſire Iean du Bellay & Meſſire Ambroiſe de Lore firent une aſſemblée, pour cuider aller recouvrer Freſnay, & vinrent courir devant: mais les Anglois ne faillirent aucunement, & ils s'en retournerent repaiſtre à Sillé-le-Guillaume, & de là partit ledit de Lore pour s'en retourner à Saincte-Suſanne, & ledit du Bellay au Mans, qui avoit environ deux cent chevaux. Guillaume Kyriel Anglois eſtoit lors ſur les champs, accompagné de quatre-vingt Anglois, leſquels ſe mirent à pied à l'encontre d'une haye, & les François vinrent tous à cheval frapper vaillamment ſur leſdits Anglois, qui avoient quantité de traict: finalement les François furent deffaits, dont il y eut pluſieurs de tuez & pris.

En ce temps, le Duc de Bourgongne eſtoit ſur les champs, & auſſi y eſtoient les François; ils ſe rencontrerent, & il y eut bien dure & aſpre beſongne, & pluſieurs ruez par terre, & des bleſſez d'un coſté & d'autre: le Duc de Bourgongne s'y comporta vaillamment; & à la fin les François furent deffaits, dont il y eut de tuez & de pris, nonobſtant que les Bourguignons y euſſent reçeu grand dommage. Le Seigneur de Gamaches & Meſſire Amaury de Sainct-Leger tenans le party du Roy, trouverent vers la Blanque-taque en Picardie plusieurs Bourguignons, si frapperent sus, & les ennemis se mirent fort en deffense; mais finalement iceux Bourguignons furent deffaits, dont il y eut plusieurs de tuez & de pris. Au pays du Maine, environ Neufville Lalais (*), le Sieur de Fontaines & aucuns Anglois se rencontrerent; & aprés qu'ils se furent bien entre-batus, les Anglois furent deffaits, dont il y eut environ huict vingt de tuez & de pris. Pour ledit temps, le Comte de Boucan Escossois estoit Connestable de France.

L'an mille quatre cent & vingt-trois, la ville de Cravent tenoit pour le Roy de France; & y avoit dedans des compagnons de guerre vaillantes gens, qui couroient tout le pays tenant le party du Roy d'Angleterre & de Bourgongne: & pource les Comtes de Salisbery & de Sufolc vinrent mettre le siege devant ladite Place, & avec eux le Mareschal de Bourgongne; & estoient quantité de gens de guerre, garnis de tous habillemens, qui faisoient toute diligence d'avoir la ville, & ceux de dedans se defendoient fort : & pour lever le siege furent assemblés gens de guerre, du party du Roy, pour essayer si on pourroit lever ce siege; & en furent Chefs le Sieur de

(*) Al. la Haiz.

Severac Mareschal de France, & le Connestable d'Escosse, bien vaillant Chevalier, & estoient grande quantité de bonnes gens : y estoit aussi le Comte de Ventadour, les Seigneurs du Bellay, de Fontaines, de Gamaches, & autres, lesquels vinrent jusques au siege : la venue desquels fut sceuë des Anglois & Bourguignons, qui en estoient advertis : si se mirent-ils en ordonnance, & le Connestable d'Escosse descendit à pied, & avec lui plusieurs vaillans François & Ecossois, croyans que Severac & les autres deussent ainsi faire ; ou au moins, frapper à cheval sur les ennemis : il y fut fort combatu, & finalement les François & Escossois furent defaits, & y en eut plusieurs de tuez & pris, jusques au nombre de deux à (2) trois mille, qui fut un grand dommage pour le Roy de France : il y eut aussi des Anglois & Bourguignons de tuez, mais non en si grande quantité. Des François y fut pris le Connestable d'Escosse, Ventadour, Bellay, & Gamaches; de tuez, le Seigneur de Fontaines, Messire Thomas Stonhameton, le Mareschal de Severac. Messire Robert de Lore, & autres s'enfuirent tres-deshonnestement, qui fut un grand dommage pour le Roi de France : car s'ils eussent arresté & fait leur devoir, la chose (comme il est vray-semblable) eust ésté autrement. Le Roy avoit envoyé au pays de Champagne, au pays de Retel, & és marches voisines, pour y faire guerre, & faisoient ce que gens de guerre ont accoustumé de faire : & au contraire s'assemblerent le Comte de Salisbery, Messire Iean de Luxembourg, & nombre de gens de guerre avec eux. Et quand les François apperceurent qu'ils n'estoient pas gens pour resister à si grande puissance, ils passerent la riviere de Meuse, & se retirerent à Mouson, qui est une ville hors du Royaume, appartenant au Roi.

En iceluy temps un Chevalier d'Angleterre, nommé la Poule (3), de grand sens & lignage, & vaillant Chevalier, partit du pays de Normandie avec bien deux mille & cinq cent combatans Anglois, & s'en vint courre au pays d'Anjou, & se logea audit pays devant un chasteau nommé Segré; laquelle chose vint à la cognoissance de Messire Ambroise de Lore, lequel tres-diligemment envoya, & fit hastivement sçavoir au Comte d'Aumale, qui estoit à Tours, où il assembloit des gens pour l'exécution d'une entreprise qu'il avoit faite sur le pays de Normandie, laquelle ledit Seigneur de Lore sçavoit bien : comme ledit de la Poule estoit entré

en

en iceluy pays d'Anjou, ledit Comte d'Aumale estoit Lieutenant du Roy; & aussi-tost qu'il eut receu les lettres d'iceluy de Lore, il s'en vint tres-hastivement en la ville de Laval, & manda gens de toutes parts, à ce qu'ils se rendissent vers luy, lesquels le firent tres-volontiers ; & ledit Seigneur de Fontaines y alla. Et là vint un Chevalier nommé Messire Iean de la Haye, Baron de Coulonces, qui y amena une belle & gente compagnée de gens de guerre : lequel Baron estoit pour lors dans l'indignation d'iceluy Comte d'Aumale, pour plusieurs désobéïssances qu'il luy avoit faites dans ledit pays, & ne vouloit point qu'il fust en sa compagnée : toutesfois ledit de Lore fit tant, que pour cette fois il estoit content qu'il y fust, pourveu qu'il ne le veist point, & qu'il ne se monstrast devant luy ; si estoit il tres-vaillant Chevalier. Or le lendemain bien matin partit ce Comte d'Aumale & sa compagnée, c'estoit un jour de Samedy, pour s'aller mettre entre le pays de Normandie & lesdits Anglois, en un lieu qu'on disoit, qu'ils devoient passer, pour s'en retourner & entrer audit pays de Normandie ; & furent choisis plusieurs gens de guerre, des plus suffisans & cognoissans à ce, pour les poursuivre, & furent chargez de par ledit Comte, de lui faire sçavoir toutes nouvelles d'iceux Anglois. Ils trouverent qu'ils estoient partis dudit chasteau de Segré, & s'en venoient pardevant un autre chasteau nommé la Gravelle, & amenoient avec eux les hostages d'iceluy chasteau de Segré, & plusieurs prisonniers de leur rançon, & plus de mille à douze cent bœufs & vaches : & s'en vint ledit Comte d'Aumale loger en un village, nommé le Bourg-neuf-de-la-Forest, là où il eut certaines nouvelles que les Anglois estoient partis à trois lieuës dudit lieu, ou environ, & qu'ils tiroient tout droit pour aller passer en un lieu nommé la Brossiniere, à une lieuë dudit lieu de Bourgneuf.

Alors ledit Comte d'Aumale, qui estoit sage & vaillant, envoya querir le Bastard d'Alençon ; & envoya aussi à Madame de Laval, lui prier qu'elle luy voulut envoyer l'aisné de ses fils, nommé André de Laval, lors estant jeune d'âge de douze ans ; laquelle le fit tres-volontiers, & lui bailla pour l'accompagner Messire Guy de Laval Seigneur de Mont-jean, & tous les gens de la Seigneurie de Laval, avec plusieurs autres ses vassaux & hommes qu'elle peut recouvrer & avoir promptement d'autre part. Le même Comte d'Aumale ordonna pareillement d'aller querir

Loüis de Tromargon, & le Sire de Lore, aufquels il dit les nouvelles qui lui eſtoient venuës d'iceux Anglois, & leur requit conſeil, pource qu'il vouloit là conclure ce qu'il avoit à faire; ſurquoy il y eut diverſes opinions & imaginations: apres quoy, finalement il fut conclu de combattre leſdits Anglois, s'ils vouloient attendre, & que ledit Comte avec tous ſes gens ſeroient audit lieu de la Broſſiniere le Dimanche matin, à ſoleil levant; & que ledit Comte d'Aumale ſe mettroit audit lieu à pied, avec les Seigneurs deſſus dits, pour attendre les ſuſdits Anglois; & que ledit de Lore, & Loüis de Tromargon ſeroient à cheval, à tout ſept ou huict vingt Lances, pour beſongner ſur iceux Anglois, ainſi qu'ils verroient à faire, ſans nulle charge: & que s'ils avoient affaire d'un autre Capitaine, ils le pourroient prendre: & on diſoit cela, à cauſe d'iceluy Capitaine Baron de Coulonces, qui eſtoit en l'indignation dudit Comte d'Aumale. Si ſe trouverent ainſi qu'il avoit eſté ordonné, & à l'heure preſcrite, audit lieu de la Broſſiniere; & fut la bataille ordonnée à pied, & leſdits de Lore, Tromargon, & Coulonces à cheval; laquelle ordnnance eſtant ainſi faite, on veit dedans deux heures aprés les Coureurs des Anglois, qui chaſſoient aucuns Coureurs des François : & lors lefdits Capitaines à cheval chargerent fur lefdits Coureurs Anglois, & leur tinrent tellement l'efcarmouche, qu'ils les contraignirent de defcendre à pied prés de leur bataille.

Cependant les fufdits Anglois venoient en belle ordonnance, marchans contre la bataille du Comte d'Aumale, laquelle ils ne pouvoient bonnement voir, pource que ceux de cheval eftoient tousjours entre deux, & fe tenoient tous enfemble, fe retirans tout bellement vers ledit Comte d'Aumale : & quand les batailles dudit Comte d'Aumale, & du fufdit la Poulle Anglois, furent prés l'une de l'autre, comme d'un traict d'arc, les Anglois marchoient fort, & en marchant ils piquoient devant eux de gros paux qu'ils avoient, en grand nombre, & portoient avec eux : & lors lefdits trois Capitaines, & les gens de cheval pafferent par entre les deux batailles, croyans frapper d'un cofté fur lefdits Anglois; ce qu'ils ne peurent bonnement faire, par l'occafion des fufdits paulx : & pource tout à coup ils tournerent fur un cofté de la bataille où il n'y avoit aucuns paulx, & frapperent vaillamment fur eux. Ceux de pied marchoient tousjours les uns contre les autres; & au frapper que firent ceux de cheval, les Anglois fe rompirent, & ferrerent enfemble contre un grand foffé, & eftoient comme fans aucune ordonnance : & lors la bataille à pied joignit aux Anglois, & combattirent main à main; il y eut de grandes vaillances d'armes faites; mais lefdits Anglois ne peurent fouftenir le faix que leur bailloient les François, & furent deffaits au champ; & y en eut de quatorze à quinze cent de tuez, qui furent mis en terre, de l'ordre d'icelle Dame de Laval, obftant (*) ce que la bataille avoit efté faite fur fa terre : & y eftoit prefent Alençon le Heraut, qui rapporta le nombre des morts. Il y en eut de tuez à la chaffe environ deux à trois cent; & fi il y eut plufieurs prifonniers, & entre les autres le fufdit Seigneur de la Poulle, Thomas Aubourg, & Meffire Thomas Cliffeton, & n'en efchappa pas fix-vingt, que tous ne fuffent tuez ou pris. Il y eut là des Chevaliers faits, & entre les autres Meffire André de Laval, (lequel fut depuis Seigneur de Loheac & Marefchal de France) & plufieurs autres. Il y eut un Chevalier François tué, nommé Meffire Iean le Roux, & peu d'autres. De là ledit Comte d'Aumale & fa compagnée s'en allerent loger à la Gravelle : dudit lieu de la Gravelle, ce Comte d'Aumale prit fon chemin

(*) Al. Veu que la.

droit au pays de Normandie, & s'en alla devant Avranches, & y laiſſa le Seigneur d'Auſſebourg, avec certaine quantité de gens d'armes, pour voir s'ils pourroient remettre ladite ville d'Avranches en l'obeïſſance du Roy : & ledit Comte paſſa outre, & s'en vint loger és fauxbourgs de Sainct-Lo en Normandie, où il fut trois ou quatre jours ; & aprés avoir pris pluſieurs priſonniers & biens, il revint par devant ladite ville d'Avranches, laquelle pour lors n'eſtoit pas bien ayſée d'avoir ; & pource, il s'en retourna luy & toute ſa compagnée au pays du Mayne, ſans faire autre choſe.

En ce temps (4), les Anglois mirent le ſiege par mer & par terre devant le Mont-Sainct-Michel ; ſur la mer il y avoit grande quantité de navires, & nombre de gens de guerre bien armez, habillez & garnis de toutes choſes neceſſaires. Or ils environnerent tellement ladite Place, qu'il n'eſtoit pas poſſible qu'on la peuſt avitailler en aucune maniere : & pour ſecourir icelle ville fut fait une armée à Sainct-malo-de-l'Iſle, de laquelle eſtoit Capitaine un vaillant Chevalier, nommé le Seigneur de Beaufort, de Bretagne, qui fut Admiral de ladite armée, & fit tant qu'il eut des navires competemment; & y eut de vaillantes gens, tant d'hommes d'armes que de traict, lesquels tres-volontiers & liberalement se mirent esdits navires; tellement qu'ils furent bien équippez & garnis de tout ce qui leur falloit, & singlerent par mer tellement, qu'ils vinrent à arriver sur les Anglois, lesquels se deffendirent vaillamment, & y eut bien dure & aspre besongne : mais enfin il y fut tellement combattu par les François, que les Anglois furent deffaits : & le siege fut levé, & y estoit en la compagnie, avec le susdit Admiral, le Seigneur d'Aussebourg : quand les Anglois, qui estoient à terre, sceurent que leurs vaisseaux estoient partis, ils s'en allerent.

En ce mesme temps, les Anglois dresserent & construisirent une Bastille à une lieuë prés dudit Mont-Sainct-Michel, en un lieu nommé Ardevon; & ceux de la garnison dudit Mont sailloient souvent, & presque tous les jours, pour escarmoucher avec les Anglois, & y faisoit-on de belles armes. Messire Iean de la Haye Baron de Coulonces estoit lors en un Chasteau du bas Mayne, nommé Mayenne-la-Iuhais, & alloient souvent de ses gens audit Mont-Sainct-Michel, & pareillement de ceux du Mont à Mayenne. Ledit Baron sceut la maniere & l'estat des Anglois, & fit sçavoir à ceux du Mont, qu'ils failliffent un certain jour, & livraffent groffe efcarmouche un jour de Vendredy, & qu'il y feroit fans faute; & ainfi fut fait. Car ledit de Coulonces partit de fa place avant jour, accompagné de ceux de fa garnifon, qui chevaucherent neuf à dix lieuës, puis eux & leurs chevaux repeurent affez legerement; & aprés ils remonterent à cheval, en venant tout droit vers la place des Anglois : & cependant ceux du Mont qui avoient bien efperance que ledit Baron de Coulonces viendroit, faillirent pour efcarmoucher, & auffi firent les Anglois : & tousjours François failloient de leur place, & auffi faifoient les Anglois de leur part; tellement que de deux à trois cent repoufferent les François jufques prés du Mont : & lors, environ deux heures aprés midy, arriverent ledit Baron de Coulonces & fa compagnée, & fe mit entre Ardevon & les Anglois; tellement qu'ils n'euffent peu entrer en leur place, fans paffer parmy les François que avoit ledit de Coulonces : finalement, ceux du Mont, & les autres François, chargerent à coup fur lefdits Anglois, lefquels fe deffendirent vaillamment : mais ils ne peurent refifter, & furent deffaits; & y en eut de deux cent à douze vingt de morts

& de pris : & entre les autres y fut pris Meſſire Nicolas Bordet Anglois : puis ledit Baron de Coulonces & ſa compagnée s'en retournerent joyeux en ſa place de Mayenne-la-Iuhais.

Le quatrieſme jour de Juillet, audit an, naſquit Loüis aiſné fils du Roy de France, & de Madame Marie fille du Roy de Sicile. Le Duc d'Alençon le tint ſur les Fons, & Maiſtre Guillaume de Champeaux Eveſque & Duc de Laon le baptiſa. Les François faiſoient forte guerre en Maſconnois, & tenoient une place nommée la Buſſiere, & y eut aucuns qui ſe firent forts de mettre le Mareſchal de Bourgongne, nommé Toulonion, vaillant, ſage, & diſcret homme d'armes, dedans la place; lequel ſe douta fort qu'il n'y euſt quelque mauvaiſtié & tromperie; & pource s'adviſa, qu'il y viendroit bien accompagné : laquelle choſe ceux de la place ſceurent, & manderent le Seneſchal de Lyon, de Grolée, le Borgne Caqueran, & le Seigneur de Valpargue, qui avoient pluſieurs Lombards en leur compagnée, & firent tant qu'ils trouverent ledit Mareſchal de Bourgongne & ſes gens; ſi frapperent ſur eux, qui firent petite reſiſtance, car les François eſtoient plus; & ſi eſtoient les Lombards bien montez & armez. Il y en eut plusieurs de tuez & de pris, & entre les autres (5), y fut tué ledit Mareschal de Bourgongne, & pour luy fut delivré le Connestable d'Escosse.

L'an mil quatre cent vingt-quatre, l'Archevesque de Rheims lequel estoit allé en Escosse, pour avoir secours & ayde à l'encontre des Anglois, retourna & amena en sa compagnée le Comte du Glas, avec cinq à six mille Escossois : il descendit à la Rochelle, & vint devers le Roy, lequel le receut grandement & honorablement, & luy fit grande chere; & luy donna le Duché de Touraine avec les appartenances & appendances, pour en joüyr sa vie durant, exceptez les chasteaux & places de Loches, & de Chinon, qui sont places fortes, que le Roy se reserva. Or est vray que le Duc de Betfort, qui se nommoit Regent au Royaume de France, mit le siege devant une place vers le pays de Normandie, nommée Yvry, dedans laquelle il y avoit de vaillantes gens, qui se deffendoient vertueusement, & y fut deux à trois mois devant : mais finalement il y eut appointement ou composition entre ledit Duc de Betfort & le Capitaine dudit lieu d'Yvry, qui estoit Gascon, & se nommoit Girault de la Palliere ; c'est à sçavoir, qu'il rendroit la place, la ville & le chasteau d'Yvry à ce Duc de Betfort, au cas que dedans certain temps il n'auroit secours du Roy de France son Souverain Seigneur.

Durant ces choses le Seigneur de Valpargue, le Borgne - Caqueran Lombards, le Mareschal de la Fayete, & le Vicomte de Narbonne, s'en allerent vers les marches de Nivernois, où ils firent forte guerre, & prirent deux places, c'est à sçavoir Tuisy & la Guerche. Il se faisoit plusieurs rencontres de François, de Bourguignons, & d'Anglois, & y en avoit souvent de tuez & de pris. Or quand la susdite composition fut faite des villes & chasteau d'Yvry, Girault de la Palliere le fit sçavoir au Roy en luy requerant qu'il luy baillast & envoyast ayde & secours, ou il seroit contraint de rendre la place aux ennemis. Le Roy delibera d'y pourvoir, & manda le Duc d'Alençon, les Comtes du Glas, de Boucan, Connestable de France, le Comte d'Aumale, le Vicomte de Narbonne, le Mareschal de la Fayete, & plusieurs autres, & leur ordonna qu'ils advisassent comment ils pourroient faire, & donner le secours que ledit de la Palliere requeroit : ils delibererent de se mettre sur les champs, & de tirer vers les Anglois audit lieu d'Yvry : si vinrent loger auprés de Chartres, dans laquelle ville estoient des gens de guerre & Bourguignons : & aprés s'en vinrent loger en un village prés de Dreux, nommé Nonancourt ; & là ils eurent nouvelles certaines que les villes & chasteau dudit Yvry estoient renduës & livrées audit Duc de Betfort. Et pour ce, lesdits Duc d'Alençon, Comtes du Glas & de Boucan furent conseillez de tirer vers la ville de Verneüil, qui competoit & appartenoit audit Duc d'Alençon, de son propre heritage, & y vinrent. Et quand ceux de la ville veirent leur droit Seigneur, ils se mirent en son obeïssance, & se rendirent à luy excepté la tour, dans laquelle plusieurs Anglois s'estoient retirez ; laquelle tour fut assez tost aprés renduë par composition, par les Anglois qui estoient dedans, lesquels s'en allerent leurs corps & biens saufs : & ainsi la ville & la tour furent nuëment en l'obeïssance du Roy, & de Monseigneur d'Alençon. Puis s'assemblerent les Seigneurs & Capitaines, pour sçavoir ce qu'on avoit à faire : plusieurs furent d'opinion qu'on mît une bonne grosse garnison dedans Verneüil contre les Anglois, & que lesdits Seigneurs & le demeurant de la compagnée s'en allassent diligemment devant plusieurs places que tenoient les Anglois, lesquelles estoient despourvuës de gens, & n'y avoit point de garnison ; & que veu que lesdits chasteau & ville d'Yvry estoient rendus, il n'estoit pas de necessité ou expedient de combattre, pour ledit temps, & à cette heure.

De cette opinion estoient les Comtes d'Aumale, Vicomte de Narbonne, & autres anciens Capitaines & gens de guerre, qui sçavoient parler de telles matieres, renommez d'estre vaillans, & se cognoissans en faict de guerre : car oncques on ne conseilla dans le Royaume de France, de combattre les Anglois en batailles rangées ; & quand on l'avoit fait, il en estoit mal advenu : au contraire, les Comtes du Glas & de Boucan, les Ecossois, & aucuns François jeunes, de grand courage, & de leur volonté, qui n'avoient pas si bien cognoissance des faicts de guerre, & venoient droict de leurs maisons, estoient d'autre opinion ; & y eut aucuns qui disoient, qu'il sembloit que ceux qui estoient d'opinion qu'on ne combatist point, avoient peur ; & toutesfois c'estoit des plus vaillans, & mieux cognoissans en faict de guerre. Or en parlant & debatant de la matiere, pour sçavoir ce qu'on avoit à faire, il vint nouvelles que le Duc de Betfort & sa compagnée, qui estoit grande & puissante, estoient logez à trois ou quatre lieuës dudit Verneüil, & qu'il venoit pour combattre.

Alors il ne fut plus mis en question si on combattroit; car les Ecossois, & aucuns François, conclurent que on combattroit, & que bataille se feroit. Et un Jeudy matin, aprés la Nostre-Dame de la my-Aoust, les Ducs d'Alençon, Comte du Glas, de Boucan, d'Aumale, & les autres François se mirent sur les champs, & s'ordonnerent en bataille, assez prés de ladite ville de Verneüil; & furent commis gens à cheval aux deux aisles, pour frapper sur les Archers : & specialement les Lombards sur l'une des aisles, qu'on estimoit à environ cinq cent hommes, lances au poing; & de l'autre estoient des François, de deux à trois cent lances : les Princes & Seigneurs dessus dits estoient à pied. Les choses estans ainsi ordonnées, le Duc de Betfort, les Comtes de Suffolc & de Salisbery parurent assez-tost aprés, à fort grande compagnée; lesquels aussi-tost qu'ils veirent les François, se mirent à pied en fort belle ordonnance, & leurs Archers estoient aux aisles, d'un costé & d'autre; si firent reculer leur chevaux & bagages. Alors commencerent à marcher les uns contre les autres; mais les Anglois marchoient lentement & fagement, fans fe gueres efchauffer : & au contraire les Efcoffois marchoient legerement & trop haftivement, du defir qu'ils avoient de parvenir à leurs ennemis; & de pareille alleure s'avançoient les François, tellement qu'on difoit, que la plufpart d'eux eftoient hors d'haleine avant que de fe joindre aux ennemis. Le Vicomte de Narbonne s'avança devant les autres, & s'adreffa au Comte de Salisbery, contre lequel il fe porta vaillamment : les Lombards qui eftoient à cheval, frapperent aucunement à l'affembler, fur un coing des Archers Anglois; fi pafferent outre, puis allerent au bagage, & le gagnerent; puis ils en partirent, & pafferent outre, fans plus rien faire : les François à cheval qui eftoient de deux à trois cent Lances frapperent vaillamment fur l'autre cofté, où il y avoit bien de deux à trois mille Archers, & deux cent Lances d'Anglois ; & s'y comporterent fi bien & honorablement, qu'ils rompirent & deffirent les Anglois, dont il y eut quantité de tuez & de pris.

Cela fait, ils ne s'attendoient qu'à eux, & croyoient certainement que tous les Anglois fuffent deffaits ; mais la chofe eftoit autrement : car la deffaite fut bien grande pour les François, & y eut une bien aspre & dure besongne : & y furent tuez le Comte du Glas, Iamet son fils, & Boucan Escoffois, & de leurs gens plus que d'autres. Et aussi le Comte d'Aumale, le Comte de Ventadour, le Vicomte de Narbonne, le Comte de Tonnerre, les Seigneurs de Graville, de Beausault, Messire Charles le Brun, Messire Antoine de Caourse, Seigneur de Malicorne, Messire Guillaume de la Palu, & plusieurs (6) autres, jusques au nombre de six à sept mille hommes : & y furent pris le Duc d'Alençon, le Bastard d'Alençon, le Seigneur de la Fayete Mareschal de France, le Seigneur de Mortemer, & plusieurs autres. Et quand ils trouverent le Vicomte de Narbonne mort, ils firent pendre le corps en un arbre, pource qu'il avoit esté à la mort du Duc de Bourgongne. Et le lendemain leur fut renduë la ville de Verneüil, & la tour, où s'estoient retirez plusieurs François, lesquels par l'ordonnance du Duc de Betfort, s'en allerent sauves leurs vies & leurs biens. En cette bataille mourut grande quantité d'Anglois, & autres tenans leur party ; tellement que ledit Duc envoyant par les citez & villes de leur party, dire les nouvelles

de

de la victoire (7), manda expressément qu'on n'en fit aucune solemnité : car combien qu'ils eussent eu l'honneur, toutesfois ils y avoient receu beaucoup de dommage. Les Anglois souffrirent prendre & emporter les corps des Seigneurs morts, & le Roy les fit enterrer, & faire leurs Services bien honorablement.

Deux mois, ou environ, aprés, Messire Iean Fastol, Chevalier Anglois, lequel estoit Capitaine d'Alençon, & Gouverneur desdites marches, de par le Duc de Bethfort, dressa une armée, & s'en vint mettre le siege devant une place du pays du Mayne, nommée Tannie, & n'y fut gueres; car ledit chasteau luy fut rendu par composition.

En ce mesme temps aussi, le Comte de Salisbery delibera d'aller mettre le siege devant la cité du Mans, & se mit en chemin pour y aller. Il y avoit à Mayenne-la-Iuhais un Chevalier, Capitaine de la place, nommé Pierre le Porc, qui estoit un vaillant Chevalier, & accompagné de vaillantes gens, auquel l'entreprise dudit Comte vint à cognoissance : si partit de sadite place de Mayenne, ayant en sa compagnée de huict vingt à douze cent combatans, & alla mettre une embuscade prés de Sées en Normandie, sur le chemin dudit Comte de Salisbery, & de son oſt, qui aſſez loin au devant de luy avoit de ſes gens, qui chevauchoient & ne ſe doutoient de rien; ſur leſquels iceluy Pierre le Porc & ſes gens frapperent, & en tuerent & prirent grand nombre; puis aprés, ce nonobſtant, ils s'en retournerent arriere en leur place, avec toute leur priſe. Or combien que le ſuſdit Comte en fuſt bien deſplaiſant, il ne laiſſa pas de poſer ſon ſiege, & fit mander & aſſembler gens de toutes parts, & mit & forma ſon ſiege devant ladite ville; & y fit aſſortir groſſes bombardes, & autres engins, pour abbattre les murs d'icelle cité; & de faict, il y en eut une grande partie d'abbatuë, du coſté de la maiſon de l'Eveſque : ce nonobſtant, ceux de dedans ſe deffendoient vaillamment, & firent pluſieurs & diverſes ſaillies, en grevant leurs ennemis. Toutesfois ils conſideroient bien qu'ils n'auroient aucuns ſecours, & qu'ils n'euſſent peu tenir longuement; & pour ce delibererent-ils de trouver expedient le meilleur qu'il peurent : tant que finalement la ville fut renduë audit Comte de Salisbery par compoſition telle, que les gens de guerre, & autres qui s'en voudroient aller & partir de la ville, s'en iroient, & ceux qui voudroient demeurer, demeureroient en l'obeïſſance des Anglois. Et les François eſtans en icelle ville payerent mille & cinq cent escus, pour les fraiz & mises que ce Comte avoit faits à mettre le siege devant ladite cité.

Cette prise ainsi faite, le mesme Comte de Salisbery voyant & considerant la puissance des François estre ainsi diminuée, & qu'il seroit difficile au Roy de trouver ou assembler gens pour le grever, poursuivit sa conqueste, & vint mettre le siege devant les chastel & ville de Saincte-Suzanne, au mesme pays du Maine, où estoit Capitaine Messire Ambroise de Lore; & iceluy Comte y fit assortir & asseoir plusieurs grosses bombardes: à la venuë duquel, ledit Messire Ambroise fit plusieurs belles escarmouches & saillies, lesquelles porterent grand dommage aux Anglois; & aprés, le siege fut clos de toutes parts. Et quand il y eut esté quelques dix jours devant, il commença à faire tirer lesdits canons & bombardes incessamment jour & nuit, tellement qu'ils abbatirent grande quantité des murs de ladite ville; & y fit-on plusieurs escarmouches & saillies d'un costé & d'autre, & essays pour assaillir: & finalement, ledit de Lore & ses compagnons furent contraints de rendre iceux chastel & ville audit Comte de Salisbery, & luy & ses compagnons perdirent tous leurs biens & leurs prisonniers ; & s'en allerent aprés que ladite place eut ainsi esté renduë, tous à pied, un baston en leur poing : & pour les fraiz faits par ledit Comte, à mettre iceluy siege, ledit Ambroise de Lore luy bailla deux mille escus d'or comptant.

Ladite ville de Saincte-Susanne estant ainsi euë par iceluy Comte de Salisbery, il alla mettre le siege devant le chasteau de Mayenne-la-Iuhais, & y fit mener plusieurs grosses bombardes, comme devant les autres places. Un vaillant Chevalier, nommé Pierre le Porc, estoit Capitaine d'iceluy chasteau, lequel y fut fortement batu de grosses bombardes, & si il y eut plusieurs & diverses mines faites: & les Anglois y donnerent plusieurs & divers assauts; & mesmement un bien merveilleux, tant par les murailles que par les mines, ausquels il fut vaillamment & vigoureusement resisté par ceux de dedans; & il y eut plusieurs Anglois de tuez & blessez. Or il n'estoit doute qu'ils n'eussent peu avoir aucun secours, & pour ce la place fut renduë par composition audit Comte de Salisbery; suivant laquelle composition, ceux qui s'en voulurent aller s'en allerent, & ceux qui voulurent demeurer demeurerent : mais il fut payé deux mille escus par ledit Capitaine, & autres François, pour les fraiz & mifes que ledit Comte de Salisbery avoit faites à mettre à ce fiege.

L'an mil quatre cent vingt-cinq, le Roy envoya vers le Duc de Bretagne Meffire Tanneguy du Chaftel, qui eftoit natif du pays de Bretagne, & lequel on difoit eftre luy & fes parens bien aymez du Duc; & luy fit prier & requerir, qu'il le vouluft ayder & fecourir, en luy remonftrant, qu'il y eftoit tenu en plufieurs & diverfes manieres. Ledit Duc refpondit pleinement, qu'il n'y entendroit en rien, finon que prealablement, & avant tout œuvre, le Roy mit hors de fa compagnée, & de fon Hoftel, tous ceux qui eftoient confentans de fa prife, & les nomma. Le Roy envoya pareillement vers le Duc de Savoye, pour fçavoir fi le Duc de Bourgongne ne voudroit point entendre à quelque traité; & auffi fi ledit Duc ne voudroit point ayder au Roy. Lequel refpondit qu'il fçavoit bien, Que le Duc de Bourgongne n'entendroit à aucun traité, finon que prealablement le Roy mit hors d'avec luy ceux qui avoient efté confentans de la mort du feu Duc de Bourgongne fon pere; & ce fait, auffi que le Duc de Savoye ayderoit volontiers au Roy de ce qu'il pourroit. Et eftoit aucune renommée que le Duc de Bourgongne se lassoit fort d'estre allié avec les Anglois; & aucuns estans prés de luy, l'induisoient fort de s'en demettre: car ce qu'il avoit fait, fut bien soudainement, & par une chaleur causée du desplaisir de la mort de son pere ainsi tué. Ceux qui furent envoyez devers lesdits Seigneurs retournerent devers le Roy, & luy exposerent les responses qui leur avoient esté faites par lesdits Seigneurs: mesmes ledit Tanneguy, qui estoit present, & lequel rapporta ce que le Duc de Bretagne luy avoit respondu, dit: Que combien qu'il ne fust consentant ny de la mort du Duc de Bourgongne, ny de la prise du Duc de Bretagne; toutesfois, pource qu'au temps des choses advenües il estoit prés du Roy, il estoit content de s'en partir: & de faict s'en alla en Languedoc, en une place nommée Beaucaire. Et au regard du President de Provence, il luy faisoit mal d'en partir, & dit qu'il ne s'en iroit point: toutesfois il s'en partit (8) & alla à la fin: & aussi fit le Physicien, nommé Maistre Iean Cadart, lequel on tenoit le plus sage & mieux advisé; car il s'en alla riche de vingt-cinq à trente mille escus; & ledit President mit en son lieu le Seigneur de Giac, lequel estoit des plus prochains du Roy.

Le Comte de Salisbery, en continuant ses conquestes, assembla une grande armée, & vint mettre le siege devant la Ferté-Bernard, au pays du Maine, de laquelle place estoit Capitaine un Escuyer nommé Loüis d'Avaugour: il estoit garny & fourny de tous les habillemens de guerre dessus declarez, & si fut-il devant trois à quatre mois, sans ce qu'il la peust avoir: ladite place fut bien batue, & ceux de dedans se defendirent le mieux qu'ils peurent ; mais finalement ils furent contraints de se rendre à ce Comte de Salisbery, comme à sa volonté, & la place luy fut baillée. Il retint prisonnier par aucun temps ledit Messire Loüis d'Avaugour; mais combien qu'il fust bien gardé, il trouva moyen de soy eschapper.

Environ ce temps, il vint à la cognoissance du Roy, que Artus fils & frere des Ducs de Bretagne, Comte de Richemont, avoit grand desir de venir vers luy, dont il estoit bien joyeux: ledit Seigneur Comte de Richemont avoit esté pris à la bataille d'Azincourt 1415, & estoit dés son jeune âge de grand, noble, & vaillant courage; mais il n'avoit pas grande portion de terre pour soustenir son estat. Le Duc de Bretagne son frere, & aussi le Duc de Bourgongne, voulurent bien trouver moyen de le mettre à delivrance ; & fut comme contraint (ou jamais n'eût efté delivré) de faire ce que lefdits deux Ducs ordonneroient ; c'eft à fçavoir, qu'il feroit ferment au Roy d'Angleterre Henry V de le fervir ; ce qu'il fit : mais fes volonté & courage eftoient tousjours portez envers la Couronne de France. Or quand ce Roy d'Angleterre, à qui il avoit fait ce ferment, fut mort en 1422, il luy fembla, & auffi eftoit-il vray, qu'il eftoit quitte de toutes promeffes qu'il avoit faites au Roy d'Angleterre ; car elles n'eftoient que perfonnelles, fçavoir à la perfonne du Roy d'Angleterre, & non d'autre. Toutes fois il doutoit fort de venir devers le Roy, s'il n'avoit aucunes feuretez ; ny fon frere le Duc de Bretagne ne le vouloit fouffrir , veu que ledit Duc avoit autresfois (comme il eftoit renommée) fait ferment au Roy d'Angleterre, & ledit de Richemont fervy ledit Roy. Et pource que le Roy fçavoit affez la bonne volonté qu'il avoit, il fut content pour la feureté qu'il defiroit, de luy bailler & mettre pour lors en fes mains Lufignan, Chinon, & Loches, qui eftoient les plus belles places qu'il euft, afin d'y mettre telles gens que bon lui fembleroit ; & ainfi fut fait : & il promit auffi de les rendre & remettre ès mains du Roy, la chofe eftant accomplie, & parfaite.

Aprés quoy il fut ordonné que le Roy viendroit à Angers, & que là ledit Comte de Richemont viendroit vers luy. Il eftoit lors bien accompagné, car les Barons d'Auvergne, & de Bourbonnois, & cinq à fix cent Chevaliers, & Efcuyers, fe vinrent (aprés ladite befongne de Verneüil) offrir à fon fervice : auffi firent ceux de Guyenne & de Languedoc : & y eut un Seigneur d'Arpajon qui vint vers le Roy, en luy difant : Qu'il eftoit encores affez puiffant pour refifter à fes ennemis ; & que le Roy fineroit és pays dont il venoit, de dix à douze mille Arbaleftriers d'arbaleftes d'acier. Le Roy s'en alla donc à Angers bien accompagné, comme dit eft, & le Comte de Richemont vint devers luy en ladite cité, habillé & monté bien gentement, & s'offroit à fon fervice ; comme celuy auquel le courage & la volonté n'avoit oncques changé, ou mué, depuis le jour qu'il avoit efté pris à la fufdite bataille d'Azincourt, quelques feintes que fagement il euft faites pour procurer fa delivrance, & y eftant comme contraint. Or le Roy voyant la loyale volonté d'iceluy Comte de Richemont, le receut à grande joye & grand honneur, & se monstra fort joyeux de sa venuë. Et pource que la Connestablie de France estoit lors vacante, par la mort du Comte de Boucan, lequel n'agueres avoit esté tué à la bataille de Verneüil, dont dessus est fait mention, le Roy le fit & ordonna en sa place Connestable de France. Mais ledit Comte de Richemont s'en excusa aucunement, bien & grandement, en remonstrant la charge que c'estoit: & aprés plusieurs paroles & difficultez, il prit & accepta cette Charge & cét Office de Connestable, & receut l'espée, & fit les sermens au Roy & au Royaume, en la forme & maniere accoustumée, dequoy on fit dans Angers de tres-grandes joyes, & cheres. Puis il remit en la main du Roy les places sus mentionnées, qu'il avoit euës pour seureté, en intention de se mettre sus en armes, afin de resister, & faire guerre aux Anglois.

En ce temps Messire Olivier de Mauny & le Sire de Coëquen firent une grande assemblée de gens d'armes en Bretagne, & vinrent courre devant le Parc-l'Evesque, qui estoit une place appartenant à l'Evesque d'Avranches, auquel lieu il y avoit quantité d'Anglois, & plus largement que les Bretons ne croyoient; & pource lesdits Anglois saillirent bien & vaillamment, & combatirent fort; & finalement les Anglois deffirent les Bretons, dont il y eut plusieurs de tuez & pris; entre les autres y fut pris le susdit Messire Olivier de Mauny, lequel s'estoit vaillamment deffendu; & si chacun eust fait comme luy, la chose eust autrement esté.

En ce temps il advint un grand brouillis en Rouergue, & en la Comté d'Armagnac, dont fussent advenus plusieurs inconveniens, s'il n'y eust esté mis remede; car la mere du Comte d'Armagnac, & du Seigneur de Perdriac son frere, avoit plus grand amour pour ledit Perdriac son puisné, que pour l'aisné; & eust bien voulu pouvoir tant faire, que l'aisné eust laissé la Comté à Perdriac, ou qu'il eust eu bien largement de la succession du pere. Le Mareschal de Severac, qui estoit lors puissant de gens, estoit de cette volonté, & tendoit à cela; ledit de Perdriac l'appelloit *son pere*, & Severac l'appelloit *son fils*, & disoit *qu'il feroit son heritier*; (& est vray que ledit Severac estoit subje & vassal du Comte d'Armagnac). Finalement ils firent tant, que ledit Comte d'Armagnac, avec sa mere & Severac vinrent aux Cordeliers de Rhodez hors la ville, & tinrent là ledit Comte comme prisonnier, par aucun temps, & le vouloient induire à consentir à aucunes choses à luy bien prejudiciables; & cependant on gardoit les entrées des maisons desdits Cordeliers, tellement que personne n'y entroit sans le congé d'iceluy Severac.

Or le Comte d'Armagnac fit tant, qu'il trouva un compagnon, qui alla vers le Seigneur d'Arpajon, luy requerir qu'il vint parler à luy; & y alla le message, & luy dit les manieres qu'on tenoit envers ledit Comte: alors ledit d'Arpajon, comme bon & loyal serviteur & vassal, en eut grand desplaisir, & vint ausdits Cordeliers, & fit tant qu'il y entra, & parla au Comte, lequel luy dit les choses qu'on luy faisoit, & vouloit faire, & specialement ledit de Severac : alors il y eut de hautes paroles entre ledit d'Arpajon & Severac; & ledit d'Arpajon en s'en allant dehors, dit que Severac, en faisant ce qu'il faisoit, estoit *faux, & mauvais traistre, & desloyal*; puis il monta à cheval, & s'en alla. Ledit Seigneur de Severac se sentit fort injurié, & s'en alla aussi; & par ce moyen tout fut rompu : & assez tost aprés il envoya un poursuivant vers ledit d'Arpajon, avec lettres de deffiances parties par *a*, *b*, *c*, c'eſt à ſçavoir, qu'elles eſtoient eſcrites deſſus & deſſous d'une feuille de papier, & au milieu eſtoient leſdites trois lettres parmy coupées (*), contenans deffiances : ledit d'Arpajon ne faillit pas à faire reſponſe, & tellement que guerre mortelle eſtoit ouverte : & tous les deux diſoient & maintenoient, qu'ils pouvoient en Guyenne faire guerre l'un à l'autre, de leur propre auctorité, & qu'ils en avoient ainſi uſé au temps paſſé.

Or la choſe vint à la cognoiſſance du Roy, lequel leur envoya diligemment deffendre la voye de faict, & ordonna qu'on les adjournaſt tous deux en Parlement, pour comparoir en perſonne, afin de faire telles demandes qu'ils vouloient l'un contre l'autre, fuſt en gage de bataille, ou autrement; car on craignoit fort la diviſion au pays de par delà, veuë la guerre qui y eſtoit. Les parties comparurent au jour aſſigné, ou autres dependans d'eux, par pluſieurs & diverſes fois, & y eut ſur ces matieres de grands plaidoyers & eſcritures longues & prolixes : & le Roy, & autres, leur parloient ſouvent d'accorder, leur remonſtrant que les paroles avoient eſté chaudement dites; mais remede ne s'y pou-

(*) Al. demy-coupées.

voit trouver, combien qu'ils s'entre-aimaſ-
ſent auparavant comme freres.

Or advint une fois, que tous deux eſtoient
à Meun-ſur-Yevre, & Severac eſtoit dans la
chambre du Roy, dont il vouloit ſortir, &
le Seigneur d'Arpajon ignorant qu'il y fuſt,
penſoit y entrer, & ſe rencontrerent l'un
l'autre, & ſe heurterent des poitrines, &
s'accollerent & baiſerent ſoudainement, pleu-
rans à chaudes larmes, & pardonnerent l'un
à l'autre tous mal talens, & furent bons amis
enſemble, qui fut un grand bien; car ils
pouvoient fort ayder au Roy, & reſiſter aux
ennemis : ce qu'ils firent, & laiſſerent la
diviſion, qui ſembloit bien perilleuſe à ceux
qui cognoiſſoient l'eſtat du Royaume.

L'an mil quatre cents vingt-ſix, le Roy
envoya une notable ambaſſade devers le Duc
de Bretagne, en luy faiſant ſçavoir, qu'il
avoit mis hors ceux dont il avoit fait mention, & qu'ils s'en eſtoient partis & allez, en
le requerant qu'il luy vouluſt ayder. Le Duc
aſſembla ſur ce un grand Conſeil, afin d'a-
voir advis ſur ce qu'il avoit à faire; & il y
eut ſur cette matiere diverſes opinions, &
n'eſt doute qu'en ce temps-là il y avoit des
differens & imaginations bien merveilleuſes:

toutesfois le Duc delibera & conclud de servir le Roy. En aprés le Roy vint à Saumur, & le Duc s'en vint là vers luy bien habillé & ordonné, & ses gens aussi, & fut receu à bien grande joye, & luy fit-on tres-bonne chere : & il y fit l'hommage de la Duché, & le serment au Roy, comme à son souverain Seigneur, & se disposa & ordonna luy & ses gens de faire guerre aux Anglois.

En ce temps il y avoit une place tenuë par les Anglois, nommée *Pontorson*, qui portoit grand dommage à plusieurs pays; le Comte de Richemont Connestable de France y mit le siege, & la prit : il y eut plusieurs Anglois de tuez & pris, puis il la fit razer & abbattre.

Le Roy s'en vint aprés à Yssoudun, & estoit avec luy le Seigneur de Giac, qui estoit bien hautain, & disoit-on que le Roy l'aymoit fort, & qu'en effect il faisoit ce qu'il vouloit; dont les choses alloient tres-mal.

Le Roy fit une fois assembler ses trois Estats à Meun-sur-Yevre; ce n'estoit que pour avoir argent, sous ombre de faire cesser les pilleries & roberies, qui estoient bien grandes, & trop destructives du peuple & du Royaume; & y eut des gens des bonnes villes qui furent contens d'ayder au Roy, mais que premierement on veit les choses disposées à oster les pilleries, & non autrement : & entre les autres il y avoit un Evesque, nommé maistre *Hugues Comberel*, qui souſtint fort cette opinion ; & pour abreger fut concluë une taille : & quand le Roy fut entré en sa chambre, ledit Giac vint à dire, que qui l'en croiroit, on jetteroit ledit Comberel en la riviere, avec les autres qui avoient esté de son opinion. Et dés-lors plusieurs Seigneurs & autres furent tres-mal contens de luy. Les Seigneurs de Lignieres, & de Culant qui avoient noise & debats ensemble, estoient adjournez audit lieu de Meun, où le Roy leur avoit donné jour : & estoient pour lors à la Cour les Comtes de Foix & de Comminges, ayant quantité de Capitaines & Gensd'armes de leurs pays : & si y estoit le Seigneur de la Trimouille, lequel soutenoit Culant, & Giac soustenoit Lignieres.

Or advint un jour, qu'on parloit en la presence du Roy, du debat entre lesdites parties ; Giac parla bien hautainement, en chargeant en aucune maniere le Seigneur de la Trimouille : & en multipliant les paroles de part & d'autre, il advint que la Trimouille dementit Giac ; dont le Roy, à sa suggestion, fut tres-mal content : puis ledit de la

Trimouille

le Seneschal, Huë de Fontenay, & le Seigneur de Boissenver; & puis fit telle diligence, qu'il mit ses ostages à pleine délivrance: pour quoy faire, il vendit sa Terre & Seigneurie de Fougeres, afin de leur tenir ce qu'il leur avoit promis, & lui cousta en outre tout ce qu'il avoit & peut finer de meubles.

Assez-tost aprés, les Seigneurs de Rays & de Beaumanoir dresserent une armée, & assemblerent des François ce qu'ils peurent, & mirent le siege devant une place nommée le Lude, sur la riviere du Loir, de laquelle estoit Capitaine un Anglois nommé Blanqueborne, qui avoit en sa compagnée de vaillans Anglois, bien munis de vivres, & garnis d'habillemens de guerre: lesdits Seigneurs y firent asseoir certains canons, tellement que cette place fut bien batuë en aucuns lieux; puis assaillie, & prise d'assaut par les François: là furent tuez ou pris plusieurs Anglois, & par especial y fut tué ledit Blanqueborne Capitaine de la place.

Audit temps, il y avoit tousjours des débats & broüillis, touchant le faict du gouvernement du Royaume; & le Duc de Bourbon, le Connestable, le Comte de la Marche, & autres Seigneurs, estoient mal-contens, de ce que le Roy n'entendoit autrement au gouvernement de son Royaume, & à la deffense d'iceluy contre ses ennemis : pour quoy ils s'en vinrent à Bourges, & entrerent dedans, puis mirent le siege devant la tour, dedans laquelle estoit en deffense un vaillant Chevalier, nommé de Prye lequel fut plusieurs fois sommé de bailler la place : mais il respondoit tousjours, que le Roy luy avoit baillé, & qu'il ne la rendroit à autre sinon à luy. Il y eut diverses escarmouches, & un jour que ledit de Prye entendoit, & s'appliquoit à la deffense de la place, il fut frappé d'un vireton, dont il alla de vie à trespas : ce nonobstant, le Seigneur de la Borde tint ladite place contre lesdits Seigneurs. Or la chose estant venuë à la cognoissance du Roy, il partit de Poictiers, & le Seigneur de la Trimoüille avec luy, si vinrent devant Bourges ; & estoit le Roi tres-mal content desdits Seigneurs, & de leur maniere de faire : enfin leur paix fut faite par le moyen d'iceluy Seigneur de la Trimoüille, lequel y travailla de tout son pouvoir ; puis le Roy entra à Bourges, & firent tres-bonne chere ensemble.

L'an mille quatre cent vingt-huict, aucuns Seigneurs entreprirent d'entrer dedans la cité du Mans ; & y avoit aucuns des habitans de la ville qui se faisoient fort de mettre les François dedans; & à ce faire, mirent-ils grande peine & diligence : or à executer cette entreprise estoient le Seigneur d'Orval frere du Seigneur d'Albret, le Sire de Bueil, le Seigneur de Beaumanoir, Estienne de Vignoles dit la Hire, Roberton des Croix, & plusieurs autres Capitaines, & gens de guerre, lesquels vinrent devant la place au jour qui leur avoit esté dit & assigné, & entrerent assez soudainement dedans la Cité, par le moyen d'iceux habitans, dont ceux de la ville furent bien esbahis, & mesmement les Anglois estans en icelle; parquoy ils se retirerent en une tour, appellée la tour-Ribendele, assise prés d'une des portes de ladite ville, appellée la porte-Sainct-Vincent, laquelle les Anglois tinrent avec ladite tour, & se deffendirent fort, & resisterent tout le jour tres-vaillamment contre les François.

Or est vray, que le Seigneur de Talbot, un vaillant Chevalier Anglois, estoit lors à Alençon, & avoit assemblé grande quantité d'Anglois, pour certaine entreprise qu'il avoit faite sur les François : les Anglois de ladite tour se voyans en tel party, luy envoyerent demander secours ; & tantost qu'il en sceut les nouvelles, il vint hastivement audit lieu du Mans, avec environ trois à quatre cent combattans, & arriva entre le point du jour & le soleil levant ausdites tour & porte; où les François mal-advisez & conseillez n'avoient mis aucune provision & fortification, mais estoient en leurs licts & logis, où le soir ils avoient fait bonne chere; puis il entra dedans la ville, en criant *Sainct-George*: les François furent de ce bien esbahis, dont les uns monterent hastivement à cheval, & partirent hors d'icelle ville, les autres resisterent le mieux qu'ils peurent; mais la plus grande partie furent tuez ou pris. Assez-tôt aprés survint le Seigneur de Beaumanoir, qui pensa repousser ledit Talbot, mais il ne trouva aucun ayde; & pource, il s'en retourna. Et ainsi cette Cité fut recouvrée par ledit Talbot, lequel fit incontinent enquerir des consentans de l'entrée & entreprise susdite, faite par les François, & en trouva aucuns, si les prit, & les fit piteusement mourir, & si en outre, fit-il punition de ceux qui avoient aucunement fait semblant d'estre joyeux de ladite entrée; & y moururent, à cette occasion, des François, plusieurs gens de bien.

Environ ce temps, le Comte de Richemont Connestable de France fit reparer la ville de Pontorson en Normandie, & y mit

DE LA PUCELLE D'ORLEANS. 69

groſſe garniſon contre les Anglois, dont il fit & ordonna Capitaine un vaillant Chevalier, nommé le Seigneur de Rotelan, lequel aſſez-toſt aprés fit une courſe en Normandie devant Avranches. Les François & Anglois ſe trouverent ſur les champs, & ſe battirent trés-bien l'un & l'autre ; finalement les François furent deffaits, & ledit Seigneur de Rotelan pris par les Anglois. Aprés la priſe dudit Rotelan, fut mis & eſtably Capitaine, en ſa place, dans ladite ville de Pontorſon Bertran de Dinan, frere du Seigneur de Chaſteau-briant Mareſchal du Duc de Bretagne, avec bien groſſe compagnée de gens, pource qu'on ſe doutoit que les Anglois n'y vinſſent mettre le ſiege : & ne demeura point long-temps que le Comte de Warwich, & le Seigneur de Talbot, avec grande compagnée d'Anglois, vinrent mettre & aſſeoir le ſiege devant icelle ville de Pontorſon, où ils furent par long-tems ; durant lequel temps il y eut de fort grandes eſcarmouches, & divers aſſauts, où les Anglois perdirent de leurs gens : & durant iceluy ſiege le Baron de Coulonces, le Seigneur de la Hunaudaye, le Seigneur de Chaſteau-giron, le Vicomte de la Beliere, & autres, ſaillirent de ladite ville, car elle n'eſtoit pas du tout aſſiegée, & vinrent rencontrer és gréves de la mer, entre Avranches & le Mont Sainct-Michel, le Seigneur de Scales, avec grande compagnée d'Anglois, lesquels conduisoient vivres en l'ost devant icelle ville de Pontorson : là se combatirent-ils tres-fort & tres-longuement ensemble ; & finalement les Baron de Coulonces, Hunaudaye & Chasteaugiron furent deffaits, & y moururent tous trois ; & y en eut plusieurs de pris prisonniers, entre lesquels fut le Vicomte de la Beliere : & ce fait, ledit Seigneur de Scales mena & conduisit lesdits vivres jusques au siege, que tenoit iceluy Comte de Warwich devant Pontorson : & aprés aucun temps, ladite ville fut renduë par composition, & ceux de dedans s'en allerent saufs leurs corps & biens.

En ce temps, Talbot & ses gens prirent par escalade la ville de Laval, & y entrerent : il y avoit beaucoup de richesses dedans, qu'ils pillerent, & firent tout ce qu'ennemis pouvoient faire. Messire André de Laval Seigneur de Loheac estoit pour lors dedans icelle ville ; mais il se retira au chasteau, & paya aprés par composition vingt mille escus.

La ville & cité de Tournay, qui estoit comme entre les mains du Duc de Bourgongne, obéït tout pleinement, & se tint nuëment au Roy.

Meſſire Iacques de Harcourt tenoit le Crotoy, & avoit des gens de guerre avec luy, les Anglois y mirent le ſiege, & la prirent par compoſition. Ledit de Harcourt, qui eſtoit neveu du Seigneur de Partenay, s'en vint en Poictou, & ſe diſoit avoir droict en ladite place de Partenay; nonobſtant quoy, il alla voir ſon oncle Seigneur de ladite place, lequel lui fit grande chere, & le receut honorablement. Ledit de Harcourt regarda fort icelle place, qui ſembloit belle & forte, & convoita fort de l'avoir, s'imaginant & conſiderant que ſon oncle n'eſtoit pas bien ſage, comme l'on diſoit: puis s'en retourna, penſant qu'il retourneroit une autre fois, & qu'il auroit la place, s'il pouvoit; car ſi luy & ſes gens pouvoient entrer au chaſteau, ils ſeroient les plus forts; ce qui luy ſembloit bien facile à executer, veu qu'audit chaſteau il y avoit une yſſuë qui ſailloit aux champs, laquelle il ouvriroit à force, & mettroit gens par là, puis feroit lever le pont-levis du coſté de la ville, tellement qu'on ne pourroit ſecourir ceux de dedans: or pour mettre ſon imagination à exécution, il s'en vint à Partenay, & fit mettre une embuſche aſſez prés du pont-levis, ou de l'entrée qui ſortoit du chaſteau aux champs; entré qu'il fut au chaſteau, on luy fit bonne chere, & il y difna, & ne fe donnoit-on de garde de ce qu'il vouloit faire : aprés le difner il vint au Seigneur de Partenay fon oncle, & lui dit pleinement, qu'il avoit fa part audit chafteau, & qu'il falloit qu'il le gardaſt à fon tour; & que s'il y avoit homme qui l'en vouluft empeſcher, qu'il le tueroit, ou feroit mourir; & dit-on que luy & fes gens tirerent leurs efpées. Le Seigneur & fes gens furent bien esbahis, defquels aucuns fe retirerent en la tour du pontlevis de devers la ville, lequel eſtoit levé : fi tinrent ladite tour, & commencerent d'enhaut à crier l'allarme : pourquoy le peuple de la ville s'efmeut tout à coup, & apporterent efchelles; fi gagnerent & abbatirent le pontlevis, & entrerent dedans la place, à l'ayde de ceux de dedans la tour, puis tuerent tous les gens dudit de Harcourt, lequel fe retira en une tour en bas, où il y avoit de petites arbaleftes, & feneſtres qui eſtoient bien eſtroites; toutesfois on luy perça les deux cuiffes d'une lance, par une des lucarnes : & pour abreger, il fut tué, & fes gens furent jettez tous morts en la riviere, & il fut enterré en un cimetierre.

En l'an mille quatre cent vingt-huict, Thomas de Montagu Chevalier, Comte de Saliſbery, fut ordonné, commis, & deputé par les trois Eſtats d'Angleterre, pour venir en France faire guerre : laquelle choſe eſtant venuë à la cognoiſſance du Duc d'Orleans encore priſonnier en Angleterre ; il pria ce Comte qu'il ne vouluſt faire aucune guerre en ſes terres, ny à ſes ſubjets, veu qu'il eſtoit priſonnier, & qu'il ne ſe pouvoit deffendre ; & dit-on qu'il luy promit, & octroya ſa requeſte. Il paſſa la mer à grande puiſſance, & vint en France ; ſi vint premier devant Nogent-le-Roy, dont l'obéïſſance lui fut baillée par ceux de la garniſon, qui ſe rendirent à ſa mercy, ſans livrer aucun aſſaut : puis les François vuiderent en peu de jours, par compoſition, les places de Chaſteau-neuf-ſur-Loire, Ramboüillet, de Berthencourt, & Rochefort.

En Iuillet iceluy an, le Comte de Salisbery vint au Puiſet, & prit la Forterefſe d'aſſaut, & fit par ſa cruauté pendre tous ceux qui furent pris dedans.

Girault de la Palliere tenoit Thury en Beauſſe, mais il s'enfuit haſtivement pour la venuë du Comte de Salisbery, aprés le partement duquel, ſes compagnons qui eſtoient dedans, rendirent par compoſition la place au Comte, qui fit mettre le feu dedans. Puis mit le siege de toutes parts devant Yenville, laquelle place il fit fort battre de bombardes & canons, qui y firent peu d'effect; & nonobstant que dedans ils fussent peu de gens pour la deffense, si est-ce qu'ils se deffendoient vaillamment. Le jour de la Decolation de Sainct Iean, 29°. jour d'Aoust, en iceluy an, le Comte de Salisbery fit assaillir, vers le soir, la ville d'Yenville; & en iceluy assaut, qui fut fier & merveilleux, il y en eut tant de ceux de la ville blessez, qu'ils furent conquis par force, dont aucuns se retirerent en la tour; mais à la fin il leur convint de se rendre, avec le chasteau : là furent pris le Galois de Villiers, Pregent de Coitivy, qui fut depuis Admiral de France, & autres Nobles, avec les Bourgeois de la ville.

Aprés la prise de Yenville, le Comte de Salisbery y sejourna par aucuns jours, pendant lesquels, ceux de Meun-sur-Loire envoyerent par devers luy, & traita là avec leurs Messages, qui mirent les Anglois dedans, un jour de Samedy, au mois de Septembre, & firent tant qu'ils leur livrerent en ce mesme jour le pont de Meun, lequel les Anglois fortifierent. Aprés la reduction de la ville & du chasteau de Meun-sur-Loire, le Comte fit mener à Paris tous ses prisonniers, pour plus entretenir son commun peuple, & leur donner plus d'esperance; & ce fait, vint de Meun par devant Montpipeau, qui lui fut rendu par composition. Luy venu à Meun, il envoya grand nombre de gens à Baugency, qui trouverent la ville ouverte & vuide: les François s'estoient retirez au pont & au chasteau, neantmoins les Anglois se logerent dedans la ville, sans assaillir.

Au mois de Septembre du mesme an, mille quatre cent vingt-huict, le Comte de Salisbery envoya des Anglois en tres-grand nombre en l'Eglise de Clery, qui la pillerent, & les Chanoines & autres là retirez; & y firent des maux innombrables.

Le Comte avoit laissé dans la ville de Yenville à son depart, ses canons, munitions, & habillemens; & pource qu'il fut en doute de les faire amener devers luy, sans grande conduite, il vint à grande puissance en bataille ordonnée, faire visage devant Orleans, le 8e. jour de Septembre environ midy, & là se tint jusques à la basse-vespre, pour empescher que les François ne fussent au devant; pendant laquelle demeure, son charroy passa. Le Bastard d'Orleans, la Hire, Poton de Sainte-Traille, & autres Nobles, avec les bonnes gens d'Orleans, sortirent de la ville, à l'arrivée de ce Comte, & se continrent honorablement & vaillamment: il y eut de fort grandes escarmouches, là où les Anglois perdirent, & se retirerent sur la nuitée à Meun.

Audit mois de Septembre d'iceluy an mille quatre cent vingt-huict, ce Comte de Salisbery mit le siege devant Baugency du costé de la Beausse, & de la Solongne, & fit battre le chasteau, & le pont, de bombardes ; lesquels luy furent rendus par composition, avec l'Abbaye, le jour Sainct Fremin en iceluy mois : puis l'Abbé avec autres, fit le serment aux Anglois.

Environ ce temps, le Comte de Salisbery envoya grand nombre de gens devant Marchesnoir, qui fut rendu en son obéissance. Il envoya aussi devant la-Ferté-Hubert, dont le chasteau luy fut rendu par composition.

En ce temps Messire Iean de Lesgot avoit la garde de la ville & du chasteau de Sully, pour le Sire de la Trimoüille ; auquel lieu vint Messire Guillaume de Rochefort, qui en fit partir ledit de Lesgot & sa compagnée, puis y ordonna garnison de Bourguignons & Anglois. Et tost aprés y vint le Seigneur de Ionvelle, frere du Sire de la Trimoüille, qui prit la garde de la ville & du chasteau.

Le second jour d'Octobre du mesme an

mille quatre cent vingt-huict, le suſdit Comte de Salisbery envoya devant Iergeau, Meſſire Iean de la Poule, avec grand nombre de gens & appareil, qui auſſi-toſt conquit le pont, & fit fort battre la ville, qui eſtoit tres-foible; dedans laquelle s'eſtoient retirez les compagnons qui avoient eſté en garniſon en pluſieurs forttereſſes de la Beauſſe, & du Gaſtinois, leſquelles avoient eſté renduës par compoſition aux Anglois. Si entrerent ces gens en compoſition, dont partie prit le party des Anglois, & rendirent cette ville de Iargeau auſdits Anglois, le 5ᵉ. iour du mois d'Octobre. Iceluy de la Poule mit grande garde en cette ville, & enſuite envoya grand nombre de gens devant Chaſteau-neuf-ſur-Loire, qui ſe mit en ſon obéïſſance.

Le 7ᵉ. iour d'Octobre mille quatre cent vingt-huict, la Poule partit de Iergeau, & prit à force de puiſſance logement à Olivet, prés Orléans; & les Anglois vinrent courir, & donner juſques aux barrieres de Sainct-Marcel. Là y eut grande eſcarmouche, en laquelle les Anglois furent repouſſez, leſquels ſe retirerent le lendemain à Meun, & Baugency.

Le Mardy 12ᵉ. jour d'Octobre de l'an mille quatre cent vingt-huict, le Comte de Saliſbery accompagné de la Poule, Glacidas, du Seigneur de Ros, Lancelot de Lifle, Gilbert de Halfale, Thomas Guerard, le Sire de Scales, Guillaume de Rochefort, & autres Chevaliers & Efcuyers, tant Anglois, comme faux & renegats François, avec ceux des villes de Paris, & Chartres, & de la Province de Normandie, vint à toute puiffance mettre le fiege devant Orléans. A la venuë duquel faillirent contre les Anglois le fufdit Baftard d'Orleans, les Nobles & Bourgeois, qui avoient auparavant abbatu partie des fauxbourgs du Portereau, & avoient commencé devant les Tournelles, un boulevart qui n'eftoit pas encore parfait, mais ils y travailloient jour & nuict. Si mirent les François le feu au demeurant d'iceux faubourgs, & en l'Eglife des Auguftins : & les Anglois tinrent loin de là leurs tentes, fans approcher le pont, jufques à ce que le feu defdits faubourgs fût ceffé. Et cependant ceux d'Orleans abbatirent la muraille des faubourgs, & remplirent le boulevart, à l'oppofite duquel les Anglois fermerent une baftide dans l'Eglife, & en l'hoftel des Auguftins, qui n'eftoient du tout abbatus; laquelle baftide les Anglois fortifierent de profonds foffez, & de clofture, & vinrent fouvent faire des efcarmouches devant le boulevart ; de plus ils affortirent de merveilleuses bombardes & canons, dont ils firent jetter jour & nuict contre la muraille de la Cité & des Tournelles du pont. Le Comte de Salisbery se vint loger en cette Bastille, & fit commencer la mine, pour conquerir le boulevart. Ceux d'Orleans en eurent cognoissance, qui se prirent alors à contre-miner, & furent tant menées les mines, & contremines, qu'ils furent fort approchez. Là dessus ledit Comte fit appareil d'eschelles, & autres habillemens pour assaillir le boulevart ; dont ceux d'Orleans s'apperceurent bien, & garnirent leur boulevart de gens de faict, & d'habillemens de guerre pour la defense : entre lesquels furent le Sire de Villars, le Sire de Guitry, le Sire de Conraze, Messire Nicole de Girefme, Chevalier de Rhodes, Poton de Sainte-Traille, Pierre de la Chapelle, & autres Chevaliers & Escuyers de nom & d'armes, & avec eux les Bourgeois d'Orleans en bien grand nombre.

Le Jeudy vingt & uniéme jour d'Octobre du susdit an mille quatre cent vingt-huict, les Anglois livrerent à toute puissance, environ l'heure du midy, un fier & merveilleux assaut contre les François, qui tenoient le boulevart du bout du pont d'Orleans ;

l'affaut dura longuement, auquel furent tuez & bleffez plufieurs Anglois; car les François les abbatoient des efchelles dedans les foffez, dont ils ne fe pouvoient relever, attendu qu'on jettoit fur eux cercles liez, & croifez, cendres vives, chaux, greffes fonduës, & eauës chaudes, que les femmes d'Orleans leur apportoient: & pour rafraifchir les François, du grand travail qu'ils fouffroient, lefdites femmes leur bailloient vin, viandes, fruicts, vinaigre & toüailles blanches; & auffi leur portoient des pierres, & tout ce qui pouvoit fervir à la defenfe, dont aucunes furent veuës durant l'affaut, qui repouffoient à coups de lances les Anglois, des entrées du boulevart, & les abbatoient és foffez. Les Anglois furent là grevez à merveilles, & tant qu'ils ceffèrent l'affaut, où ils firent grande perte.

Or en iceluy affaut, fut bleffé Pierre de la Chapelle, dont il mourut le fecond jour d'aprés, & fut fort plaint: auffi y furent bleffez les Seigneurs de Guitry, de Conraze, de Villars, Nicole de Girefme, & Poton de Saincte-Traille, lefquels furent du depuis gueris. Aprés lequel affaut, les Anglois, qui n'avoient parachevé la mine encommencée, y befongnerent tant jour & nuict,

que

que ledit boulevart fut prefque tout miné, & n'eſtoit retenu que fur eſtayes, où il ne failloit ſinon que mettre le feu, pour faire fondre iceluy boulevart, & accabler ceux qui eſtoient dedans : mais le Samedy enſuivant, vingt & troiſieſme jour dudit mois d'Octobre, ceux d'Orleans qui de ce eurent cognoiſſance, mirent le feu audit boulevart, à la veuë des Anglois, & ſe retirerent és Tournelles du pont, dont ils leverent le pont. Et ſe doutant touſjours qu'ils ne puſſent longuement tenir les Tournelles, dont partie eſtoit fort batuë & empirée ; ils rompirent aucunes arches du pont, outre & au delà defquelles ils leverent un boulevart du coſté par devers la ville, & fortifierent le dit pont.

Or advint que le Dimanche vingt & quatrieſme jour d'Octobre en iceluy an, les Anglois vinrent à puiſſance affaillir les Tournelles, qui eſtoient peu garnies de gens de faict ; car la pluſpart avoient eſté bleſſez en l'aſſaut du Jeudy, fait au boulevart : ſi dreſſerent les Anglois des eſchelles, tant par terre, comme par le coſté de la riviere de Loire, qui eſtoit lors fort baſſe ; & firent tant qu'ils prirent & emporterent, aprés un peu de reſiſtance, leſdites Tournelles, environ deux heures aprés midy, & rompirent une arche en icelles & le boulevart du pont ; puis fortifierent jour & nuict icelles Tournelles en telle maniere, que ce lieu fut mis en defense, & rendu tenable contre toute puiſſance; dont le Comte de Salisbery commit la garde & defenſe à Glacidas, qui eſtoit de haut courage, plein de toute tyrannie & orgueil : ceſtuy Glacidas fit reparer & renforcer le boulevart qui avoit eſté abandonné, & aſſortit tant là comme és Tournelles, des canons & merveilleuſes bombardes, dont il fit jetter jour & nuit en la cité & contre le boulevart du pont; duquel Meſſire Nicole de Gireſme eut la garde, avec grande compagnée de Nobles, & Bourgeois d'Orleans, leſquels d'autre part firent grandement battre de canons, & merveilleuſes bombardes les Tournelles dont en peu de temps ils abbatirent tout le comble, avec la pluſpart de la muraille; mais les Anglois ſe fortifierent tant par dedans, de bois, qu'on ne les pouvoit que peu grever.

Les Bourgeois d'Orleans furent en grande douleur pour cette priſe des Tournelles : mais le Baſtard d'Orleans, la Hire, Monſeigneur de Büeil, Monſeigneur de Chaumont, & Meſſire André d'Averton, Meſſire Theaulde de Valepergue, le Seigneur de

Saincte-Severe, & de Bouffac Mareschal de France, Messire Iacques de Chabannes Seneschal de Bourbonnois, le Sire de Villars, le Sire de Conraze, & autres Nobles, vinrent le Lundy aprés la susdite prise, en grande compagnée de bonnes gens d'armes, dont ceux d'Orleans furent fort resjoüis; & fortifierent & garnirent leur pont de plus en plus, faisans jetter jour & nuict canons & vuglaires; au subjet dequoy Glacidas usa souvent de grandes menaces, & s'alloit ventant par son orgueil, qu'il feroit tout tuer à son entrée dedans la ville, tant hommes, comme femmes, sans en espargner aucuns. Aprés la venuë du Bastard d'Orleans & de la Chevalerie, advint un jour que le Comte de Salisbery vint aux susdites Tournelles pour l'enhortement de Glacidas, pour voir plus à plain la fermeture & l'enceinte du siege de la Cité d'Orleans : (9) mais ce Comte estant prés d'une fenestre dedans lesdites Tournelles, où il regardoit & visoit la Cité, il fut (par juste jugement de Dieu, qui tout cognoit, & qui traite & recompense les hommes, selon leurs merites) frappé de l'esclat d'une pierre de canon, qui entra par ladite fenestre, & perdit soudain l'œil du coup, & cheut à terre prés de Glacidas, avec un autre

Chevalier qui fut tué de ce mesme coup.

Alors les Anglois qui estoient bien dolens & courroucez de cette adventure, prirent ledit Comte & l'envoyerent à Meun, le plus clandestinement qu'ils peurent, auquel lieu il trespassa au mois de Novembre mille quatre cent vingt-huict; au sujet dequoy, le courage des Anglois fut grandement affoibly; lesquels envoyerent hastivement devers le Duc de Betfort, qui se disoit Regent de France, requerant un Chef, au lieu d'iceluy Comte, avec secours de gens, argent & vivres; lequel Régent envoya grande Chevalerie, argent & vivres, pour maintenir ce siege : & pour gouverner la guerre, fit principaux Chefs, & Capitaines Messire Guillaume la Poule, Comte de Suffort, les Seigneurs de Talbot, de Gray, de Scales, Messire Robert Heron, Lancelot de Lisle, Gilbert de Halsates, Glacidas, & autres Chevaliers & Escuyers Anglois, avec aucuns faux François, entre lesquels fut Messire Guillaume de Rochefort, Hüe des Prez, Eustache Gaudin, Geoffroy de Lamé, Iean de Chainviller, Iean le Baveux, Guillaume Languedoc, Iean de Mazis, Guillaume du Broillac, & fut bien la puissance du siege nombrée de dix mille hommes. Ces Chefs de guerre tinrent plusieurs Conseils à Baugency, à Meun, à Iargeau, & finalement delibererent que aux Tournelles, au boulevart de devant, és baſtides des Auguſtins, de Sainct Privé, & de Sainct Iean-le-Blanc, qui furent bien grandement fortifiez, gens ſeroient eſtablis pour garder les paſſages par eauë & par terre, ſous le gouvernement de Glacidas Capitaine des Tournelles; & ce faict, qu'ils mettroient ſiege de l'autre part de la Cité d'Orleans.

L'an mille quatre cent ving-huict, le vingt-neufviefme jour de Decembre, le Comte de Suffort, les Seigneurs de Talbot, de Scales, & autres grands Seigneurs Anglois, & Bourguignons, Chefs de guerre, partirent de Iargeau, & vinrent à puiſſance mettre le ſiege devant Orleans, du coſté devers la Beauſſe; & pour enclore la Cité, fermerent & fortifierent pluſieurs boulevarts & baſtides encloſes de foſſez & de tranchées, ſur tous les grands chemins paſſans, c'eſt à ſcavoir, la baſtide-Sainct-Laurens, la baſtide du Colombier, la baſtide de la Croix Boiſſée, la baſtide qu'ils nommerent Londres, au lieu des douze Pairs, la baſtide Aro, nommée Roüan, la baſtide de Sainct-Povoir, nommée Paris, la baſtide Sainct-Loup: & edifierent dedans la Loire, au droict de Sainct-Laurens,

en l'Isle Charlemagne, une autre baſtide, &
là leverent un port & paſſage par eauë, en
telle maniere qu'un des ſieges pouvoit entre-
ſecourir l'autre : & ainſi appert que la ville
fut encloſe, tant du coſté de Beauſſe, que
de Soulongne, de treize places fortifiées,
tant boulevarts, comme baſtides : parquoy
cette Cité fut reduite en telle detreſſe, qu'ils
ne peurent avoir ſecours de vivres par eauë
ny par terre. Neantmoins les Nobles, & les
Bourgeois qui eſtoient dedans la Cité, ſor-
tirent ſouvent, & firent de grandes & fre-
quentes ſaillies, & ſi furent aſſaillir les Anglois juſques aux ſuſdites baſtides; leſquels
ſortoient aucuneſfois. Il y eut beaucoup de
grandes eſcarmouches, où il y eut grand nombre des chevaux du Mareſchal de Saincte-
Severe de tuez : ce Mareſchal fut de grande
entrepriſe, & hardy, & gouverna tant honorablement les gens de guerre, qu'il tenoit
à Orleans, qu'ils y ſejournerent depuis la
Touſſaints, juſques à l'Aſcenſion, ſans faire
aucun excés entre eux, & ceux d'Orleans.

Durant ce ſiege Charles Comte de Clermont, fils aiſné du Duc de Bourbon, ſe
mit ſus, pour ſecourir la Cité d'Orleans; il
vint avec puiſſance à Blois où il ſceut nouvelles que le Duc de Betfort avoit mis ſus

des Anglois en grand nombre, qui eſtoient partis de Paris, avec grande quantité de vivres, pour avitailler l'oſt des Anglois, & le ſecourir de gens : ſi partit-il de Blois pour aller au devant, & fit ſçavoir ſon entrepriſe au Baſtard d'Orleans, & aux Chefs de guerre qui eſtoient avec luy dans Orleans, leſquels ſe tirerent haſtivement par devers luy, & trouverent prés d'Yenville iceluy Comte & ſa compagnée, qui furent joyeux de leur venuë : & eurent tantoſt nouvelles que les Anglois eſtoient prés de Rouvray-Sainct-Denys, qui conduiſoient au ſiege un grand charroy chargé de vivres & d'artillerie : les François furent tres-deſireux de combattre les Anglois, & pour ce faire ils mirent & joignirent enſemble leur puiſſance, qui eſtoit grande ; car là eſtoient le Comte de Clermont, accompagné de tous les hauts Barons d'Auvergne & de Bourbonnois, le Baſtard d'Orleans, les Sires de la Fayete, & de Saincte-Severe Mraeſchaux, le Sire de Culant Admiral de France, le Vicomte de Thoüars, le Sire de Belleville, les plus fameux Chevaliers & Eſcuyers du Berry & de Poitou, Meſſire Iean Eſtuart ou Stuart Conneſtable des Eſcoſſois, Comte d'Evreux (auquel le Roy avoit donné cette Comté) & ſon frere, avec grande compagnée d'Escoſſois, Meſſire Guillaume d'Albret Sire d'Orval, Meſſire Iean de Nilhat (*) Seigneur de Chateaubrun, Vicomte de Bridiers, Meſſire Iean de Leſgot, la Hire, & pluſieurs Chevaliers & Eſcuyers, & Chefs de guerre, qui ordonnerent leurs batailles : & fut conclud qu'ils ne deſcenderoient point de cheval, fors ſeulement les gens de traict, qui à la veuë des Anglois, & à leur venuë, aſſortiroient leurs canons, & coulevrines, & autre traict.

Or les François allerent tant qu'ils trouverent les Anglois prés Rouvray, qui dans le doute qu'ils en avoient, s'attendoient d'avoir bataille : ils eſtoient enclos de leur charroy, pour lequel garder, ils ordonnerent leurs gens de traict, avec les marchands qui eſtoient là venus de Paris, & autres Citez, & planterent tout autour le parc où ils eſtoient retirez, grande quantité de paux aigus : alors les batailles de pied Françoiſes aſſortirent leurs canons, coulevrines, & autre traict, puis approcherent le charroy & les Archers Anglois, contre leſquels ils commencerent à tirer de telle ſorte, que peu tinrent-ils leurs places ; car ceux d'Orleans qui eſtoient là en grand nombre, les char-

(*) Al. Nilhac.

gerent à merveilles, de belles coulevrines, contre lesquelles rien ne resistoit, qu'il ne fut mis en pieces : là fut fait à cette attaque grande tuerie d'Anglois & de marchands de Paris, pour lesquels secourir les Anglois n'ozerent sortir de leur parc, redoutans les batailles de cheval qui estoient en leur veuë : mais le Connestable d'Escosse fut tant desireux d'assembler contre ses ennemis, que luy & tous ses gens descendirent à pied, pour aller chercher les Anglois jusques dans leur parc, outre & contre le premier ordre donné, & sans attendre les autres ; avec lequel descendit le Bastard d'Orleans, les Seigneurs d'Orval & de Chambrun ou Chasteaubrun, Messire Iean de Lesgot, & aucuns Nobles, qui croyoient bien que les batailles de cheval deussent à l'assembler frapper sur les Anglois, mais ils n'en firent onques rien. A cette heure, qui fut environ Vespres, le Samedy douziesme jour de Fevrier, veille des Brandons, l'an mille quatre cent vingt-huict, les Anglois sortirent tout à coup de leur enclos, & s'assemblerent & s'unirent contre les susdits Ecossois, qui furent deffaits en peu d'heures : ce que voyans les Auvergnacs, & autres, ils se prirent à fuir, sans s'assembler contre les Anglois, & se retirerent à Orleans, & avec eux le fufdit Baftard, qui fut griefvement bleffé en cette bataille, où furent tuez lefdits Conneftable d'Efcoffe, Sires d'Orval, de Chafteaubrun, de Lefgot, & autres Nobles de renom, jufques au nombre d'environ trois à quatre cent combattans, & la plufpart hommes d'armes : il y eut auffi plufieurs Anglois de tuez, Meffire Iean Faftot fut Chef de la bataille des Anglois, lequel amena à la veuë des François, les vivres & le charroy en l'oft devant Orleans, le Mardy aprés icelle deffaite.

Or aprés que ledit Comte de Clermont fe fut retiré à Orleans, il tint là aucuns confeils, & jura & promit à fon depart de fecourir la ville de gens & de vivres dedans un certain jour, auquel il defaillit ; & demeurerent feulement pour conforter la ville le Marefchal de Saincte-Severe, avec le Baftard d'Orleans. Et dautant que ceux d'Orleans n'efperoient plus avoir fecours du Roy, eux tendans à conferver la Seigneurie du Duc d'Orleans leur naturel Seigneur, qui eftoit prifonnier en Angleterre, & fçachans de certain que tout le plus des Nobles de France avoient compaffion de fa perfonne ; & que le Confeil d'Angleterre luy avoit octroyé pour fes pays abftinence de guerre, à certain temps, sous la puissance du Duc de Betfort, soy disant Regent de France; lequel par la dureté du Conseil de Paris, ne voulut passer l'abstinence, mais fit mettre le siege devant icelle ville : pour venir à cette fin, aucuns Nobles, & bourgeois de la ville d'Orleans se retirerent par devers le Duc de Bourgongne, & Messire Iean de Luxembourg, requerans, que pour pitié il leur pleust tant faire, que par leur moyen ladite abstinence peust sortir à aucun effect, à quoy ils furent fort enclins. A cette fin, lesdits Duc de Bourgongne, & Luxembourg allerent à Paris, en y menant avec eux les Messagers d'Orleans ; & requirent le Duc de Betfort qu'il voulust faire lever le siege, & consentir icelle abstinence ; dequoy il les refusa tout à plein: pourquoy le Duc de Bourgongne en prit grand desplaisir, & envoya avec les Messagers d'Orleans l'un de ses Herauts, lequel vint en l'ost par devers tous ceux qui estoient du party dudit Duc, leur faire commandement qu'ils se departissent de ce siege; & ainsi le firent la pluspart des Picards, Champenois, & Bourguignons; dequoy la puissance des Anglois s'affoiblit fort. Ladite cité d'Orleans ainsi assiegée, & d'autre costé garnie de vaillantes gens ; &

de plus, les habitans de la ville ayans bon & grand courage de tenir & se defendre, comme ils avoient desja bien monstré, faisans abbatre leurs beaux fauxbourgs presque aussi grands, s'ils eussent esté ensemble, comme la ville, & vingt-six Eglises, dont celle de Sainct Aignan d'Orleans qui estoit collegiale, & un cloistre pour les Chanoines, & où il y avoit de belles & grandes maisons canoniales, en estoit une (10). Les habitans donc estans en grand doute & danger d'estre perdus, & reduits à la fin en la subjection de leurs ennemis, oüyrent nouvelles, qu'il venoit une Pucelle par devers le Roy, laquelle se faisoit fort de faire lever le siege, de ladite ville d'Orleans.

L'an mille quatre cent vingt-neuf, il y avoit une jeune fille vers les marches de Vaucouleur, natifve d'un village nommé Domp-Remy de l'Ellection de Langres (qui est tout un avec le village de Gras) fille de Iacques Daix & d'Ysabeau sa femme, simple villageoise, qui avoit accoustumé aucunesfois de garder les bestes; & quand elle ne les gardoit, elle apprenoit à coudre, ou bien filoit: elle estoit âgée de dix-sept à dix-huict ans, bien compassée de membres, & forte, laquelle un jour, sans congé de pere ou de mere

DE LA PUCELLE D'ORLEANS. 93

(non mie qu'elle ne ne les euſt en grand honneur & reverence, & qu'elle ne les craignoit & redoutoit, mais elle ne s'ozoit deſcouvrir à eux, pour doute qu'ils ne luy empeſchaſſent ſon entrepriſe) s'en vint à Vaucouleur devers Meſſire Robert de Baudricourt, un vaillant Chevalier, tenant le party du Roy, & avoit dans ſa place quantité de gens de guerre vaillans, faiſant guerre tant aux Bourguignons qu'autres tenans le party des ennemis du Roy: & lui dit ladite Ieanne tout ſimplement les paroles qui s'enſuivent: *Capitaine Meſſire, ſçachez que Dieu depuis aucun temps en çà, m'a pluſieurs fois fait à ſçavoir, & commandé que j'allaſſe devers le gentil Dauphin, qui doit eſtre & eſt vray Roy de France, & qu'il me baillaſt des gens d'armes, & que ie leverois le ſiege d'Orleans, & le menerois ſacrer à Rheims:* leſquelles choſes Meſſire Robert reputa à une moquerie & deriſion, s'imaginant que c'eſtoit un ſonge ou fantaiſie, & luy ſembla qu'elle ſeroit bonne pour ſes gens, à ſe divertir & ebaſtre en peché, meſmes il y eut aucuns qui avoient volonté d'y eſſayer; mais auſſi-toſt qu'ils la voyoient ils eſtoient refroidis, & ne leur en prenoit volonté : elle preſſoit tousjours inſtamment ledit Capitaine, à ce qu'il l'envoyaſt vers le Roy, & luy fit avoir un habillement d'homme, avec un cheval, & des compagnons pour la conduire; & entre autres choses luit dit, *En nom de Dieu vous mettez trop à m'envoyer; car aujourd'huy le gentil Dauphin a eu assez prés d'Orleans un bien grand dommage, & sera-il encores taillé de l'avoir plus grand, si ne m'envoyez bien-tost vers luy:* lequel Capitaine mit lesdites paroles en sa mémoire, & imagination, & sceut depuis, que ledit jour fut, quand le Connestable d'Escosse, & le Seigneur d'Orval furent deffaits par les Anglois, & estoit ledit Capitaine en grande pensée de ce qu'il en feroit.

Si delibera & conclud qu'il l'envoyeroit, & luy fit faire robe & chaperon à homme, gipon, chausses à attacher houseaux & esperons, & lui bailla un cheval; puis ordonna à deux Gentilshommes du pays de Champagne, & un varlet, qu'ils la voulussent conduire; l'un des Gentilshommes nommé Iean de Metz, & l'autre Bertrand de Pelonge, lesquels en firent grande difficulté, & non sans cause; car il falloit qu'ils passassent par les dangers & perils des ennemis. Ladite Ieanne recognut bien la crainte & le doute qu'ils faisoient, si leur dit: *En nom de Dieu menez-moy devers le gentil Dauphin, & ne faites aucun doute que vous ny moy n'aurons aucun empeschement:*

& est à sçavoir qu'elle n'appella le Roy que Dauphin jusques à ce qu'il fust sacré.

Et lors lesdits compagnons conclurent qu'ils la meneroient vers le Roy, lequel estoit lors à Chinon : si partirent-ils, & passerent par Auxerre, & plusieurs autres villes, villages & passages de pays des ennemis, & aussi par les pays obéïssans au Roy, où regnoient toutes pilleries & roberies, sans ce qu'ils eussent ou trouvassent aucuns empeschemens, & vinrent jusques en icelle ville de Chinon : eux-mesmes disoient qu'ils avoient passé aucunes rivieres à gué bien profondes, & des passages renommez pour leurs perils, & dangers, sans quelconque inconvénient, dont ils estoient esmerveillez. Eux doncques estans arrivez en ladite ville de Chinon, le Roy manda ces Gentilshommes qui estoient venus en sa compagnée, & les fit interroger en sa présence, lesquels ne sceurent que dire, sinon ce qui est récité cy-dessus : si eut le Roy, & ceux de son Conseil, grand doute, si ladite Ieanne parleroit au Roy, ou non, & s'il la feroit venir devers luy ; sur quoy il y eut diverses opinions & imaginations, & fut conclu qu'elle verroit le Roy.

Ladite Ieanne fut donc amenée en sa présence, & dit, qu'on ne la deceust point, &

qu'on lui montrast celuy auquel elle devoit parler. Le Roy estoit bien accompagné, & combien que plusieurs feignissent qu'ils fussent le Roy, toutesfois elle s'adressa à luy assez pleinement, & lui dit, que Dieu l'envoyoit là pour luy ayder & le secourir, & qu'il luy baillast gens, & elle leveroit le siege d'Orleans, & si le meneroit sacrer à Reims, et que c'estoit le plaisir de Dieu que ses ennemis les Anglois s'en allassent en leurs pays: que le Royaume luy devoit demeurer; et que s'ils ne s'en alloient, il leur mescheroit. Après ces choses ainsi faites & dites, on la fit remener en son logis, & le Roy assembla son Conseil pour sçavoir ce qu'il avoit à faire; auquel Conseil estoit l'Archevesque de Reims son Chancelier, & plusieurs Prelats, gens d'Eglise, & Laïcs : si fut advisé que certains Docteurs en Theologie parleroient à elle, & l'examineroient, & aussi avec eux des Canonistes & Legistes, & ainsi fut fait. Elle fut donc examinée & interrogée par diverses fois, & par diverses personnes ; c'estoit chose merveilleuse comme elle se comportoit & conduisoit en son faict, avec ce qu'elle disoit & rapportoit luy estre enchargé de la part de Dieu, comme elle parloit grandement & notablement, veu que en autres choses elle estoit la

plus

plus simple Bergere que on veit oncques. Entre autres choses on s'esbahissoit, comme elle dit à Messire Robert de Baudricourt le jour de la bataille de Rouvray, autrement dite des Harencs (dont cy-dessus est fait mention) ce qui estoit advenu, & aussi de la maniere de sa venuë, & comme elle estoit arrivée sans empeschement jusques à Chinon. Un jour elle voulut parler au Roy en particulier, & lui dit : *Gentil Dauphin, pourquoy ne me croyez vous ? Ie vous dis que Dieu a pitié de vous, de vostre Royaume, & de vostre Peuple; car Sainct Louys & Charlemagne sont à genoux devant luy, en faisant prieres pour vous; & je vous diray, s'il vous plaist, telle chose qu'elle vous donnera à cognoistre que me devez croire.* Toutesfois elle fut contente que quelque peu de ses gens y fussent, & en la présence du Duc d'Alençon, du Seigneur de Treves, de Christofle de Harcourt, & de Maistre Gerard Machet son Confesseur, lesquels il fit jurer, à la requeste de ladite Ieanne, qu'ils n'en reveleroient ny diroient rien ; elle dit au Roy une chose de grand (*), qu'il avoit faite bien secrette, dont il fut fort esbahy ; car il n'y avoit personne qui le peust sçavoir, que Dieu & luy : & dés lors il fut

(*) Al. de grande consequence.

comme conclu, que le Roy essayeroit à executer ce qu'elle disoit : toutesfois il advisa qu'il estoit expedient qu'on l'amena à Poictiers, où estoit la Cour de Parlement, & plusieurs notables Clercs de Théologie, tant Seculiers comme Reguliers, & que luy-mesme iroit jusques en ladite ville : & de faict le Roy y alla, & faisoit amener & conduire ladite Ieanne, laquelle, quand elle fut comme au milieu du chemin, demanda, où on la menoit ; il lui fut respondu, que c'estoit à Poictiers : alors elle dit: *En nom Dieu, je sçay que j'y auray bien affaire, mais Messires m'aydera ; or allons de par Dieu.* Elle fut doncques amenée en la cité de Poictiers, & logée en l'hostel d'un nommé Maistre Iean Rabateau, lequel avoit espousé une bonne femme, à laquelle on la bailla en garde. Elle estoit tousjours en habit d'homme, ny n'en vouloit autre vestir. Si fit on assembler plusieurs notables Docteurs en Théologie, & des Bacheliers, lesquels entrerent en la salle où elle estoit ; & quand elle les veid, elle s'alla seoir au bout du banc, & leur demanda ce qu'ils vouloient : lors il luy fut dit par la bouche de l'un d'eux, qu'ils venoient devers elle, pource qu'on disoit, qu'elle avoit dit au Roy, que Dieu l'envoyoit vers luy ; & monstrerent par belles & douces raisons, qu'on ne la devoit pas croire : ils y furent plus de deux heures, où chacun d'eux parla sa fois, & elle leur fit des responses dont ils furent grandement esbahis ; sçavoir, comme une si simple Bergere, jeune fille, pouvoit ainsi prudemment respondre : entre les autres, il y eut un Carme Docteur en Theologie, bien aigre homme, qui luy dit, que la saincte-Escriture defendoit d'ajouter foy à telles paroles, si on ne monstroit signe ; & elle respondit pleinement, qu'elle ne vouloit pas tenter Dieu, & que le signe que Dieu luy avoit ordonné, c'estoit lever le siege de devant Orleans, & de mener le Roy sacrer à Reims ; qu'ils y vinssent, & ils le verroient : qui sembloit lors chose fort difficile à croire, & comme impossible, veuë la puissance des Anglois, & que d'Orleans, ny de Blois jusques à Reims, il n'y avoit aucune place Françoise. Il y eut un autre Docteur en Theologie, de l'Ordre des Freres Prescheurs, qui luy va dire : *Ieanne, vous demandez des gens d'armes, & si vous dites, que c'est le plaisir de Dieu que les Anglois laissent le Royaume de France, & s'en aillent en leur pays ; si cela est, il ne faut point de gens d'armes : car le seul plaisir de Dieu les peut destruire, & faire aller en leur pays.* A quoy elle respondit, qu'elle demandoit des gens, non mie en grand nombre, lesquels combattroient, & Dieu donneroit la victoire. Aprés laquelle responfe faite par icelle Ieanne, les mesmes Theologiens s'assemblerent, pour voir ce qu'ils conseilleroient au Roy, & conclurent fans aucune contradiction, (combien que les choses dites par ladite Ieanne leur sembloient bien eftranges) que le Roy s'y devoit fier, & essayer à executer ce qu'elle disoit. Le lendemain y allerent de nouveau plusieurs notables personnes, tant de Presidens & Conseillers de Parlement, que autres de divers eftats: & avant qu'ils y allassent, ce qu'elle disoit leur sembloit impossible à faire, disans, que ce n'estoient que resveries & fantaisies: mais il n'y eut celuy, quand il en retournoit, & l'avoit oüye, qui ne dit aprés, que c'estoit une créature de Dieu; aucuns mesmes en retournans, pleuroient à chaudes larmes: semblablement y furent Dames, Damoiselles & Bourgeoises, qui luy parlerent; & elle leur respondoit si doucement & gracieusement qu'elle les faisoit pleurer. Entre autres choses ils luy demanderent pourquoy elle ne prenoit pas un habit de femme; & elle leur respondit: *Je croy bien qu'il vous semble estrange, & non sans cause; mais il faut pource que je me dois armer, & servir le gentil*

Dauphin en armes, que je prenne les habille-mens propices & necessaires à cela; & aussi quand je serois entre les hommes, estant en habit d'homme, ils n'auront pas concupiscence charnelle de moy, & me semble qu'en cet estat je conserveray mieux ma virginité de pensée & de faict.

Pour le temps de lors, on faisoit grande diligence d'assembler vivres, & specialement bleds, chairs salées & non salées, pour essayer à les conduire & jetter dans la ville d'Orleans. Si fut deliberé & conclu qu'on esprouveroit la dite Ieanne sur le faict desdits vivres; & luy furent ordonnez harnois, cheval & gens, & luy fut specialement baillé pour la conduire & estre avec elle un bien vaillant & notable Escuyer, nommé Iean Dolon, prudent & sage, & pour Page un bien gentil-homme, nommé Loüis de Comtes, dit *Imerguet*, avec des autres valets & serviteurs. Durant ces choses, elle dit qu'elle vouloit avoir une espée qui estoit à Saincte Catherine du Fierbois, où il y avoit en la lame, assez prés du manche, cinq croix. On luy demanda si elle l'avoit oncques veuë, & elle dit que non; mais qu'elle sçavoit bien qu'elle y estoit. Elle y envoya donc, & n'y avoit personne qui sceut où elle estoit, ny ce que c'estoit;

toutesfois il y en avoit plusieurs qu'on avoit autresfois données à l'Eglise, lesquelles on fit toutes regarder, & on en trouva une toute enroüillée qui avoit lesdites cinq croix ; on la lui porta, & elle dit que c'estoit celle qu'elle demandoit. Si fut elle fourbie, & bien nettoyée, & luy fit-on faire un beau fourreau tout parsemé de flenrs-de-lys.

Tant que ladite Ieanne fut à Poitiers, plusieurs gens de bien alloient tous les jours la visiter, & tousjours disoit de bonnes paroles. Entre les autres, il y eut un bien notable homme, Maistre des Requestes de l'Hostel du Roy, qui luy dit : « Ieanne, on veut que vous essayez à mettre les vivres dedans Orleans ; mais il me semble que ce sera forte chose, veuës les bastilles qui sont devant, & que les Anglois sont forts & puissans ». *En nom Dieu* (dit-elle) *nous les mettrons dedans Orleans à nostre aise, & si il n'y aura Anglois qui saille, ne qui fasse semblant de l'empescher.* Elle fut donc armée & montée à Poictiers ; puis elle en partit, & en chevauchant elle portoit aussi gentiment son harnois, que si elle n'eust fait autre chose tout le temps de sa vie, dont plusieurs s'esmerveilloient : mais bien davantage les Docteurs, Capitaines de guerre & autres, des responses qu'elle faifoit, tant des chofes divines que de la guerre.

Le Roy avoit mandé plufieurs Capitaines pour conduire & eftre en la compagnée de la dite Ieanne, & entre autres le Marefchal de Rays, Mre Ambroife de Lore, & plufieurs autres, lefquels conduifirent icelle Ieanne jufques en la ville de Blois. Les nouvelles de cette Pucelle vinrent à Orleans, fçavoir, comme c'eftoit une fille de fainéte & religieufe vie, qui fut fille d'un pauvre Laboureur de la contrée de l'Eflection de Langres prés de Barrois, & d'une pauvre femme du mefme pays, qui vivoient de leur labeur : qu'elle eftoit aagée environ de dix-huiét à dix-neuf ans, & avoit efté Paftoure (*) au temps de fon enfance ; qu'elle fçavoit peu de chofes mondaines, parloit peu ; & le plus de fon parler eftoit feulement de Dieu, de fa benoifte Mere, des Anges, des Sainéts & Sainétes de Paradis ; difoit que par plufieurs fois luy avoient efté dites aucunes revelations touchant la falvation du Roy, & prefervation de toute fa Seigneurie, laquelle Dieu ne vouloit luy eftre tolluë ni ufurpée ; mais que fes ennemis en feroient deboutez ; & eftoit chargée de dire & fignifier ces chofes au Roy

(*) Al. Bergere.

dedans le terme de la Sainct-Iean mille quatre cent vingt-neuf : que la dite Pucelle avoit esté oüye par le Roy & son Conseil, où elle ouvrit les choses à elle chargées, & traita merveilleusement des manieres de faire vuider les Anglois hors du Royaume ; & ne fut là Chef de guerre qui sceust tant proprement qu'elle remonstrer les manieres de guerroyer ses ennemis, dont le Roy & tout son Conseil fut esmerveillé ; car elle fut autant simple en toutes autres manieres, comme une Pastourelle : que pour cette merveille le Roy alla à Poictiers, & mena là la Pucelle, qu'il fit interroger par notables Clercs du Parlement, & par Docteurs bien renommez en Theologie ; & elle oüye, affermerent qu'ils la reputoient inspirée de Dieu, & approuverent tout son faict & ses paroles ; pourquoy le Roy la tint en plus grande reverence, & manda dés lors gens de toutes parts, & fit mener à Blois grande quantité de vivres & d'artillerie pour secourir la cité d'Orleans : que la Pucelle requit, pour conduire le secours, qu'il pleust au Roy luy bailler telles gens & tel nombre qu'elle requerroit, qui ne seroit pas grand nombre, ny grande puissance, & pour son corps se fit administrer un harnois entier.

Alors le Roy ordonna que tout ce qu'elle

requerroit luy fuſt baillé; puis la Pucelle prit congé du Roy pour aller en la cité d'Orleans; & elle venuë à Blois à peu de gens, ſejournoit illec par aucuns jours, attendant plus grande compagnée. Pendant ſon ſejour, elle fit faire un eſtendart blanc, auquel elle fit portraire la preſentation du S. Sauveur, & deux Anges, & le fit beniſtre en l'Egliſe S. Sauveur de Blois: auquel lieu vinrent tantoſt aprés le Mareſchal de Saincte Severe, les Sires de Rays & de Gaucourt, à grande compagnée de nobles & de commun, qui chargerent une partie des vivres pour les mener à Orleans. Ladite Pucelle ſe mit en leur compagnée, & cuidoit bien qu'ils deuſſent paſſer par devant les baſtides du ſiege, devers la Beauſſe: mais ils prirent leur chemin par la Solongne, & ainſi fut menée à Orleans le penultieſme jour d'Avril au meſme an.

Cette Pucelle ſejournant à Blois, en attendant la compagnée qui la devoit mener à Orleans, eſcrivit, & envoya par un Heraut au Chefs de guerre qui tenoient ſiege devant Orleans, une Lettre dont la teneur s'enſuit, & eſt telle: « *Ieſus Maria*, Roy d'Angle-
» terre, faites raiſon au Roy du Ciel de ſon
» Sang Royal, rendez les clefs à la Pucelle
» de toutes les bonnes villes que vous avez
» enforcées: elle eſt venuë de par Dieu pour

» reclamer le Sang Royal, & est toute preste
» de faire paix, si vous voulez faire raison; par
» ainsi que vous mettrez jus, & payerez de ce
» que vous l'avez tenuë. Roy d'Angleterre,
» si ainsi ne le faites, je suis Chef de guerre,
» en quelque lieu que j'attendray vos gens en
» France; s'ils ne veulent obeïr, je les feray
» issir, veüillent ou non; & s'ils veulent
» obeïr, je les prendray à mercy : croyez
» que s'ils ne veulent obeïr, la Pucelle vient
» pour les occire : elle vient de par le Roy
» du Ciel, corps pour corps, vous bouter
» hors de France, & vous promet & certifie
» qu'elle y fera si gros hahay, que depuis
» mille ans en France ne fut veu si grand,
» si vous ne luy faites raison; & croyez fer-
» mement que le Roy du Ciel luy envoyera
» plus de force à elle & à ses bonnes gens
» d'armes, que ne sçauriez avoir à cent af-
» fauts. Entre vous Archers, compagnons
» d'armes, gentils & vaillans qui estes de-
» vant Orleans, allez-vous-en en vostre pays,
» de par Dieu; & si ne le faites ainsi, don-
» nez-vous garde de la Pucelle, & qu'il vous
» souvienne de vos dommages. Ne prenez
» mie vostre opinion, que vous tiendrez
» France du Roy du Ciel le fils Saincte Ma-
» rie; mais la tiendra le Roy Charles vray

» heritier, à qui Dieu l'a donnée, qui en-
» trera à Paris en belle compagnée. Si vous
» ne croyez les nouvelles de Dieu & de la
» Pucelle, en quelque lieu que vous trou-
» verons, nous ferirons dedans à horions;
» & si verrez lesquels auront meilleur droict
» de Dieu ou de vous. Guillaume de la
» Poule, Comte de Suffort, Iean Sire de
» Talbot & Thomas Sire de Scales, Lieute-
» nans du Duc de Betfort, soy disant Regent
» du Royaume de France pour le Roy d'An-
» gleterre, faites responfe, si vous voulez
» faire paix à la cité d'Orleans; si ainsi ne
» le faites, qu'il vous souvienne de vos dom-
» mages. Duc de Betfort, qui vous dites
» Regent de France pour le Roy d'Angle-
» terre, la Pucelle vous requiert & prie que
» vous ne vous faciez mie destruire. Si vous
» ne luy faites raison, elle fera tant que les
» François feront le plus beau faict qui onc-
» ques fut fait en la Chrestienté. Escrit le
» Mardy en la grande semaine. Et sur le dos
» estoit escrit : *Entendez les nouvelles de Dieu*
» *& de la Pucelle. Au Duc de Betfort, qui*
» *se dit Regent du Royaume de France pour*
» *le Roy d'Angleterre* ».

Aprés lesdites lettres ainsi envoyées par
la Pucelle aux Anglois, il fut conclu qu'on

iroit à Orleans mener des vivres, & furent chargez en ladite ville de Blois plusieurs chariots, charrettes & chevaux, de grains, & y assembla-on quantité de bestail, comme bœufs, vaches, moutons, brebis, & pourceaux; & fut conclu par les Capitaines, tant par ceux qui les devoient conduire, comme par le Bastard d'Orleans, qu'on iroit par la Solongne, pource que toute la plus grande puissance estoit du costé de la Beausse. Ladite Ieanne ordonna là-dessus, que tous les gens de guerre se confessassent, & se missent en estat d'estre en la grace de Dieu; de plus elle leur fit oster leurs fillettes, & laisser tout le bagage, puis ils se mirent tous en chemin pour tirer à Orleans; ils coucherent en chemin une nuict dehors. Et quand les Anglois sceurent la venuë de ladite Pucelle & des gens de guerre, ils desemparerent une bastide qu'ils avoient faite en un lieu nommé Sainct-Iean-le-Blanc; & ceux qui estoient dedans s'en vinrent en une autre bastille, que les mesmes Anglois avoient faite aux Augustins, auprés le bout du pont; & ladite Pucelle & ses gens, avec les vivres, vinrent vers la ville d'Orleans, au dessus d'icelle bastille, à l'endroit dudit lieu de Sainct-Iean-le-Blanc.

Ceux de la ville tantoſt, & incontinent preparerent & habillerent vaiſſeaux pour venir querir tous leſdits vivres; mais la choſe eſtoit ſi mal à poinct, que le vent eſtoit contraire: or ne pouvoit-on monter contremont, (car on n'y peut conduire les vaiſſeaux ſinon à force de voile) laquelle choſe fut dite à la ſuſdite Ieanne, qui dit: *Attendez un petit, car, en nom* (*) *Dieu, tout entrera en la ville.* Et ſoudainement le vent ſe changea, en ſorte que les vaiſſeaux arriverent tres aiſement & legerement où eſtoit icelle Ieanne: en iceux eſtoit le Baſtard d'Orleans, & aucuns Bourgeois de la ville, qui avoient grand deſir de voir ladite Ieanne, leſquels luy prierent, & la requirent de la part de toute la ville, & des gens de guerre eſtans en icelle, qu'elle vouluſt venir & entrer en la ville, & que ce leur ſeroit un grand reconfort, s'il luy plaiſoit d'y venir. Alors elle demanda audit baſtard: *Eſtes vous le baſtard d'Orleans?* & il reſpondit, *Oüy Jeanne.* Aprés elle luy dit: *Qui vous a conſeillé de nous faire venir par la Soulongne, & que n'avons nous eſté par la Beauſſe tout emprés la grande puiſſance des Anglois; les vivres euſſent entré, ſans les faire paſſer par la ri-*

(*) Al. mon.

viere ? Le baſtard, en s'excuſant luy reſpondit, que ç'avoit eſté par le conſeil de tous les Capitaines, veüe la puiſſance des Anglois dans la Beauſſe. A quoy elle repliqua : *Le conſeil de Meſſires* (c'eſt à ſçavoir). *Dieu eſt meilleur que le voſtre, & celuy des hommes, & ſi eſt plus ſeur & plus ſage : vous m'avez cuidé decevoir, mais vous vous eſtes deceus vous-meſmes ; car je vous amene le meilleur ſecours que eut oncques Chevalier, ville, ou cité ; & ce eſt le plaiſir de Dieu, & le ſecours du Roy des Cieux ; non mie pour l'amour de moy, mais procede purement de Dieu, lequel à la requeſte de Sainct Loüis & de Sainct Charles le Grand, a eu pitié de la ville d'Orleans, & n'a pas voulu ſouffrir que les ennemis euſſent le corps du Duc d'Orleans* (*), *& ſa ville : quant eſt d'entrer en la ville, il me feroit mal de laiſſer mes gens, & ne le dois pas faire ; ils ſont tous confeſſez, & en leur compagnée je ne craindrois pas toute la puiſſance des Anglois.*

Alors les Capitaines luy dirent : *Ieanne, allez y ſeurement, car nous vous promettons de retourner bien brief vers vous.* Sur ce elle conſentir d'entrer en la ville, avec ceux qui luy eſtoient ordonnez ; & y entra, & fut

(*) Il eſtoit encor priſonnier en Angleterre.

receuë à grande joye, & logée en l'hostel du Tresorier du Duc d'Orleans, nommé *Iacques Boucher*, où elle se fit desarmer; & est vray, que depuis le matin jusques au soir elle avoit chevauché toute armée, sans descendre, boire, ny manger : on luy avoit fait appareiller à souper bien & honorablement; mais elle fit seulement mettre du vin en une tasse d'argent, où elle mit la moitié d'eau, & cinq ou six soupes dedans, qu'elle mangea, & ne prit autre chose le jour pour manger n'y boire, puis s'alla coucher en la chambre qui luy avoit esté ordonnée ; & avec elle estoient la femme & la fille dudit Tresorier, laquelle fille coucha la nuict avec ladite Ieanne : & ainsi vint ladite Pucelle en la ville d'Orleans le penultiesme jour d'Avril l'an mille quatre cent vingt neuf.

Or aussi-tost elle sceut que les Chefs du siege ne tinrent compte de ses lettres susmentionnés, ny de tout leur contenu, mais qu'ils reputerent tous ceux qui croyoient & adjoustoient foy à ses paroles, pour heretiques contre la Saincte Foy, & si avoient fait prendre les Herauts, & les vouloient faire ardoir (*); laquelle prise estant venuë

(*) Al. brusler.

à la cognoiſſance du Baſtard d'Orleans, lequel eſtoit pour lors à Orleans, il manda aux Anglois par ſon Heraut, qu'ils luy renvoyaſſent leſdits Herauts, en leur faiſant ſçavoir, que s'ils les faiſoient mourir, il feroit mourir de pareille mort leurs Hérauts qui eſtoient venus à Orleans pour le faict de priſonniers, leſquels il fit arreſter, & feroit le meſme de tous les priſonniers Anglois, qui y eſtoient lors en bien grand nombre ; & tantoſt aprés leſdits Herauts furent rendus. Toutesfois aucuns diſent, que quand la Pucelle ſceut qu'on avoit retenu les Herauts, elle, & le baſtard d'Orleans envoyerent dire aux Anglois, qu'il les renvoyaſſent : & ladite Ieanne diſoit tousjours : *En nom Dieu, ils ne leur feront ja mal.* Mais leſdits Anglois en renvoyerent ſeulement un, auquel elle elle demanda : *Que dit Talbot ?* & le Heraut reſpondit, que luy & tous les autres Anglois diſoient d'elle tous les maux qu'ils pouvoient, en l'injuriant, & que s'ils la tenoient, ils la feroient ardoir. *Or t'en retourne,* luy dit-elle, *& ne fais doute que tu ameneras ton compagnon, & dis à Talbot, que s'il s'arme, je m'armeray auſſi, & qu'il ſe trouve en place devant la ville ; & s'il me peut prendre, qu'il me face ardoir ; & ſi je le deſconfis,* *le desconfis, qu'il face lever les sieges, & s'en aillent en leur pays.* Le Heraut y alla, & ramena son compagnon. Or auparavant qu'elle arrivast, deux cent Anglois chassoient aux escarmouches cinq cent François ; & depuis sa venuë, deux cent François chassoient quatre cent Anglois, & en creut fort le courage & la bonne volonté des François.

Quand les vivres susmentionnez furent mis dans les vaisseaux ou bateaux, avec ladite Ieanne, les Mareschal de Rays, Seigneur de Lore, & autres s'en retournerent audit lieu de Blois, & là trouverent l'Archevesque de Reims Chancelier de France, & tinrent conseil, pour sçavoir ce qu'on avoit à faire : aucuns estoient d'opinion, que chascun s'en retournast en sa garnison, mais ils furent après tous d'opinion qu'ils devoient retourner audit lieu d'Orleans, afin de les ayder & conforter pour le bien du Roy & de la ville : & ainsi qu'ils parloient de la maniere (*), il vint nouvelle du Bastard d'Orleans, lequel leur faisoit sçavoir, que s'ils desemparoient & s'en alloient, ladite cité estoit en voye de perdition : & lors il fut conclu presque de tous de retourner, & de mener derechef des

(*) Al. matiere.

vivres à force de puissance, & qu'on iroit par la Beausse, où estoit la puissance des Anglois en la grande bastille qu'on nommoit Londres; combien qu'à l'autre fois ils vinrent par la Soulongne : & toutesfois ils estoient trois fois plus de gens qu'on n'estoit à venir par la Beausse. Ils firent donc provision de quantité de vivres, tant de grains que de bestail, & partirent le troisiesme jour de May, & coucherent la nuict en un village, estant comme à my-chemin de Blois & d'Orleans, & prirent le lendemain leur chemin vers ladite ville. Le susdit troisiesme jour de May vinrent aussi à Orleans les garnisons de Montargis, Gien, Chasteau-regnard, du pays de Gastinois & de Chasteaudun avec grand nombre de gens de pied garnis de traict & de guisarmes. Et le mesme jour, au soir, vinrent nouvelles que le Mareschal de Saincte-Severe, le Sire de Rays, Monseigneur de Bueil, & la Hire (qui amenoient & conduisoient les vivres & l'artillerie) venoient de Blois par la Beausse. Si se doutoit-on que les Anglois deussent aller au devant d'eux; pourquoy le Mercredy matin, veille de l'Ascension, quatriesme jour de May, mille quatre cent vingt-neuf, partirent de tres-grand matin d'Orleans le Bastard & la Pucelle armée, avec grande compagnée de gens d'armes & de trait, & allerent à eftendart defployé au devant des vivres, qu'ils rencontrerent, & fi pafferent pardevant les Anglois, qui n'oferent fortir ny iffir de leurs baftides, & puis entrerent dedans la ville environ prime.

Ledit jour, environ midy, aucuns des Nobles firent une fortie d'Orleans, avec grand nombre de gens de traict, & du commun, qui livrerent un fier & merveilleux affaut contre les Anglois qui tenoient la baftide S. Loup, laquelle eftoit de grande defenfe, & beaucoup fortifiée; car elle avoit efté grandement bien garnie par le Sire de Talbot, tant de gens, vivres, comme d'habillemens. Les François furent fort grevez en iceluy affaut, durant lequel y furvint tres-haftivement la Pucelle armée, à eftendart defployé, parquoy l'affaut renforça de plus en plus. Cette Pucelle ne fçavoit rien de la fortie d'iceux gens de guerre hors de la ville, ny n'en eftoient nouvelles en fon hoftel, ny en fon quartier, & s'eftoit mife à dormir; & n'y avoit audit hoftel que fon Page, & la Dame de leans, qui s'esbatoient à l'huis; & foudainement elle s'efveilla, puis fe leva, & commença à appeller des gens : alors vint la Dame & le Page, auquel elle dit : *Va querir mon cheval, en nom Dieu les gens de la ville ont affaire devant une baſtille, & y en a de bleſſez;* ſi dit, qu'on l'armaſt haſtivement, & qu'on luy aydaſt à s'armer : & quand elle fut preſte, elle monta à cheval, & courut ſur le pavé, tellement que le feu en ſailloit, & alla auſſi droict, comme ſi elle euſt bien ſceu le chemin auparavant; & toutesfois, oncques n'y avoit-elle entré.

Ladite Ieanne dit depuis, que (*) ſa voix l'avoit eſveillée, & luy avoit enſeigné le chemin, & que Meſſires (**) luy avoit fait ſçavoir : & depuis ſa venuë & arrivée audit lieu, il ne fut Anglois qui peuſt illec bleſſer aucun François : mais bien les François conquirent ſur eux la baſtide; puis les Anglois ſe retirerent au clocler de l'Egliſe, & là les François commencerent l'aſſaut, qui dura longuement; pendant lequel Talbot fit iſſir les Anglois à grande puiſſance des autres baſtides, pour ſecourir ſes gens : mais à cette meſme heure eſtoient ſaillis d'Orleans tous les chefs de guerre, & à toute leur puiſſance, qui ſe mirent aux champs, & ſe rangerent en batailles ordonnées, entre la baſtide aſſaillie, & les autres baſtides an-

(*) Al. que une voix.   (**) C'eſt à dire, Dieu.

gloifes, attendans illec les Anglois pour les combattre : mais le fufdit de Talbot, en voyant cela, fit retirer les Anglois au-dedans de leurs baftilles, eftant ainfi contraint de delaiffer à l'abandon les Anglois de la baftide Sainct-Loup, qui furent conquis par puiffance, environ l'heure de Vefpres.

Il y eut là des Anglois audit clocher qui fe defguiferent, & qui prirent des habillemens de Preftres ou de gens d'Eglife, pour par ce moyen fe fauver, lefquels neantmoins on voulut tuer; mais ladite Ieanne les garda & preferva, difant qu'on ne devoit rien demander aux gens d'Eglife, & les fit amener à Orleans, dont y fut l'occifion nombrée à huict vingt hommes, & la baftide fut arfe & demolie, en laquelle les François conquirent tres-grande quantité de vivres & autres biens. Cela fait, la Pucelle, les grands Seigneurs & leur puiffance rentrerent à Orleans; duquel bon fuccés, furent à cette mefme heure renduës graces & louanges à Dieu par toutes les Eglifes, en hymnes & devotes oraifons, avec le fon des cloches, que les Anglois pouvoient bien oüyr, lefquels furent fort abaiffez de puiffance, & auffi de courage, par le moyen de cette perte.

La Pucelle desiroit fort de faire partir & retirer entierement les Anglois du siege, & pour ce requit les chefs de guerre, qu'ils fissent une sortie à toute puissance, le jour de l'Ascension, pour assaillir la bastide Sainct-Laurens, où estoient renfermez tous les plus grands Chefs de guerre, & le plus de la puissance des Anglois; & neantmoins elle ne fit aucun doute, que tantost ne les deust conquerir, mais bien se tenoit seure de les avoir, & disoit ouvertement que l'heure estoit venuë; mais les Chefs de guerre ne furent point d'accord de sortir, ny de besongner en cette journée, pour la reverence du jour: & d'autre part furent-ils d'opinion, de premierement tant faire, que les bastides & boulevars du costé de la Soulongne peussent estre conquises, avec le pont, afin que la ville peust recouvrer vivres du costé du Berry, & autres pays.

Ainsi la chose prit delay cette journée, au grand desplaisir de la Pucelle, qui s'en tint mal-contente des Chefs & Capitaines de guerre. Ladite Pucelle avoit grand desir de sommer elle-mesme ceux qui estoient dans la bastille du bout du pont & des Tournelles, où estoit Glacidas, car on pouvoit parler à eux de dessus le pont, si y feut-elle menée:

& quand les Anglois sceurent qu'elle y estoit, ils vinrent en leur garde : puis elle leur dit : que le plaisir de Dieu estoit, qu'ils s'en allassent ; ou sinon, qu'ils s'en trouveroient courroucez. Alors ils commencerent à se mocquer, & à injurier ladite Ieanne, ainsi que bon leur sembla, dont elle ne fut pas contente, & son courage luy en creut, si delibera-elle le lendemain de les aller visiter.

La mesme année mille quatre cent vingt-neuf, le Vendredy sixiesme jour de May, les François passerent oultre la Loire avec grande puissance, à la veuë de Glacidas, lequel aussi-tost fit desemparer, & brusler la bastide de Sainct-Iean-le-Blanc, & fit retirer ses Anglois, avec ses habillemens, en la bastide des Augustins, au boulevart & aux Tournelles : si marcha avant la Pucelle à tout ses gens de pied, tenant sa voye droit à Portereau ; & à cette heure n'estoient encores tous ses gens passez, ains y en avoit grande partie en une Isle, qui pouvoient peu siner & avoir de vaisseaux pour leur passage : neantmoins la Pucelle alla tant qu'elle approcha du boulevart, & là planta son estendart avec (*) peu de gens : mais à cette heure il survint un cry, que les

(*) Al. à l'ayde

Anglois venoient à puissance du costé de Sainct-Prive; pour lequel cry, les gens qui estoient avec la Pucelle furent espouventez, & se prirent à retirer droit audit passage de Loire, dequoy la Pucelle fut en grande douleur, & fut contrainte de se retirer à peu de gens.

Alors les Anglois leverent grande huée sur les François, & issirent à puissance pour poursuivre la Pucelle, faisans de grands crys aprés elle, & luy disans des paroles diffamantes: & tout soudain elle tourna contre eux, & tant peu qu'elle eust de gens, elle leur fit visage, & marcha contre les Anglois à grands pas, & estendart desployé: si en furent les Anglois, par la volonté de Dieu, tant espouventez, qu'ils prirent la fuite laide & honteuse. Alors les François retournerent, qui commencerent sur eux la chasse, en continuant jusques à leurs bastides, où les Anglois se retirerent à grande haste: ce veu, la Pucelle assit son estendart devant la bastide des Augustins sur les fossez du boulevart, où vint incontinent le Sire de Rays; & tousjours les François allerent croissant, en telle sorte qu'ils prirent d'assaut la bastide desdits Augustins, où estoient des Anglois en tres grand nombre, lesquels furent là tous tuez : il y avoit quantité de vivres & de richesses, mais d'autant que les François furent trop attentifs au pillage, la Pucelle fit mettre le feu en la bastide, où tout fut bruslé.

En iceluy assaut la Pucelle fut blessée de chaussetrapes en l'un des pieds ; & à cause qu'il ennuitoit, elle fut ramenée en Orleans, & laissa nombre de gens au siege devant le boulevart & les Tournelles. Cette nuict les Anglois qui estoient dedans le boulevart de Sainct-Prive s'en departirent, & y mirent le feu ; puis passerent la Loire en des vaisseaux, & se retirerent en la bastide Sainct-Laurens. La Pucelle fut cette nuict en grande doute, que les Anglois ne frappassent sur ses gens devant les Tournelles ; & pour ce, le Samedy septiesme jour du mois de May, environ le Soleil levant, par l'accord & consentement des Bourgeois d'Orleans, mais contre l'opinion & volonté de tous les Chefs & Capitaines qui estoient là de par le Roy, la Pucelle partit à tout son effort, & passa la Loire : & ainsi qu'elle deliberoit de passer, on presenta à Iacques Boucher son hoste une alose ; & lors il luy dit : *Ieanne, mangeons cette alose avant que partiez : en nom Dieu, dit-elle, on n'en mangera jusques au souper, que nous repasserons par dessus le pont, &*

ramenerons un Godon (*), *qui en mangera sa part.* Si luy baillerent ceux d'Orleans des canons, coulevrines, & tout ce qui estoit necessaire pour attaquer d'un costé le susdit boulevart, & les Tournelles, avec des vivres, & des Bourgeois d'Orleans, afin de la seconder : & pour assaillir icelles Tournelles, & conquerir le pont, ils establirent de la partie de la ville sur ledit pont, de l'autre part, grand nombre de gens d'armes & de traict, avec grand appareil, que les Bourgeois avoient fait pour passer les arches rompuës & assaillir les Tournelles.

A Iceluy assault fut ladite Ieanne blessée dés le matin d'un coup de traict de gros garriau, par l'espaule tout outre ; ensuite de cette blessure, elle-mesme se deserra, & y fit mettre du coton, & autres choses, pour estancher le sang : ce nonobstant, elle n'en laissa oncques à faire les diligences de faire assaillir. Or quand ce vint sur le soir, il sembla au Bastard d'Orleans & à d'autres Capitaines, qu'en ce jour-là on n'auroit point ce boulevart, veu qu'il estoit desja tard ; si delibererent de se retirer de l'assaut, & faire reporter l'artillerie en la ville, jusques au

(*) Elle entendoit par sobriquet & gausserie, quelque Anglois.

lendemain, & dirent cette conclusion à Ieanne; laquelle leur respondit, que en nom Dieu ils y entreroient en brief, & qu'ils n'en fissent doute : neantmoins on assailloit tousjours : & lors elle demanda son cheval, si monta dessus, & laissa son estendart; puis elle alla en un lieu destourné, où elle fit son oraison à Dieu, & ne demeura gueres qu'elle retournast, & descendit; puis elle prit son estendart, & dit à un Gentilhomme, qui estoit auprés d'elle : *Donnez-vous garde, quand la queuë de mon estendart touchera contre le boulevart;* lequel luy dit un peu aprés, *Ieanne, la queuë y touche :* alors elle dit, *tout est vostre, & y entrerez.* Si furent les Anglois assaillis des deux parties tres-aspremment; car ceux d'Orleans jetterent à merveilles contre les Anglois des coups de canon, de coulevrines, de grosses arbalestes, & d'autre traict : l'assaut fut fier & merveilleux, plus que nul, qui eust esté veu de la memoire des vivans; auquel vinrent les Chefs qui estoient dedans Orleans, quand ils s'en aperceurent les manieres: les Anglois se deffendirent vaillamment, & tant jetterent, que leurs poudres, & autre traict, s'en alloient faillant, & deffendoient de lances, guisarmes, & autres baſtons & pierres le boulevart & les Tournelles.

Et eſt à ſçavoir, que du coſté de la ville on trouvoit tres-mal aiſé la maniere d'avoir une piece de bois pour traverſer l'arche du pont, & de faire la choſe ſi ſecretement, que les Anglois ne s'en apperceuſſent : or par adventure on trouva une vieille & large goutiere, mais il s'en falloit bien trois pieds qu'elle fuſt aſſez longue, & auſſi-toſt un charpentier y mit & adjouſta un advantage, attaché avec de fortes chevilles, & deſcendit en bas pour y mettre une eſtaye, & fit ce qu'il peut pour la ſeureté ; puis y paſſerent le Commandeur de Gireſme, & pluſieurs hommes d'armes : ſi reputoit-on comme une choſe impoſſible, ou au moins bien difficile, d'y eſtre paſſez ; & tousjours on aſſeuroit le dit paſſage : la Pucelle fit de ſon coſté dreſſer des eſchelles contremont par ſes gens, dans le foſſé du boulevart, & renforça de toutes parts l'aſſaut de plus en plus, qui dura depuis juſques à ſix heures aprés midy ; ſi furent tant les Anglois chargez de coulevrines, & autre traict, qu'ils ne s'ozoient plus monſtrer à leurs defenſes ; & furent auſſi aſſaillis de l'autre part, du coſté des Tournelles, dedans leſquelles les François mirent le feu.

Enfin, les Anglois furent tant oppreffez de toutes parts, & il y en eut tant de bleffez, qu'il n'y eut plus en eux de defenfe. A cette heure Glacidas, & autres Seigneurs Anglois fe penferent retirer du boulevart és Tournelles, pour fauver leurs vies ; mais le pont-levis rompit foubs eux, par jufte jugement de Dieu ; & par ainfi fe noyerent dans la riviere de Loire. Alors les François entrerent de toutes parts dedans le boulevart & les Tournelles, qui furent conquifes, à la veuë du Comte de Suffort, de Talbot, & autres Chefs de guerre Anglois, fans qu'ils montraffent ou fiffent femblant d'aucun fecours. Là futfait grand carnage d'Anglois ; car du nombre de cinq cent Chevaliers, & Efcuyers, reputez les plus preux & hardis du Royaume d'Angleterre, qui eftoient là foubs Glacidas, avec d'autres faux-François, n'en furent retenus prifonniers & en vie, fors environ deux cent. En cette prife furent tuez ledit Glacidas, les Seigneurs de Ponvains, de Commus, & autres Nobles d'Angleterre & d'autres pays.

Si nous (*) dirent & affirmerent des plus

(*) L'Autheur de cette relation particuliere du fecours donné à Orleans par la Pucelle, en fait icy mention, & en parle comme eftant prefent à l'action.

grands Capitaines des François, que aprés que ladite Ieanne eut prononcé les paroles deſſus dites, ils monterent contremont le boulevart auſſi ayſément, comme par un degré; & ne ſçavoient conſiderer comment il ſe pouvoit faire ainſi, ſinon par ouvrage comme divin, & tout extraordinaire. Aprés laquelle glorieuſe victoire, les cloches furent ſonnées, par le mandement de la Pucelle, qui retourna cette nuictée par deſſus le pont, & rendirent graces & loüanges à Dieu en fort grande ſolemnité, par toutes les Egliſes d'Orleans.

La Pucelle fut bleſſée de traict, comme dit eſt, avant lequel coup advenu elle avoit bien dit, qu'elle y devoit eſtre frappée juſques au ſang : mais auſſi-toſt elle revint à convaleſcence; auſſi aprés ſon arrivée fut-elle diligemment appareillée, deſarmée, & tres-bien penſée; ſi voulut-elle ſeulement avoir du vin en une taſſe, où elle mit la moitié d'eauë, & s'en alla coucher & repoſer. Or eſt à noter, que avant ſon partement elle oüyt la Meſſe, ſe confeſſa & receut en grande devotion le precieux Corps de noſtre Seigneur Ieſus-Chriſt; auſſi ſe confeſſoit-elle & le recevoit-elle tres-ſouvent : ſi ſe confeſſa à pluſieurs gens de grande devotion & auſtere vie, lesquels disoient pleinement que c'estoit une creature de Dieu.

Les Anglois furent reduits en grande detresse de cette défaite, & tinrent cette nuictée grand conseil; si sortirent de leurs bastides le Dimanche huictiesme jour de May mille quatre cent vingt-neuf, avec leurs prisonniers, & tout ce qu'ils pouvoient emporter, mettans à l'abandon tous leurs malades, tant prisonniers comme autres, avec leurs bombardes, canons, artilleries, poudres, pavois, habillemens de guerre, & tous leurs vivres & biens, & s'en allerent en belle ordonance, leurs estendards desployez tout le chemin d'Orleans jusques à Meun-sur-Loire. Si firent les Chefs de guerre, estans dans Orleans, ouvrir les portes environ le soleil levant, dont ils sortirent partie à pied & à cheval, à grande puissance, & voulurent aller donner & frapper sur les Anglois : mais là survint la Pucelle, qui desconseilla la poursuite, & voulut qu'on les laissast libres de pouvoir partir, sans les assaillir de celle journée, s'ils ne venoient contre les François, pour les combattre : mais les Anglois tournerent en crainte le dos, & se retirerent tant à Meun, comme à Iargeau.

Or (11) par ce desemparement de siege

se departit le plus de la puissance des Anglois, qui se retirerent tant en Normandie comme autre part. Et aprés ce desemparement les Anglois estans encores postez à la veuë de la Pucelle, elle fit venir aux champs les gens d'Eglise revestus, qui chanterent en grande solemnité des Hymnes, Respons, & Oraisons devotes, rendans loüanges & graces à Dieu. De plus elle fit apporter une table, & un marbre, & dire deux Messes, lesquelles estans dites & achevées, elle demanda : *or regardez, s'ils ont les visages tournez devers vous, ou le dos ?* & on luy dit qu'ils s'en alloient, & avoient le dos tourné. A quoi elle repliqua : *Laissez les aller, il ne plaist pas pas à Messire* (*), *qu'on le combatte aujourd'huy ; vous les aurez une autrefois.* Elle estoit lors seulement armée d'un jesseran, à cause de la blesseure qu'elle avoit receüe la journée de devant.

Ce fait, la commune d'Orleans sortit qui entra és bastides où ils trouverent largement des vivres & autres biens : puis toutes les bastides furent jettées & renversées par terre, suivant la volonté des Seigneurs & Capitaines ; mais leurs canons & bombardes furent retirées en la ville d'Orleans : si se retirerent

(*) C'est Dieu.

rerent les Anglois en plusieurs places par eux conquises, c'est à sçavoir le Comte de Suffort à Iargeau, & les Seigneurs de Scales, de Talbot, & autres Chefs de leur party se retirerent tant à Meun, à Baugency, comme en d'autres places par eux conquises, lesquels manderent hâtivement ces choses au Duc Iean de Betfort Regent, qui de ce fut beaucoup dolent, craignant bien qu'aucuns de ceux de Paris se deussent pour cette défaite reduire en l'obeïssance du Roy, & faire esmouvoir le commun peuple contre les Anglois; sur quoy il partit à tres-grande haste de Paris, & se retira au Bois de Vincennes, où il manda gens de toutes parts, mais peu y en vint; car les Picards & autres gens qui tenoient leur party se prirent à delaisser les Anglois & à les haïr & mepriser.

Or ainsi que les susdits Anglois s'en alloient, Estienne de Vignolles, dit la Hire, & Messire Ambroise de Lore accompagnez de cent à six vingt lances monterent à cheval, & les chevaucherent & poursuivirent, en les costoyant bien trois grosses lieües, pour voir & regarder leur maintien, puis ils s'en retournerent en ladite ville. Les Anglois detenoient prisonnier en leur bastille un Capitaine François nommé le Bourg-de-Bar, lequel estoit enferré par les pieds d'un gros & pesant fer, tellement qu'il ne pouvoit aller, & estoit souvent visité par un Augustin Anglois Confesseur de Talbot, maistre dudit prisonnier. Ledit Augustin avoit accoustumé de luy donner à manger, & ledit de Talbot se fioit en luy de le bien garder comme son prisonnier, esperant d'en avoir une grosse finance, ou delivrance d'autres prisonniers; donc quand cet Augustin vid les Anglois se retirer ainsi hastivement, il demeura avec ledit prisonnier en intention de le mener aprés ledit de Talbot son maistre, & le mena par dessous le bras, bien demy traict d'arc de distance, mais ils n'eussent jamais peu atteindre les Anglois. Lors iceluy Bourg voyant les Anglois s'en aller en grand' desordre, reconnut bien qu'ils avoient du pire; si prit l'Augustin à bons poings, & luy dit qu'il n'iroit plus avant, & que s'il ne le portoit jusques à Orleans, il luy feroit, ou ou feroit faire desplaisir. Et combien qu'il y eut tousjours des Anglois & François qui escarmouchoient encore, toutesfois cet Augustin par force & contrainte le porta sur ses espaules jusques à Orleans, & par iceluy Augustin on sceut & descouvrit plusieurs choses de la Commune des Anglois.

La Pucelle ne pouvant à cette heure entretenir l'armée, par defaut de vivres & de payement, elle partit le Mardy 13 (*) jour de May, accompagnée de hauts Seigneurs, & s'en alla par devers le Roy, qui la receut à grand honneur, & tint à Tours aucuns Conseils; lesquels finis, il manda de toutes parts ses Nobles; & pour nettoyer la riviere de Loire bailla la charge au Duc d'Alençon, qui voulut avoir la Pucelle en sa compagnée. Si vinrent à grande puissance devant Iargeau, où estoit le Comte de Suffort avec grande compagnée d'Anglois, qui avoient fortifié la ville & le pont.

Les François mirent là le siege de toutes parts, un Samedy jour de la Sainct Barnabé, vingt & uniesme jour du mois de Iuin, & fut en peu d'heure cette ville fort battuë & empirée des coups de bombardes & de canons: enfin le Dimanche ensuivant vingt-deuxiesme jour du mesme mois, la ville & le pont furent pris d'assaut, où fut tué Alexandre la Poulle, avec grand nombre d'Anglois : si furent là pris prisonniers Guillaume de la Poulle, Comte de Suffort, Iean la Poulle son frere, & fut la défaite & perte

(*) Al. dixiesme.

des Anglois nombrée environ cinq cens combatans, dont la plufpart furent tuez; car les gens du commun tuoyent entre les mains des Gentilshommes tous les prifonniers Anglois qu'ils avoyent pris à rançon : parquoy il convint mener à Orleans de nuit & par la riviere de Loire le Comte de Suffort, fon frere, & autres grands Seigneurs Anglois, afin de fauver leurs vies. La ville & l'Eglife fut du tout pillée, auffi eftoit elle pleine de biens; & cette nuict fe retirerent à Orleans le Duc d'Alençon, la Pucelle, & les chefs de guerre avec la Chevalerie de l'oft, pour fe rafraifchir, là où ils furent receus à tres-grande joye.

Quand la Pucelle Ieanne fut devant le Roy, elle s'agenoüilla & l'embraffa par les jambes, en luy difant : *Gentil Dauphin, venez prendre voftre noble Sacre à Rheims, je fuis fort aiguillonnée que vous y alliez, & ne faites doute que vous y recevrez voftre digne Sacre.* Lors le Roy, & aucuns qui eftoient devers luy, qui fçavoient & avoient veu les merveilles qu'elle avoit faites par les conduite, fens, prudence & diligence qu'elle avoit en faits d'armes, autant que fi elle eût fuivy les armes toute fa vie, confiderant auffi fa belle & honnefte façon de vivre, combien que la plus grande partie fut d'opinion qu'on allaft en Normandie, changerent leur imagination.

Or le Roy en luy-mefme, & auffi trois ou quatre des principaux d'autour de luy, penfoient s'il ne defplairoit point à ladite Ieanne qu'on luy demandaft ce que la voix luy difoit. De quoy elle s'apperceut aucunement, & dit : *En nom Dieu je fçay bien ce que vous penfez, & voulez dire de la voix que j'ay ouye touchant voftre Sacre, & je le vous diray. Ie me fuis mife en oraifon, en ma maniere accouftumée, je me complaignois, pour ce qu'on ne me vouloit pas croire de ce que je difois : & lors la voix me dit,* Fille, va, va, je feray à ton ayde, va; *& quand cette voix me vient, je fuis tant resjouye que merveilles :* Et en difant lefdites paroles, elle levoit les yeux au ciel, en monftrant figne d'une grande exultation : & lors on la laiffa avec le Duc d'Alençon.

Or pour plus à plain declarer la forme de la prife fufmentionnée de Iargeau, & l'affaut qui y fut donné; il eft vray qu'aprés que le Duc d'Alençon euft acquitté fes oftages, touchant la rançon accordée pour fa delivrance, & qu'on vid & apperceut la conduite de la Pucelle; le Roy, comme dit eft, bailla la charge du tout au Duc d'Alençon avec la Pucelle; & manda des gens le plus diligemment qu'il peut, lesquels y venoient de toutes parts, croyans fermement que ladite Ieanne venoit de la part de Dieu; & plus pour cette cause qu'en intention d'avoir soldes ou profits du Roy.

Là vinrent aussi le (12) Bastard d'Orleans, le Sire de Boussac Mareschal de France, le Seigneur de Graville Maistre des arbalestriers, le Sire de Culant Admiral de France, Messire Ambroise Seigneur de Lore, Estienne de Vignoles dit *la Hire*, Gautier de Brussac, & autres Capitaines, qui allerent tous avec lesdits Duc & Pucelle devant la ville de Iargeau, où estoit, comme dit est, le Comte de Suffort. Et à mettre & tenir le siege il y eut par divers jours plusieurs grandes & aspres escarmouches: aussi estoient-ils puissans en gens, comme de six à sept cens Anglois tous vaillans. Cependant on tiroit fort de la ville, où il y avoit quantité de traict, de canons & vuglaires: quoy voyant la Pucelle, vint au Duc d'Alençon, & luy dit: *Beau Duc, ostez vous du logis où vous estes, comment que ce soit, car vous y seriez en danger des canons*. Le Duc creut ce conseil, & n'estoit pas reculé de deux toises, qu'un vuglaire de la ville fut laissé aller, qui emporta tout net la teste

DE LA PUCELLE D'ORLEANS. 135

à un Gentilhomme d'Anjou, affez prés dudit Seigneur, & au propre lieu où il eftoit quand la Pucelle parla à luy.

Les François furent environ huit jours devant la ville, laquelle fut fort battuë de canons eftans devant. Si fut affaillie des François bien afprement, & ceux de dedans fe defendoient auffi vaillamment : & entre les autres il y avoit un grand & fort Anglois, armé de toutes pieces, ayant en fa tefte un fort baffinet, lequel faifoit merveilles de jetter groffes pierres, & d'abbatre gens & efchelles, & eftoit au lieu plus aifé à affaillir. Le Duc d'Alençon appercevant cefte chofe, alla à un nommé maiftre Iean le Canonnier, & luy monftra cet Anglois. Alors le Canonnier affortit fa coulevrine au lieu où eftoit, & fe defcouvroit fort l'Anglois; fi fut frappé par le moyen dudit Canonnier au travers de la poitrine, & cheut dedans la ville, où il mourut. La Pucelle defcendit au foffé tenant fon eftendart au poing, au lieu où les Anglois faifoient plus grande & afpre defenfe; fi fut apperceüe par aucuns Anglois, dont un prit une groffe pierre de faix, & luy jetta fur la tefte, tellement que du coup elle fut contrainte de s'affeoir; bien que ladite pierre qui eftoit dure fe mit en menües pieces, de quoy on eut grand eſtonnement. Nonobſtant elle ſe releva aſſez toſt aprés & dit tout haut aux compagnons François, *montez hardiment, & entrez dedans; car vous n'y trouverez plus aucune reſiſtance.*

Et ainſi fut la ville gangnée, comme dit eſt, & le Comte de Suffort ſe retira ſur le pont; ſi fut pourſuivy par un Gentilhomme nommé Guillaume Renault, auquel ledit Comte de Suffort demanda, *Es-tu Gentil-homme?* & il luy repondit que ouy, *Et es-tu Chevalier?* & il reſpondit que non Alors le Comte de Suffort le fit Chevalier, & ſe rendit à luy; & ſemblablement y fut pris le Seigneur de la Poulle ſon frere; & comme dit eſt-il y en eut pluſieurs de tuez & quantité de priſonniers qu'on menoit à Orleans; mais le plus furent auſſi tuez-en chemin, ſous ombre d'aucuns debats meus entre les François. Cette priſe de Iargeau fut auſſi toſt mandée au Roy, lequel en fut tres-joyeux, & en remercia & regracia Dieu, & manda tres-diligemment des gens de guerre de toutes parts, pour venir ſe joindre avec leſdits Duc d'Alençon & Ieanne la Pucelle, & autres Seigneurs & Capitaines.

Le Duc d'Alençon & la Pucelle ſéjournerent en la ville d'Orleans par aucuns jours, pendant lesquels vinrent là à grande Chevalerie le Seigneur de Rais, le Seigneur de Chauvigny, les Seigneur de Laval & de Loheac son frere, & autres grands Seigneurs, pour servir le Roy Charles en son armée, lequel vint environ ce temps à Sully. Et d'autre part vint à Blois avec grande Chevalerie, le Comte Artus de Richemont Conneſtable de France, & frere du Duc de Bretagne, contre lequel le Roy, pour aucuns rapports, avoit conceu haine & malveillance. La Pucelle & les chefs de guerre firent faire grand appareil pour mettre le siege devant Meun & Baugency, où se tinrent en iceluy temps le Sire de Scales & le Sire de Talbot à grande compagnée d'Anglois : & pour reconforter les garnisons desdites places, ils manderent les Anglois, qui tenoient la Ferté-Hubert, lesquels après en avoir receu le mandement, brûlerent la basse court, & abandonnerent le chasteau, & s'en allerent à Baugency, pour aller au-devant de Messire Iean Faſtol, qui eſtoit party de Paris, à grande compagnée d'Anglois, de vivres, & de traict, afin de venir avitailler & reconforter la puiſſance des Anglois : mais pource qu'il oüit nouvelles de la priſe de Iargeau, il laiſſa les vivres dedans Eſtampes, & vint avec sa compagnée dedans Yenville, auquel lieu il trouva le Sire de Talbot; & eux estans là assemblez ils y tinrent aucuns conseils.

Le Mecredy quinziéme jour de Iuin mille quatre cent vingt-neuf, Iean Duc d'Alençon, Lieutenant-general de l'armée du Roy, accompagné de la Pucelle, & de plusieurs hauts Seigneurs, Barons & Nobles, entre lesquels estoient Messire Loüis de Bourbon Comte de Vendosme, le Sire de Rais, le Sire de Laval, le Sire de Loheac, le Vidasme de Chartres, le Sire de la Tour, & autres Seigneurs, avec grand nombre de gens de pied & grand charroy chargé de vivres & d'appareil de guerre, partirent d'Orleans pour mettre le siege devant quelques places angloises, tenans leur voye droit à Baugency. Ils s'arresterent devant le pont de Meun, que les Anglois avoient fortifié & fort garny; & tantost à leur venuë il fut pris par assaut, & garny de bonnes gens. Cela fait, les François n'y arresterent point, mais pensans que les Sires de Talbot & de Scales se fussent retirez, ils allerent devant Baugency : pour la venuë desquels les Anglois abandonnerent la ville & se retirerent sur le pont & au chasteau. Alors les François entrerent dedans ladite ville, & affiegerent le pont & le chafteau par devers le cofté de la Beauffe; fi drefferent & affortirent là canons & bombardes dont ils battirent fort ledit chafteau.

Or le Comte de Richemont Conneftable de France vint en ceftuy fiege, à grande chevalerie; avec luy eftoient le Comte de Perdriac, Iacques de Dinan frere du Seigneur de Chafteaubriant, le Seigneur de Beaumanoir & autres. Et d'autant que ledit Conneftable eftoit en l'indignation du Roy, & à cefte caufe tenu pour fufpect, il fe mit en toute humilité devant ladite Pucelle, luy fuppliant (*) que comme le Roy luy eut donné puiffance de pardonner, & remettre toutes offenfes commifes, & perpetrées contre luy, & fon autorité, & que pour aucuns finiftres rapports, le Roy eut conceu hafne & mal-talent contre luy, en telle maniere qu'il avoit fait faire defenfe par fes lettres que aucun recueil, faveur ou paffage ne luy fuffent donnez pour venir en fon armée, la Pucelle le vouhit, de fa grace, recevoir pour le Roy au fervice de fa Couronne, afin d'y employer fon corps, fa puiffance, & toute

(*) Aucuns eftiment que ce difcours concernant le Conneftable eft fufpect & contraire à la vérité, & qu'il eft prejudiciable à la memoire d'un fi grand perfonnage.

sa seigneurie, en luy pardonnant toute offense. Et à cette heure estoient là le Duc d'Alençon & tous les hauts Seigneurs de l'ost qui en requirent la Pucelle, laquelle le leur octroya, moyennant qu'elle receut en leur presence le serment d'iceluy Connestable, de loyaument servir le Roy, sans jamais faire ny dire chose qui luy doive tourner à desplaisance. Et à cette promesse tenir ferme, sans l'enfraindre, & estre contraints par le Roy, si ledit Connestable estoit trouvé defaillant, lesdits Seigneurs s'obligerent à la Pucelle, par lettres scellées de leurs seaux.

Si fut alors ordonné, que le Connestable mettroit le siege du costé de la Soulongne, devant le pont de Baugency : mais le vendredy dix-septiesme jour du mois de Iuin, le Baillif d'Evreux qui estoit dedans Baugency, fit requerir la Pucelle d'un traitté, qui fut fait & accordé environ l'heure de nuict, en telle maniere qu'ils rendroient au Roy de France, entre les mains du Duc d'Alençon & de la Pucelle le pont & le chasteau, leurs vies sauves, le lendemain à l'heure de soleil levant, sans en emporter, ny emmener fors leurs chevaux & harnois, avec aucuns de leurs meubles, montans pour chacun un marc d'argent seulement, & qu'ils s'en pourroient franchement aller és pays de leur party; mais ils ne debvoient reprendre les armes contre les François, jufques aprés dix jours paffez. Donc en cette maniere en partirent les Anglois, qui eftoient bien nombrez à cinq cens combatans, lefquels rendirent le pont & le chafteau le Samedy dix-huictiefme jour de Iuin, mille quatre cent vingt-neuf.

En la ville de Meun, entrerent une nuitée les Sires de Talbot, de Scales & de Faftot, qui ne peurent avoir entrée au chafteau de Baugency, par l'empefchement du fiege; or eux croyans faire defemparer & quitter ce fiege, ils affaillirent la nuict de la compofition le pont de Meun : mais le fufdit dix-huictiefme jour de Iuin, auffi toft que les Anglois furent partis de Baugency, vint l'avant-garde des François devant Meun, & incontinent toute la puiffance venant en batailles tres-bien ordonnées : alors les Anglois cefferent l'affaut du pont, & faillirent aux champs avec toute leur puiffance, & fe mirent en corps de batailles, tant à pied comme à cheval; mais ils commencerent à fe retirer tout foudain, delaiffans Meun avec leurs vivres & habillemens, & prirent leur chemin par la Beauffe, du cofté par devers Patay.

Si partirent haſtivement le Duc d'Alençon, la Pucelle, le Comte de Vandoſme, le Conneſtable de France, le Sire de Saincte (*) Severe, & de Bouſſac Mareſchal, Meſſire Louys de Culant Admiral de France, le Sire d'Albret, le Sire de Laval, le Sire de Loheac, le Sire de Chauvigny, & autres grands Seigneurs qui s'avancerent en batailles ordonnées, & pourſuivirent ſi aſprement les Anglois, qu'ils les attraperent prés Patay, au lieu dit *des Coynées*. Alors le Duc d'Alençon dit à la Pucelle, *Ieanne, voilà les Anglois en bataille, combatrons nous?* Et elle demanda audit Duc, *avez-vous vos eſperons?* Lors le Duc luy dit, *comment dà, nous en fautdra-t'il retirer, ou fuir?* & elle dit: *nenny; en nom Dieu allez ſur eux, car ils s'enfuiront, & n'arreſteront point, & ſeront déconfits, ſans guerres de perte de vos gens; & pour ce faut-il vos eſperons pour les ſuivre.*

Si furent ordonnez pour coureurs, par maniere d'avant-garde, le Seigneur de Beaumanoir, Poton & la Hire, Meſſire Ambroiſe de Lore, Thiebaut de Termes, & pluſieurs autres, leſquels embeſongnerent & embaraſferent tant les Anglois, qu'ils ne peurent plus entendre à eux bien ordonner, & à ſe mettre

(*) Al. Sainct.

en bataille : fi s'affemblerent contre eux les François en bataille, tant que les Anglois furent défaits en peu d'heures, dont la tuerie fut nombrée sur le champ par les herauts d'Angleterre, à plus de deux mille deux cens Anglois.

En cette bataille qui arriva le dix-huictiefme jour de Iuin mille quatre cent vingt-neuf, furent pris les Seigneurs de Talbot & de Scales, Meffire Thomas Ramefton, & Hougue Foie, avec plufieurs chefs de guerre, & autres nobles du pays d'Angleterre, & furent bien nombrez en tout à cinq mille hommes. Si commença la chaffe des fuyans, & fut pourfuivie jufques prés des portes d'Yenville, en laquelle chaffe plufieurs Anglois furent auffi tuez. Les bonnes gens d'Yenville fermerent leurs portes contre les Anglois qui fuyoient, & monterent fur la muraille à leurs defenfes : pour lors eftoit au chafteau avec peu de compagnée un Efcuyer Anglois, Lieutenant du Capitaine qui avoit le chafteau en garde, lequel cognoiffant la défaite des Anglois, traitta avec les bonnes gens de rendre ledit chafteau fa vie fauve, & fit ferment d'eftre bon & loyal François ; à quoy ils le receurent. Il demeura en icelle ville grande quantité de provifions, muni-

tions & defpoüilles, qui y avoient eſté laiſ-
fées par les Anglois à leur depart, pour aller à la fufdite bataille, avec grande quantité
de traict, de canons, & autres habillemens
de guerre, de vivres, & marchandifes. Et
auſſi toſt ceux de ladite ville d'Yenville fe
reduifirent en l'obeyſſance du Roy. Or aprés
la fuite des Anglois, les François entrerent
dedans Meun, & pillerent toute la ville,
d'où s'enfuit Meſſire Iean Faſtot, & autres
jufques à Corbeil.

Quand les Anglois qui eſtoient encor en
pluſieurs autres places dans le pays de Beauſ-
fe, comme à Montpipeau, Sainct Symon,
& autres fortereſſes, oüyrent les nouvelles
de cette défaite, ils prirent haſtivement la
fuite, & mirent le feu dedans. Aprés leſquelles glorieuſes victoires, & le recouvre-
ment des villes & chaſteaux fufmentionnez,
toute l'armée retourna dedans Orleans, ledit
dix-huictieſme jour de Iuin, où ils furent receus à grande joye par les gens d'Eglife,
bourgeois, & commun peuple, qui en rendirent graces & loüanges à Dieu.

Or les fufdits gens d'Eglife & bourgeois
d'Orleans croyoient bien que le Roy deuſt
là venir : car pour le recevoir, ils firent tendre les ruës à ciel, & voulurent faire grand
appareil,

DE LA PUCELLE D'ORLEANS. 145

appareil, pour l'honorer à fa glorieufe venuë: mais il fe tint dedans Sully, fans venir à Orleans; dequoy aucuns qui eftoient entour le Roy, ne furent guere contens : & à tant demeura la chofe à cette fois. Parquoy la Pucelle alla devers le Roy, & fit tant que le vingt-deuxiefme jour de Iuin en iceluy an, il vint à Chafteau-neuf-fur-Loire, auquel lieu fe tirerent par devers luy, les Seigneurs & chefs de guerre; là il tint aucuns confeils, aprés lefquels il retourna à Sully. La Pucelle vint enfuite à Orleans, & fit tirer par devers le Roy tous les gens d'armes avec habillemens & charroy. Aprés fe partit la Pucelle d'Orleans, & alla à Gyen, où le Roy vint à grande puiffance, & manda par herauts aux Capitaines & autres, qui tenoient les villes & foreterffes de Bonny, Cofne & la Charité, qu'ils fe rendiffent en fon obeyffance; dequoy ils furent refufans.

Le Comte de Richemont Conneftable de France fejourna durant aucuns jours, aprés la bataille fufmentionnée, en la ville de Baugency, attendant refponfe de Iean Duc d'Alençon, de la Pucelle, & des hauts Seigneurs qui s'eftoient portez forts d'appaifer le Roy, & luy faire pardonner fon maltalent : à quoy ils ne peurent parvenir, & le Roy ne voulut souffrir qu'il allast pardevers luy, pour le servir; dequoy il fut en grand desplaisir. Neantmoins ledit Connestable, qui avoit grande compagnée de nobles, desirant nettoyer le pays du Duc d'Orleans, voulut mettre le siege devant Marchesnay (*), prés Blois, qui fut garny de Bourguignons & d'Anglois, lesquels de ce ouyrent nouvelles, & redoutans le siege, tirerent, sous saufconduit à Orleans, par devers le Duc d'Alençon, qui estoit là en ce temps.

Si traitterent tant lesdits Bourguignons, que moyennant qu'on leur feroit pardonner par le Roy toutes offenses, & qu'on leur donnast dix jours de terme pour emporter leurs biens, ils feroient & demeureroient à tousjours bons & loyaux François : & ainsi le jurerent & donnerent aucuns ostages és mains du Duc d'Alençon, qui fit sçavoir cette chose au Connestable, lequel s'en partit à tant : mais aprés son depart les Bourguignons dudit Marchesnay firent tant qu'ils prirent & retinrent prisonniers aucuns des gens d'iceluy Duc d'Alençon, pour recouvrer leurs ostages; & ainsi fausserent leurs sermens.

Durant ces choses, le Roy alla en la ville de Gyen, & il envoya Messire Louys de Cu-

(*) Al. Marchesnoir.

lant son Admiral devant Bonny, avec grand nombre de gens ; puis le Dimanche après la Sainct Iean, mille quatre cent vingt-neuf, cette place luy fut renduë par composition : & pource que la Pucelle fut desireuse, avant que le Roy employast sa puissance à recouvrer ses villes & chasteaux, de le mener tout droict à Rheims, pour-là estre couronné & recevoir la saincte onction Royale : à quoy aucuns estoient de contraire opinion, tendante à ce que le Roy assiegeast premierement Cosne & la Charité, afin de nettoyer les pays de Berry, d'Orleans, & du fleuve de Loire ; il tint sur ces choses & affaires de grands conseils dans Gyen ; pendant lesquels la Reyne fut là ammenée, en esperance d'estre menée couronner à Rheims avec le Roy. Or eux sejournans là, les Barons & hauts Seigneurs de plusieurs contrées du Royaume vinrent au service du Roy, avec grande puissance.

A la fin le Roy delibera en son Conseil de renvoyer la Reyne à Bourges, & qu'il prendroit son chemin droit à Rheims pour recevoir son Sacre, sans mettre aucuns sreg s sur la riviere de Loire. Doncques la Reyne retourna à Bourges, & le Roy partit de Gyen le jour de Saint Pierre, au mois de Iuin mille quatre cent vingt-neuf, avec toute sa puissance, tenant sa voye droit à Rheims, & ce par l'instigation & le pourchas de Ieanne la Pucelle, disant que c'estoit la volonté de Dieu qu'il allast à Rheims se faire couronner & sacrer; & que combien qu'il fut Roy, toutesfois ledit couronnement luy estoit necessaire. Or combien que plusieurs, & le Roy mesme, de ce fissent difficulté, veu que ladite cité de Rheims, & toutes les villes & forteresses de Picardie, Champagne, l'Isle de France, Brie, Gastinois, l'Auxerrois, Bourgongne, & tout le pays d'entre la riviere de Loire & la mer Oceane, estoit occupé par les Anglois; toutesfois le Roy s'arresta au conseil de ladite Pucelle, & delibera de l'exécuter.

Si fit son assemblée à Gyen sur Loire, & vinrent en sa compagnée les Ducs d'Alençon, de Bourbon, le Comte de Vendosme, ladite Pucelle, le Seigneur de Laval, les Sires de Loheac, de la Trimoüille, de Rais, d'Albret, outre que plusieurs autres Seigneurs, Capitaines & Gensd'armes venoient encor de toutes parts au service du Roy, & plusieurs Gentils-hommes, qui n'avoient de quoy s'armer & se monter, y alloient comme archers & coustillers montez sur petits chevaux; car chafcun avoit grande attente que par le moyen d'icelle Ieanne il aviendroit tout à coup beaucoup de biens au Royaume de France; de forte qu'ils defiroient & convoitoient de la fervir & connoiftre fes faicts, comme eftant une chofe venuë de la part de Dieu. Elle chevauchoit tousjours armée de toutes pieces, revétuë d'habillemens de guerre, autant ou plus que Capitaine de guerre qui y fut; & quand on parloit de la guerre, ou qu'il falloit mettre des gens en ordonnance, il la faifoit bel oüyr, & voir faire les diligences neceffaires : & fi on crioit à *l'arme*, elle eftoit la plus diligente & la premiere, fut à pied ou à cheval; de forte que c'eftoit une tres-grande admiration aux Capitaines & gens de guerre, de l'entendement qu'elle avoit en ces chofes, veu que en autres elle eftoit la plus fimple villageoife que on veid oncques. Elle eftoit au refte tres-devote, fe confeffoit fouvent, & recevoit le précieux corps de N. S. Iefus-Chrift, eftoit de tres-belle & bonne vie, & d'honnefte converfation.

En ce temps le Seigneur de la Trimoüille eftoit en grand credit auprés du Roy; mais il fe doubtoit tousjours d'eftre mis hors du gouvernement, & craignoit fpecialement le

Conneſtable, & autres ſes alliez & ſerviteurs: parquoy combien que le ſuſdit Conneſtable eut bien avec luy douze cent combattans & gens de fait; & que plus il y avoit d'autres Seigneurs, leſquels fuſſent volontiers venus au ſervice du Roy, ledit de la Trimoüille ne le vouloit pas ſouffrir, & ſi il n'y avoit perſonne qui en eut oſé parler contre iceluy de la Trimoüille.

Or audit lieu de Gien ſur Loire fut fait un payement aux gens de guerre de trois francs pour homme d'armes, qui eſtoit peu de choſe; puis s'en partit la Pucelle, ayant pluſieurs Capitaines de gens d'armes en ſa compagnée avec leurs gens, & s'en allerent loger à environ quatre lieües de Gien, tirant le chemin vers Auxerre; le Roy partit le lendemain, en prenant la meſme route : le jour d'iceluy deſpart du Roy ſe trouverent tous ſes gens enſemble, qui eſtoit une belle compagnée, & vint loger avec ſon oſt devant ladite cité d'Auxerre, laquelle ne fit pas plaine obeiſſance; car ils vinrent devers le Roy luy prier, & requerir qu'il voulut paſſer outre, en demandant & requerant abſtinence de guerre : laquelle choſe leur fut octroyée par le moyen & requeſte du ſuſdit de la Trimoüille qui en eut deux mille eſcus. Ce qui fit que plusieurs Seigneurs, & Capitaines furent tres-mal contens d'iceluy de la Trimoüille, & du Conseil du Roy, & mesmement la Pucelle, à laquelle il sembloit qu'on l'eust euë bien aisement d'assaut : toutesfois ceux de cette ville baillerent, & delivrerent plusieurs vivres aux gens de l'ost du Roy, lesquels en estoient en grande necessité.

Or ladite Pucelle avoit de coustume, qu'aussi tost qu'elle venoit en un village, elle s'en alloit à l'Eglise faire ses oraisons, & faisoit chanter aux Prestres une Antienne de Nostre-Dame ; si faisoit ses prieres & oraisons & puis s'en alloit en son logis, lequel estoit communement ordonné pour elle en la plus honneste maison qu'on pouvoit trouver, où il y avoit quelque femme honneste. Onques homme ne la vid baigner ni se purger, & le faisoit tousjours secretement ; & si le cas advenoit qu'elle logeast aux champs avec les gens de guerre, jamais elle ne se desarmoit. Il y en eut plusieurs, mesmes de grands Seigneurs deliberez de sçavoir se ils pourroient avoir sa compagnée charnelle, & pource venoient devant elle gentiment habillez ; mais aussi tost qu'ils la voyoient, toute mauvaise volonté leur cessoit : & quand on luy demandoit pourquoy elle estoit en habit d'homme,

& qu'elle chevauchoit ainsi en armes, elle respondoit, qu'ainsi luy estoit-il ordonné; & que principalement c'estoit pour garder sa chasteté plus ayfément; aussi, que c'eust esté trop estrange chose de la voir chevaucher en habit de femme, entre tant de gens d'armes. Mesme quand des gens lettrez parloient à elle sur ces matieres, elle leur respondoit tellement, qu'ils estoient tres-contens, disans qu'ils ne faisoient doute, qu'elle estoit venuë de la part de Dieu.

Aprés que le Roy eut esté logé devant ladite ville d'Auxerre trois jours, il en partit avec son ost, en tirant vers la ville de Sainct-Florentin, ou ceux de la ville luy firent pleniere obeissance. Là il n'arresta guéres, mais il s'en vint avec son ost devant la cité de Troyes, qui estoit grande & grosse ville, & y avoit dedans cinq à six cent combatans Anglois & Bourguignons, lesquels faillirent vaillamment à l'arrivée des gens du Roy, & y eut dure, & aspre escarmouche, où il y en eut de ruez par terre d'un costé & d'autre; car les gens du Roy les receurent fort bien, & furent contraints iceux Anglois, de se retirer en ladite cité. Les gens du Roy se logerent d'un costé, & d'autre, au mieux qu'ils peurent, & le Roy y fut cinq ou six jours, sans que ceux de dedans montrassent oncques semblant, d'avoir volonté de se mettre en son obeyssance ; car il ne s'y pouvoit trouver appointement, combien que souvent on parlementoit.

Pour lors il y avoit en l'ost si grande cherté de pain & autres vivres, qu'il y avoit plus de cinq à six mille personnes, qui avoient esté plus de huit jours sans manger pain, & vivoient seulement d'espics de bled froissez, & de féves nouvelles, dont ils trouverent largement. Et disoit-on qu'il y avoit un Cordelier nommé frere Richard, qui alloit preschant par le pays, & fut mesme en la ville de Troyes, où preschant durant l'Advent, il disoit tous les jours : *Semez des féves largement, celuy qui doit venir viendra en bref.* Et fit tellement qu'on sema féves tant largement, que ce fut merveilles, dont l'ost du Roy se nourrit par aucun temps ; & toutesfois ledit Prescheur ne pensoit point à la venuë du Roy. Les Ducs d'Alençon, & de Bourbon, le Comte de Vendosme, & plusieurs autres Seigneurs & gens du Conseil en grand nombre, furent mandez par le Roy, pour sçavoir ce qu'il avoit à faire : Et là fut remonstré par l'Archevesque de Rheims Chancelier de France, « comment le Roy estoit là arrivé, & que luy ny son ost n'y pouvoit plus longuement demeurer, pour plusieurs causes, lesquelles il remonstra grandement, & notablement : c'est à sçavoir pour la grande famine qui y estoit, & que vivres ne venoient en l'ost d'aucune part; & qu'il n'y avoit homme qui eut plus d'argent. En outre, que c'estoit merveilleuse (*) chose de prendre la ville & cité de Troyes, qui estoit forte de fossez, & bonnes murailles, bien garnies de vivres, & de gens de guerre, & de peuple, ayant par apparence volonté de resister, & de non obeyr au Roy : joint qu'il n'y avoit bombardes, canons, artillerie, ny habillemens necessaires à battre ou rompre les murs d'icelle ville, ny à la guerroyer. Et si n'y avoit ville ny forteresse Françoise, dont on peust avoir ayde ou secours plus prés que Gien-sur-Loire : de laquelle ville jusques à Troyes, il y avoit plus de trente lieuës ».

Il allegua encores plusieurs autres grandes, & notables raisons, & bien apparentes, par lesquelles il monstroit evidemment, qu'il en pouvoit advenir grand inconvenient, si on s'y tenoit longuement. Aprés cela, le Roy ordonna à son Chancelier, qu'il demandast les opinions à tous les presens, pour sçavoir

(*) Al. difficile.

ce qu'il eſtoit de faire pour le meilleur ; & le Chancelier commença à demander les opinions en leur commandant que chaſcun s'en acquitaſt loyalement, & conſeillaſt le Roy, pour ſçavoir ce qu'il avoit à faire, ſur ce que dit eſt. Or tous les preſens furent preſque unanimement d'opinion, que veuës & conſiderées les choſes deſſus declarées, & que le Roy avoit eſté refuſé d'entrer en la ville d'Auxerre, en laquelle il n'y avoit aucune garniſon de gens d'armes, & qui n'eſtoit ſi forte que la ville de Troyes, avec pluſieurs autres raiſons, que chacun alleguoit, ſelon ſon entendement & imagination, que le Roy & ſon oſt s'en retournaſſent, & que de demeurer plus devant ladite ville de Troyes, ny d'aller plus avant, n'y ſçavoient voir, ou cognoiſtre que toute perdition de ſon oſt. Les autres furent d'opinion que le Roy paſſaſt, en tirant vers Rheims, d'autant que le pays eſtoit plein de biens, & trouveroient aſſez de quoy vivre.

Or vint ledit Chancelier à demander l'opinion à un ancien & notable Conſeiller du Roy, nommé Maiſtre Robert le Maſſon, qui avoit eſté Chancelier, & eſtoit Seigneur de Treves, lequel eſtoit ſage & prudent; ſi dit qu'il falloit envoyer querir Ieanne la Pucelle, dont deſſus eſt fait mention, (laquelle n'eſtoit pas pour lors preſente à ce Conſeil, mais eſtoit en l'oſt). Et que bien pourroit eſtre qu'elle diroit telle choſe, qui ſeroit profitable pour le Roy & ſa compagnée. Et dit en outre : « que quand le Roy eſtoit party, & qu'il avoit entrepris ce voyage, il ne l'avoit pas fait pour la grande puiſſance de gens d'armes qu'il eut lors, ny pour le grand argent de quoy il fut garny pour payer ſon oſt, ny parce que ledit voyage luy fut & ſemblaſt eſtre bien poſſible; mais ſeulement qu'il avoit entrepris ledit voyage, par l'admoneſtement de ladite Ieanne, laquelle luy diſoit toujours, qu'il tiraſt avant pour aller à ſon Couronnement à Rheims, & qu'il trouveroit bien peu de reſiſtance; car c'eſtoit le plaiſir & volonté de Dieu : & que ſi icelle Ieanne ne conſeilloit aucune choſe qui n'euſt eſté dite en iceluy Conſeil, qu'il eſtoit alors de la grande & commune opinion; c'eſt à ſçavoir, que le Roy & ſon oſt s'en retournaſſent, d'où ils eſtoient venus ».

Or ainſi comme on debattoit la matiere, ladite Ieanne heurta tres-fort à l'huis, où eſtoit le Conſeil, ſi luy fut ouvert, & elle entra dedans; puis fit la reverence au Roy, & icelle faite, ledit Chancelier luy dit : *Ieanne,* le Roy & son Conseil a eu de grandes perplexitez, pour sçavoir ce qu'il avoit à faire : & en effet, luy recita les choses dessus dites, le plus amplement qu'il peut, en luy requerant qu'elle dit aussi son opinion au Roy, & ce qu'il luy en sembloit. Alors elle adressa sa parole au Roy, en demandant si elle seroit creuë de ce qu'elle diroit. Le Roy respondit, qu'il ne sçavoit, & que si elle disoit chose qui fut raisonnable & profitable, qu'il la croyroit volontiers. Elle demanda encores derechef, si elle seroit creuë, & le Roy respondit, oüy, selon ce qu'elle diroit. Alors elle dit telles paroles : *Gentil Roy de France, cette cité est votre : & si vous voulez demeurer devant deux ou trois jours, elle sera en votre obeyssance, ou par amour, ou par force, & n'en faites aucun doute.* Sur quoy il luy fut respondu par ledit Chancelier : *Ieanne, qui seroit certain de l'avoir dedans six jours, on attendroit bien ; mais je ne sçay s'il est vray ce que vous dites :* & elle dit de rechef qu'elle n'en faisoit aucun doute. A laquelle opinion de ladite Ieanne, le Roy & son Conseil s'arresterent, & fut conclud qu'on demeureroit-là.

Et à celle heure, ladite Ieanne monta sur un coursier, tenant un baston en son

poing, ſi mit en beſongne Chevaliers & Eſcuyers, Archers, manouvriers, & autres de
tous eſtats, à apporter fagots, huis, tables,
feneſtres & cheverons, pour faire des taudis,
& approches contre la ville, afin d'aſſeoir
une petite bombarde, & autres canons eſtans
en l'oſt. Elle faiſoit de merveilleuſes diligences, auſſi bien qu'euſt ſceu faire un Capitaine,
lequel eut eſté en guerre tout le temps de
ſa vie ; dont pluſieurs s'eſmerveilloient. Les
gens de la ville ſceurent & apperceurent les
preparatifs qu'on faiſoit, & ſur ce conſide-
rerent que c'eſtoit leur ſouverain Seigneur :
meſmes aucuns ſimples gens diſoient, qu'ils
avoient apperceu & veu tout autour de l'eſtendart de ladite Pucelle, une infinité de papil-
lons blancs ; & comme meus ſoudainement
d'une bonne volonté inſpirée de Dieu, cognoiſ-
ſant auſſi les choſes merveilleuſes que cette
Pucelle avoit fait pour faire lever le ſiege
d'Orleans, delibererent qu'on parlementeroit
avec le Roy, pour ſçavoir quel traité ils pourroient avoir. Et les gens de guerre meſmes,
ennemis du Roy, eſtans dedans la ville, le
conſeillerent.

De fait l'Eveſque & les bourgeois de la ville, & les gens de guerre en bien grand nombre, vinrent devers le Roy, & prirent fina-

lement compoſition, & arreſterent traitté : c'eſt à ſçavoir, que les gens de guerre s'en iroient, eux & leurs biens, & ceux de la ville demeureroient en l'obeyſſance du Roy, & luy rendroient ladite ville, parmy qu'ils eurent abolition generale : & au regard des gens d'Egliſe qui avoient regales, & collations de benefices du Roy ſon pere, il approuva les collations : & ceux qui les avoient du Roy Henry d'Angleterre, prirent Lettres du Roy, & voulut qu'ils euſſent les benefices, quelques collations qu'il en eut fait à d'autres. Ceux de la ville firent grande feſte & grande joye, & ceux de l'oſt eurent vivres à leur plaiſir; & le matin en partit preſque toute la garniſon, tant Anglois, que Bourguignons, tirans là où ils voulurent aller.

Or combienque par le traitté ils maintiſſent, qu'ils pouvoient emmener leurs priſonniers ; & de fait, ils les emmenoient : mais icelle Ieanne ſe tint à la porte en diſant, que en nom Dieu ils ne les emmeneroient pas, et de fait les en garda. Et le Roy contenta aucunement leſdits Anglois, et Bourguignons, des finances auſquelles leſdits priſonniers eſtoient mis ; puis y entra le Roy, environ ſur les neuf heures du matin. Mais premierement y eſtoit entrée ladite Ieanne, & avoit ordonné des gens de traict à pied le long des ruës. Avec le Roy entrerent à cheval, les Seigneurs & les Capitaines, bien habillez et montez; & il les faisoit tres-beau voir : si mit en ladite ville Capitaine et Officiers, et fut ordonné par le Roy, que le Seigneur de Lore demeureroit aux champs avec les gens de guerre de l'ost : le lendemain tous passerent par ladite cité en belle ordonnance ; dont ceux de la ville estoient bien joyeux, et firent serment au Roy, d'estre bons et loyaux, et tels se sont-ils tousjours monstrez depuis.

La Pucelle hastoit le Roy, le plus diligemment qu'elle pouvoit, d'aller à Rheims & ne faisoit aucun doute qu'il y seroit sacré : pource le Roy partit de la cité de Troyes, et prit son chemin à Chalons-en-Champagne, avec tout son ost, la pucelle allant tousjours devant armée de toutes piéces; & chevaucha tant qu'il vint devant la dite ville de Chalons. Quand ceux de la ville sceurent sa venuë, l'Evesque avec grand nombre de peuple de cette cité, vinrent au devant du Roy, & luy firent pleine obeïssance. Il logea la nuict avec son ost en ladite ville, en laquelle il establit Capitaine, & autres Officiers de par luy, le tout ny plus ny moins comme il avoit fait à ceux de Troyes. De ladite cité de Chalons, le Roy prit son

chemin

chemin pour aller à Rheims, & vint en un chasteau qui appartient à l'Archevesque de Rheims, nommé Sepesaulx, qui est à quatre lieues de Rheims ; en laquelle cité estoient les Seigneurs de Chastillon-sur-Marne, & de Saveuses, tenans le party des Anglois & Bourguignons, devers lesquels ceux de la ville vinrent par leur ordonnance, & commandement, & s'en disoit ledit de Chastillon Capitaine. Ils demanderent donc ausdits habitans, s'ils avoient bonne volonté de tenir, & se defendre ? Et les habitans leur demanderent, s'ils estoient assez forts pour les ayder à se garder : & ils respondirent, que non, mais que s'ils pouvoient tenir six semaines, ils leur ameneroient un grand secours, tant du Duc de Betfort, que de celuy de Bourgongne, & sur ce ils en partirent par la volonté des habitans de la ville, dedans laquelle il y avoit lors aucuns de bonne volonté, lesquels commencerent à dire, qu'il falloit aller devers le Roy, & le peuple respondit lors tout soudain, qu'on y envoyast : & y envoya-t'on des notables gens de la ville, tant d'Eglise qu'autres : enfin aprés plusieurs requestes qu'ils faisoient, sur lesquelles on trouva des expediens, ils delibererent & conclurent de laisser entrer le Roy, avec l'Archevesque d'icelle ville ; & leur compagnée dedans. L'Archevesque n'avoit point encor fait son entrée, laquelle il fit le Samedy matin : & après le disner sur le soir, le Roy avec ses gens entra dedans la ville, où Ieanne la Pucelle estoit fort regardée. Là vinrent par devers luy les Ducs de Bar, & de Lorraine, & le Seigneur de Commercy bien accompagnez de gens de guerre, s'offrans à son service. Le lendemain, qui fut le Dimanche, on ordonna que le Roy prendroit & recevroit son digne Sacre, & toute la nuict fit-on grande diligence, à ce que tout fut prest au matin, & ce fut un cas bien merveilleux ; car on trouva en ladite cité toutes les choses necessaires, qui sont grandes, & si ne pouvoit-on avoir celles qui sont gardées dans Sainct Denys en France. Or pource que l'Abbé de Sainct Remy n'a pas accoustumé de bailler la saincte Ampoulle, sinon en certaine forme, & maniere, le Roy y envoya le Seigneur de Rais Mareschal de France, le Seigneur de Boussac, & de Saincte Severe, aussi Mareschal de France, le Seigneur de Graville, Maistre des Arbalestriers, & le Seigneur de Culant admiral de France, lesquels firent les sermens accoustumez, c'est à sçavoir, de la conduire seurement, & aussi raconduire jusques en l'Abbaye : aprés quoy ledit Abbé l'apporta, estant revestu d'habillemens Ecclesiastiques, bien solemnellement, & devotément dessous un poille, jusques à la porte de devant l'Eglise Sainct Denis ; là où l'Archevesque revestu d'habits Sacerdotaux, accompagné de Chanoines, l'alla querir, & l'apporta dedans la grande Eglise, & la mit sur le grand autel : lors vint le Roy au lieu qui luy avoit esté ordonné, vestu & habillé de vestemens à ce propices : puis l'Archevesque luy fit faire les sermens accoustumez, & ensuite il fut fait Chevalier par le Duc d'Alençon : par aprés l'Archevesque proceda à la consecration (*), gardant tout au long les ceremonies & solennitez contenuës dans le livre Pontifical (**). Le Roy y fit le Seigneur de Laval, Comte, & il y eut plusieurs Chevaliers faits par les Ducs d'Alençon, & de Bourbon. Là estoit presente Ieanne la Pucelle, tenant son estendart en sa main, laquelle en effet estoit, aprés Dieu, cause dudit Sacre & couronnement, & de toute cette belle assemblée : si fut rapportée & conduite ladite saincte Ampoulle, par les dessusdits, jusques en icelle Abbaye sainct Remy. Et qui eut veu cette

(*) Al. au Sacre.
(**) Al. au Rituel, ou plutost au Ceremonial.

Pucelle accoller le Roy à genoux par les jambes, & luy baiser le pied en pleurant à chaudes larmes, il en eut eu pitié; mesme elle provoquoit plusieurs à pleurer, en disant: *Gentil Roy, or est executé le plaisir de Dieu, qui vouloit que vinssiez à Rheims recevoir vostre digne Sacre, en monstrant que vous estes vray Roy, & celui auquel le Royaume doit appartenir.* Le Roy sejourna en ladite cité par trois jours. De tout temps les Roys de France, après leurs Sacres, avoient accoustumé d'aller en un Prieuré, qui est de l'Eglise sainct Remy, nommé Corbigny, assis & situé à environ six lieues de Rheims, où est le corps d'un glorieux sainct, qui fut du Sang de France, nommé sainct Marcoul, auquel lieu tous les ans il y a grande affluence de peuple, pour le sujet de la maladie des Escrouelles, par les mérites duquel on dit que les Roys en guarissent. Et pource il s'en alla audit lieu de sainct Marcoul, & y fit bien & devotement ses oraisons & offrandes. De ladite Eglise, il prit son chemin pour aller en une petite ville fermée, appartenant à l'Archevesque de Rheims, nommée Vailly, qui est située à quatre lieuës de Soissons, & aussi à quatre lieuës de Laon. Les habitans de ladite ville de Vailly, luy firent pleine obeyſſance, & le receurent gran-dement bien ſelon leur pouvoir : il ſe logea pour le jour luy & ſon oſt audit pays ; & de là envoya à Laon, qui eſt une notable, & forte cité, pour en ſommer les habitans, à celle fin qu'ils ſe miſſent en ſon obeyſſance : ce qu'ils firent tres-joyeuſement, & volontiers. Et pareillement en firent autant ceux de la cité de Soiſſons, en laquelle il alla droict d'iceluy lieu de Vailly, & il y fut receu à grande joye : il y ſejourna trois jours, & ſon oſt, tant dans la ville, comme és environs. Or pendant qu'il y eſtoit, il luy vint nou-velles que Chaſteau-thierry, Provins, Cou-lommiers, Crecy-en-Brie, & pluſieurs autres s'eſtoient renduës Françoiſes, & en ſon obeyſſance : il y mit enſuite des Officiers, & les habitans y laiſſoient entrer ſans aucune contradiction ſes gens & ſerviteurs.

Quand le Roy ſçeut que Chaſteau-thierry eſtoit venu en ſon obeyſſance, & qu'il eut ſejourné par aucun temps en la ville & cité de Soiſſons, il ſe mit en chemin, & alla audit lieu de Chaſteau-thierry, d'où il s'en alla à Provins, & y ſejourna deux ou trois jours ; leſquelles choſes vinrent dans Paris à la connoiſſance du Duc de Betfort ; qui ſe diſoit Regent du Royaume de France pour le Roy d'Angleterre, & lequel dit qu'il viendroit combattre le Roy. Si affembla gens de toute parts, à bien grande puiffance ; puis il vint à Corbeil, & à Mélun, & affembla bien dix mille combatans, qui eftoit grande chofe. Or quand le Roy fçeut que le Duc de Betfort le vouloit ainfi combatre, luy & les gens de fon oft en furent bien joyeux ; de forte qu'il partit de ladite ville de Provins, & tint les champs ; & raffembla fon oft près d'un chafteau nommé la Motte-de-Nangis, qui eft en Brye, & là les batailles furent ordonnées bien notablement, & prudemment : au refte c'eftoit agreable chofe que de voir le maintien de Ieanne la Pucelle, & les diligences qu'elle faifoit : & tousjours venoient nouvelles que le Duc de Betfort s'avançoit pour combattre : pour ce le Roy fe tint tout le jour en fon oft emmy les champs, croyant que ledit Duc de Betfort deut venir ; mais il changea de confeil, & s'en retourna à Paris, combien qu'il eut bien lors en fa compagnée dix ou douze mille combattans, comme dit eft ; le Roy de fon cofté en avoit bien autant, & la Pucelle, et les Seigneurs & gens de guerre eftans avec luy avoient grand defir, & volonté de combattre.

Or il y avoit aucuns en la compagnée du Roy, qui avoient grand defir qu'il retournaft vers la riviere de Loire, & le luy confeillerent fort ; auquel confeil il adhera grandement, & eftoit de leur opinion, & conclud qu'il s'en iroit ; & luy fit on fçavoir qu'il repafferoit la riviere de Seine par une ville nommé *Bray*, fituée dans le pays de Champagne, où il y avoit un bon pont, & luy fut promis obeyffance & paffage par les habitans d'icelle ; mais la nuit dont il devoit paffer le matin enfuivant, il y arriva certaine quantité d'Anglois, aufquels on ouvrit la porte, & ils entrerent dedans : aprés quoy il y eut des gens du Roy, lefquels s'avancerent pour penfer entrer des premiers, dont aucuns furent pris, & les autres deftrouffez ; & par ce moyen ce paffage fut rompu & empefché : dequoy les Ducs d'Alençon, de Bourbon & de Bar, & les Comte de Vendofme & de Laval, avec tous les Capitaines furent bien joyeux & contents, pource que ladite conclufion de paffer fut faite contre leur gré & volonté ; car ils eftoient d'opinion contraire, fçavoir que le Roy devoit paffer outre pour toujours conquefter, veuë la puiffance qu'il avoit, & que fes ennemis ne l'avoient ofé combatre. Enfuite la vigile de Noftre-Dame de la my-Aouſt, le Roy, par le conſeil deſdits Seigneurs & Capitaines, s'en retourna à Chaſteau-Thierry, & paſſa outre avec tout ſon oſt vers Creſpy en Valois, & ſe vint loger aux champs aſſez prés de Dampmartin : tout le pauvre peuple du pays crioit *Noël*, & pleuroient de joye & de lieſſe. Laquelle choſe la Pucelle conſiderant, & qu'ils venoient au devant du Roy en chantant *Te Deum laudamus*, avec aucuns reſpons & antiennes, elle dit au ſuſdit Chancelier de France, & au Comte de Dunois : *En nom Dieu, voicy un bon peuple & devot; & quand je devray mourir, je voudrois bien que ce fut en ce pays.* Et lors ledit Comte de Dunois luy demanda, *Ieanne, ſçavez-vous quand vous mourrez, & en quel lieu ?* Et elle reſpondit qu'elle ne ſçavoit, & qu'elle en eſtoit à la volonté de Dieu : & ſi dit en outre auſdits Seigneurs, *j'ay accomply ce que Meſſire m'a commandé, qui eſtoit de lever le ſiege d'Orleans, & de faire ſacrer le gentil Roy; je voudrois bien qu'il voulut me faire ramener auprés mes pere & mere, & garder leurs brebis & beſtail, & faire ce que je ſoulois faire :* & quand leſdits Seigneurs oüyrent ladite Ieanne ainſi parler, & que les yeux tournez au ciel elle remercioit Dieu, ils creurent mieux que jamais que c'estoit chose venuë de la part de Dieu plustost qu'autrement.

Le Duc de Betfort estoit cependant à Paris avec grande quantité d'Anglois & autres gens ennemis & adversaires du Roy; si vint à sa connoissance que le Roy estoit sur les champs vers Dampmartin; sur quoy il partit de Paris avec bien grande & grosse compagnée, & s'achemina vers Mittry en France, soubs & proche ledit lieu de Dampmartin, & prit une place bien advantageuse, où il ordonna ses batailles. Le Roy d'autre costé fit pareillement mettre ses gens en belle ordonnance prests d'attendre la bataille, si l'autre le venoit assaillir, voire d'aller à luy, si ils se trouvoient en pareil champ.

Or pour sçavoir de leur estat & commune, il fut conclu qu'on y envoyeroit des gens par maniere de coureurs; specialement y fut envoyé Estienne de Vignoles, dit *la Hire*, vaillant homme d'armes entre les autres: il y eut de grandes escarmouches qui durerent presques tout le jour, & n'y eut comme point de perte ou dommage d'un costé & d'autre. Si fut rapporté au Roy par gens se cognoissans bien en fait de guerre comme ce Duc de Betfort estoit campé en place trop advantageuse, & que les Anglois s'estoient fortifiez ; pour ce ne fut-il pas conseillé d'aller plus avant assaillir ses ennemis.

Le lendemain ledit Duc de Betfort avec tout son ost s'en retourna à Paris, & le Roy tira vers Crespy en Valois, d'où il envoya certains herauts & ceux de Compiegne, les sommer qu'ils se missent en son obeyssance ; lesquels repondirent qu'ils estoient prests & appareillez de le recevoir & de luy obeyr comme à leur souverain Seigneur. Pareillement aussi allerent des hauts Seigneurs en la ville & cité de Beauvais, dont estoit Evesque, & Seigneur un nommé maistre Pierre Cauchon extréme & furieux pour le party des Anglois, combien qu'il fut de la nation françoise, sçavoir d'auprés Rheims ; & aussitost qu'ils virent des herauts qui portoient les armes de France, ils crierent, *vive Charles Roy de France*, & se mirent en son obeyssance ; & pour ceux qui ne voulurent demeurer en ladite obeyssance, il les laisserent sortir & en aller avec leurs biens.

Le Roy delibera ensuite de venir en la ville de Compiegne, laquelle luy avoit fait obeyssance ; si tira vers Senlis, & se logea en un village à deux lieuës prés de Senlis nommé *Barron* ; laquelle ville de Senlis estoit encor sous l'obeyssance des Anglois &

Bourguignons. Or un matin vinrent nouvelles au Roy que le Duc de Betfort partoit de Paris à tout son ost pour venir à Senlis, & que luy estoient venus de nouveau quatre mille Anglois, que le Cardinal d'Angleterre son oncle avoit ammenez, lequel Cardinal les devoit mener contre les Bohesmes heretiques en la foy ; mais il les fit descendre pour guerroyer les vrais catholiques François, & estoient souldoyez, comme on disoit, de l'argent du Pape, & en intention que ce Cardinal allast contre les susdits Bohesmes : lesquelles choses vinrent à la connoissance du Roy.

Alors il fut ordonné que Messire Ambroise de Loré & le Seigneur de Sainte Treilles monteroient à cheval & iroient vers Paris & ailleurs, où bon leur sembleroit, & ainsi qu'ils adviseroient, pour sçavoir veritablement le fait, & descouvrir le dessein du Duc de Betfort & de son ost ; lesquels monterent diligemment à cheval, & prirent seulement vingt de leurs gens des mieux montez, puis ils partirent & chevaucherent tant qu'ils approcherent l'ost des Anglois ; si virent & apperceurent ils sur le grand chemin de Senlis de grandes poudres qui s'élevoient en l'air, & qui procedoient de la compagnée du Duc ;

sur quoy diligemment ils envoyerent un chevaucheur devers le Roy, pour luy faire sçavoir; si approcherent encores de plus prés, tant qu'ils virent ledit oft des Anglois qui tiroit vers Senlis, & derechef envoyerent un autre chevaucheur vers le Roy luy signifier ce que dit est.

Alors le Roy avec son oft tira tres-diligemment emmy les champs; si furent ordonnées les batailles & commencerent à chevaucher entre la riviere qui passe à Barron, & Montespilouër, en tirant droit à Senlis : & le Duc de Betfort & son oft arriva environ l'heure de vespres prés de Senlis, & se mit à passer une petite riviere qui vient d'icelle ville de Senlis, au susdit village nommé *Barron*; le passage en estoit si estroit, qu'ils ne pouvoient passer que deux chevaux à la fois : aussi tost que lesdits de Lore & Sainte Treilles virent que lesdits Anglois commencerent à passer, ils s'en retournerent hastivement devers le Roy, & luy acertenerent que ledit de Betfort & son oft passoient au susdit passage. A cette heure le Roy fit avancer les batailles vers ledit lieu tout droit, croyant de les combatre à ce passage; mais la plufpart, & comme tous estoient desja passez; & les deux osts s'entrevirent, aussi n'eſtoient ils eſloignez qu'à une bien petite lieuë l'un de l'autre. Il y eut de grandes eſcarmouches entre leſdites deux compagnées, & de belles armes faites. A cette heure il eſtoit comme le ſoleil couchant; leſdits Anglois ſe logerent ſur le bord & au bout d'icelle riviere, & les François ſe camperent à Montespilouër.

Le lendemain au matin le Roy & ſon oſt ſe mirent ſur les champs: il fit enſuite ordonner ſes batailles, de la plus grande deſquelles le Duc d'Alençon & le Comte de Vendoſme avoient le gouvernement: de la ſeconde les Ducs de Bar & de Lorraine avoient la charge: de la tierce, qui eſtoit en maniere d'une aille, les Seigneurs de Rais & de Bouſſac, Mareſchaux de France, avoient la conduite: & d'une autre corps de bataille de reſerve, qui ſouvent ſe ſeparoit pour eſcarmouſcher & guerroyer leſdits Anglois, avoient le gouvernement le Seigneur d'Albret, le Baſtard d'Orleans, Ieanne la Pucelle, la Hire, & pluſieurs autres Capitaines: & à la conduite & gouvernement des archers eſtoit le Seigneur de Graville, maiſtre des arbaleſtriers de France, & un Chevalier de Limoſin nommé Iean Foucault. Le Roy ſe tenoit touſjours aſſez prés de ſes batailles, lequel avoit autour de luy, pour la garde de fa perfonne, & en fa compagnée le Duc de Bourbon, le Seigneur de la Trimoüille, & grande quantité de Chevaliers & Efcuyers: plufieurs fois le Roy chevaucha en prefence de la bataille d'iceluy Duc de Betfort, en la compagnée duquel eftoit le Baftard de Saint Pol, & plufieurs Bourguignons, & eftoient en bataille prés d'un village, & avoient au dos un grand eftang & la fufdite riviere; & ne cefferent toute la nuit de fe fortifier tres-diligemment de pieux, de taudis & de foffez.

Or le Roy & les Seigneurs eftans avec luy avoient pris conclufion, & eftoient tous deliberez de combatre le Duc de Betfort, & les Anglois & Bourguignons; mais quand les Capitaines eftant avec le Roy eurent veu & bien confideré la place & le lieu qu'occupoient les Anglois, & leur fortification & affiete avantageufe, ils apperceurent & conneurent evidemment qu'il n'y avoit aucune apparence de combatre le Duc de Betfort en icelle place: toutesfois les batailles des François s'approcherent à deux traits d'arbalefte defdits Anglois, ou environ; & leur firent fçavoir, que s'ils vouloient faillir hors de leur parc, qu'on les combatroit; mais ils ne voulurent onques fortir ny déloger de leur parc : il y eut neantmoins de grandes & merveilleufes efcarmouſches, tellement que les François alloient fouvent à pied & à cheval jufques aux fortifications des Anglois ; & aucunesfois les Anglois faifoient des forties à grande puiffance, & repouſſoient les François : il y en eut d'un cofté & d'autre de tuez & de pris, & tout le jour fe paſſa ainſi en faifant lefdites efcarmouſches, jufques à environ le foleil couchant.

Le Seigneur de la Trimoüille, qui eſtoit bien joly, & monté fur un grand courſier, voulut venir aux efcarmouches, & de fait il prit fa lance & vint jufques au frapper ; mais fon cheval cheut, & s'il n'eut eu bien toſt fecours, il eut efté pris ou tué ; mais il fut remonté, quoy qu'à grande peine : il y eut à cette heure une grande efcarmouche, & environ ladite heure de foleil couchant fe joignirent enfemble grand nombre de François, qui vinrent vaillamment jufques prés du parc des Anglois combatre main à main, & efcarmoufcher ; & à cette heure faillirent grande quantité d'Anglois à pied & à cheval, & auſſi les François fe renforcerent ; & à cette fois il y eut une plus grande & rude escarmouche qu'il n'y avoit eu tout le jour, & y avoit tant de poudre sur la terre, & de poussiere en l'air, qu'on n'entreconnoissoit ny François ny Anglois; tellement que combien que les batailles fussent bien prés les unes des autres, toutesfois elles ne pouvoient s'entrevoir: cette escarmouche dura tant qu'il fut nuict serrée & obscure; & les Anglois se retirerent tous ensemble, & se resserrerent en leur fort parc: les François aussi se retirerent vers leurs batailles. Les Anglois se logerent donc en leur parc; & les François se camperent là où ils avoient logé la nuict de devant, environ à demie lieuë de distance d'iceux Anglois, auprés Montespiloüer. Les Anglois deslogerent ensuite, & décamperent le lendemain bien matin, & s'en retournerent à Paris: & le Roy & ses gens s'en allerent à Crespy en Valois.

Le lendemain le Roy partit de Crespy, & prit son chemin vers Compiegne, où il fut receu grandement & honorablement; car ceux de dedans se remirent en son obeyssance: puis il y commit des Officiers, & y ordonna pour Capitaine & Gouverneur, un Gentilhomme du pays de Picardie, bien

allié

allié de parens & amis, nommé Guillaume de Flavy : là les manans & habitans de la ville de Beauvais (*) envoyerent devers luy, & mirent eux & la ville en son obeyssance. Semblablement ceux de Senlis se soufmirent à luy, & le Roy y vint loger.

Sur la fin du mois d'Aouft, le Duc de Betfort doutant que le Roy ne tirast en Normandie, partit de Paris avec son oft pour y aller, & departit son armée en plusieurs & divers lieux, & mit ses gens en garnison és pays, où il avoit encore obeyssance, afin de garder les places; laissant à Paris Messire Louys de Luxembourg, Evesque de Therouenne, soy disant Chancelier de France pour les Anglois, & un Chevalier Anglois nommé Messire Iean Rathelet, avec un Chevalier François, nommé Messire Simon Morhier, qui se disoit lors estre Prevost de Paris, lesquels avoient en leur compagnée environ deux mille Anglois, pour la garde & defense d'icelle ville, ainsi qu'on disoit.

Environ la fin du mesme mois d'Aoust le Roy delogea de Senlis, & s'en vint à Sainct Denys, où ceux de la ville luy firent ouverture & pleine obeyssance, & avec luy tout son oft se tint & logea en ladite ville :

(*) Beauvais, aussi Senlis & Saint-Denys.

alors commencerent de grandes courses & escarmouches entre les gens du Roy, estans à Sainct Denys, & les Anglois & autres estans lors dans Paris. Puis quand ils eurent esté par aucuns temps à Sainct Denys, comme trois ou quatre jours durant, le Duc d'Alençon, le Duc de Bourbon, le Comte de Vendosme, le Comte de Laval, Ieanne la Pucelle, les Seigneurs de Rais & de Boussac, & autres en leur compagnée, se vinrent loger en un village qui est comme à my chemin de Paris à Sainct Denys, nommé *la Chapelle*. Aprés quoy le lendemain commencerent de plus grandes escarmouches, & plus aspres qu'auparavant, aussi estoient-ils plus prés les uns des autres ; & vinrent lesdits Seigneurs aux champs vers la porte Sainct Honoré, sur une maniere de butte ou de montagne que on nommoit *le marché aux pourceaux*, & firent assortir plusieurs canons & coulevrines, pour jetter dedans la ville de Paris, dont il y eut plusieurs coups de jettez.

Les Anglois estoient cependant autour des murs, en tournoyant avec des estendarts, entre lesquels il y en avoit un qui paroissoit sur tous, lequel estoit blanc, avec une croix vermeille, & alloient & venoient par (*) la-

(*) Al. sur.

dite muraille. Or aucuns Seigneurs eſtans là devant, voulurent aller juſques à la porte Sainct Honoré, & entre les autres ſpecialement, un Chevalier nommé le Seigneur de Sainct Vallier & ſes gens allerent juſques au boulevart, & mirent le feu aux barrieres : & combien qu'il y eut quantité d'Anglois, & de ceux de Paris qui le defendoient, toutesfois ledit boulevart fut pris par les François, d'aſſaut, & les ennemis ſe retirerent par la porte dedans la ville.

Les François ſur ces entrefaites, eurent imagination & crainte que les Anglois ne vinſſent par la porte Sainct Denys, frapper ſur eux ; parquoy les Ducs d'Alençon & de Bourbon avoient aſſemblé leurs gens, & s'eſtoient mis comme par maniere d'embuſcade, derriere ladite butte ou montagne, & ne pouvoient bonnement approcher de plus prés, pour doute des coups des canons, vuglaires & coulevrines qui venoient de ladite ville, & qu'on tiroit ſans ceſſe. La ſuſdite Ieanne (13) dit la deſſus, qu'elle vouloit aſſaillir la ville ; mais elle n'eſtoit pas bien informée de la grande eauë qui eſtoit és foſſez ; & toutesfois il y en avoit aucuns audit lieu qui le ſçavoient bien, & leſquels ſelon ce qu'on pouvoit conſiderer & conjecturer, euſſent bien voulu par envie, qu'il fuft mefchen à icelle Ieanne. Neantmoins elle vint à grande puiffance de gens d'armes, entre lefquels eftoit le Seigneur de Rais Marefchal de France, & defcendirent en l'arriere foffé avec grand nombre de gens de guerre; puis avec une lance elle monta jufques fur le dos d'afne, d'où elle tenta & fonda l'eauë, qui eftoit bien profonde; quoy faifant, elle eut d'un coup de traict les deux cuiffes percées, ou au moins l'une : mais ce nonobftant elle ne vouloit en partir, & faifoit toute diligence de faire apporter & jetter des fagots & du bois en l'autre foffé, dans l'efpoir de pouvoir paffer jufques au mur : laquelle chofe n'eftoit pas poffible, veuë la grande eauë qui y eftoit.

Enfin depuis qu'il fut nuict, elle fut envoyée requerir par plufieurs fois ; mais elle ne vouloit partir ny fe retirer en aucune maniere, & fallut que ledit Duc d'Alençon l'allaft querir, & la ramena luy-mefme. Puis toute la fufdite compagnie fe retira audit lieu de la Chappelle-Sainct-Denys, où ils avoient logé la nuict de devant ; & lefdits Duc d'Alençon & de Bourbon, avec la fufdite Ieanne, s'en retournerent le lendemain en la ville de Sainct-Denys, où eftoit le Roy

& son ost : & disoit-on qu'il ne vint oncques de lasche courage de vouloir prendre la ville de Paris d'assaut, & que s'ils y eussent esté jusques au matin, il y eut eu des habitans de cette ville qui se fussent advisez. Or il y eut en ces rencontres plusieurs de blessez, mais presque point de tuez.

Au susdit mois d'Aoust mille quatre cent vingt-neuf, un Capitaine du pays de Bretagne, nommé Ferbourg, s'advisa comment il pourroit avoir la place de Bonsmolins, laquelle les Anglois tenoient; de fait il trouva moyen d'y entrer, & d'en mettre les Anglois dehors : le Duc d'Alençon luy en donna la Capitainerie. En ce mesme temps, il y avoit un Gentilhomme au pays nommé Iean Armange, de la compagnée de Messire Ambroise de Lore, lequel se mit dedans la place de Sainct-Celerin, qui avoit esté abbatuë : avec luy il y avoit un Gentilhomme de Bretagne nommé Henry de Ville-Blanche, & ils repareront icelle place : or le troisiesme jour aprés qu'ils furent entrez dedans, les Anglois de la garnison d'Alençon, avec d'autres en leur compagnée, s'assemblerent & vinrent devant ladite place, garnis de canons, vuglaires, coulevrines & arbalestes : ensuite qu'ils eurent esté aucun temps devant, ils la creurent prendre d'assaut, & de fait ils l'assaillirent grandement & merveilleusement ; mais lesdits Capitaines & leurs gens se defendirent si vaillamment & tellement qu'ils demeurerent les maistres en icelle place, & que lesdits Anglois s'en retournetent à Alençon, sans y avoir pû rien gagner.

Le vingt-neuviesme jour du susdit mois, le Brieur de l'Abbaye de Laigny, & un nommé Artus de Sainct-Merry, avec plusieurs autres, vinrent vers le Roy audit lieu de Sainct-Denys, pour remettre cette ville de Laigny en son obeyssance ; lequel les receut tres-benignement & doucement, & ordonna au Duc d'Alençon qu'il y pourveut, lequel y envoya Messire Ambroise de Lore, qui y fut receu par les habitans à grande joye : puis quand il y eut eu plainiere obeyssance, il fit faire aux habitans le serment en tel cas accoustumé.

Le douziesme jour de Septembre, le Roy assembla son Conseil, pour sçavoir ce qu'il avoit à faire, veu que ceux de Paris ne monstroient encor aucun semblant de se vouloir reduire ; & aussi n'eussent-ils osé parler ensemble, veue la puissance des Anglois & Bourguignons ; & si n'y avoit denier dequoy il eû peu entretenir son ost : si fut deliberé par le Conseil, qu'il laissast de grosses garnisons par deça (*), avec aucuns chefs de son sang, & qu'il s'en allast vers & outre la riviere de Loire : & en executant cette deliberation du Conseil, il laissa le Duc de Bourbon, le Comte de Vendosme, Messire Louys de Culant, Admiral de France, avec autres Capitaines, & ordonna que ledit Duc seroit son Lieutenant : de plus, il laissa dans Sainct-Denys, le Comte de Vendosme & le Seigneur de Culant, avec grande compagnée de gens d'armes : puis le Roy s'en partit avec son ost, & alla au giste à Lagny sur Marne ; d'où le lendemain il partit, & ordonna à Messire Ambroise de Lore, qu'il demeurast en iceluy lieu de Lagny ; & luy fut baillé en sa compagnée un vaillant Chevalier de Limosin, nommé Messire Jean Foucault, avec plusieurs gens de guerre. Or, quand les Anglois & Bourguignons sceurent que le Roy estoit ainsi party, ils assemblerent de toutes parts de leurs gens en grand nombre ; surquoy ceux qui estoient dans Sainct-Denis, considerans que la ville estoit foible, ils en partirent ; c'est à sçavoir que le susdit Comte de Ven-

(*) L'Autheur de cette Histoire fait voir icy que sa patrie estoit en deçà de la Loire, ou du moins qu'il y estoit, lorsqu'il l'escrivoit.

dofme & autres, delaifferent cette ville-là, & s'en vinrent à Senlis.

Environ le mefme mois de Septembre audit an, vinrent les Anglois & auffi les alliez de la langue Françoife, nommez Bourguignons, & fe mirent à grande puiffance fur les champs, en intention, comme on difoit, de venir mettre le fiege devant Lagny; laquelle ville eftoit mal fermée & mal munie & depourveue des chofes appartenans à la défenfe de la guerre. Ils vinrent donc devant cette ville, & faifoient comme mine d'y arrefter; mais quand iceux Meffire Ambroife de Lore & Foucault les virent, confiderans que cette ville eftoit foible, & qu'ils n'auroient aucun fecours, ils faillirent aux champs eux & leurs gens en belle ordonnance contre les Anglois & Bourguignons, & leur tinrent fi grandes & fortes efcarmouches, par trois jours & trois nuits, que lefdits Anglois & Bourguignons n'approcherent oncques des barrieres, plus prés que du trait d'une arbalefte : enfin quand ils apperceurent fi grande réfiftance, & qu'ils virent, avec lefdits Chevaliers, tant de gens de guerre & fi vaillans, ils fe retirerent & s'en retournerent à Paris, fans faire autre chofe : Aufdites efcarmouches il y en eut plufieurs de tuez tant d'un cofté que d'autre.

Le Seigneur de Talbot, vaillant Chevalier Anglois, prit par escalade, à faute de guet & de bonne garde, la ville de Laval, & ce avant le siege mis à Orléans, comme cy-dessus il a esté touché; & y gangna de fort grandes richesses & chevances: pour lors estoit dedans Messire André de Laval, Seigneur de Loheac, lequel estoit dans le Chasteau dudit lieu de Laval, & fit composition pour luy & les autres d'iceluy chasteau, à vingt mille escus d'or, comme dessus est dit, & demeura prisonnier jusques à ce qu'il eut payé ladite somme ou baillé plége. Or, audit mois de Septembre fut faite une entreprise par les Seigneurs du Hommet, Messire Raoul du Bouchet, & Bertrant de la Ferriere, sçavoir comme ils pourroient recouvrer ladite ville de Laval; & par le moyen d'un meusnier, homme de bien, qui avoit desplaisir de ce que les Anglois estoient devenus Seigneurs & maistres en icelle ville, ils firent bien secrettement une embuscade de gens d'armes à pied en un moulin, dont ledit meusnier avoit le gouvernement, estant sur la riviere de Mayne, qui passe au-dessous, & joignant ladite ville, & joignant aussi au bout du pont & du costé de ladite ville, dont les barrieres sont par (*) iceluy pont. Et un matin, à l'ouverture d'icelle porte, faillirent lesdits gens de guerre à pied, ainsi que les portiers estoient allez ouvrir les barrieres, estans sur iceluy pont, & entrerent dans ladite ville de Laval, crians Nostre-Dame, Sainct-Denys, en laquelle place il y avoit deux à trois cent Anglois, & les François n'estoient pas plus de deux cent, combien qu'il y en avoit plus de six cent qui les suivirent. Il y eut plusieurs Anglois de tuez & pris, les autres faillirent par dessus la muraille de cette ville-là pour se sauver. Et par ce moyen, ladite ville fut remise en l'obeyssance du Roi.

Environ cette mesme saison le Duc de Bourbon, lequel estoit demeuré lieutenant du Roy ès pays de nouveau reduits en son obeyssance, dont dessus est faite mention, se tenoit à Senlis, Laon, Beauvais & autres villes, pour tousjours les garder & y mettre provision, ordre & gouvernement ; car en plusieurs lieux il ne trouvoit pas bonne obeyssance, combien qu'il prenoit grande peine à bien conduire le faict du Roy, & d'entreprendre & executer quelque chose sur les Anglois, lesquels estoient bien diligens, & mettoient peine à grever les François : or advint que

(*) Al. sur.

lefdits Meffire Ambroife de Lore, & Meffire Iean Foucault eftans à Laigny, avoient en mefme temps fait certaine entreprife fur la ville de Rouen, par le moyen d'un nommé le Grand-Pierre : & pource qu'au temps que l'exécution fe devoit faire, il n'eftoit point de clair de lune, pour pouvoir chevaucher de nuit ; ils prolongerent, & remirent à un autre jour iceluy Grand-Pierre : car il leur fembloit qu'il n'eftoit pas poffible de mener fi groffe compagnée par le pays où il falloit paffer, fans s'entreperdre, fi c'eftoit en nuit obfcure. Et s'en alla ledit Grand-Pierre par Senlis, où il trouva le Duc de Bourbon, le Comte de Vandofme, & l'Archevefque de Rheims, Chancelier de France : mais pour conclufion, cette entreprife fut perduë & faillie pour l'heure.

(14) L'an mille quatre cent trente Ieanne la Pucelle partit du pays de Berry accompagnée de plufieurs gens de guerre, & s'en vint à Lagny fur Marne : affez toft aprés luy vinrent nouvelles qu'il traverfoit en l'Ifle de France trois à quatre cent Anglois, auffi-toft icelle Ieanne tira fur les champs avec Iean Foucault, Geoffroy de S. Aubin, un capitaine nommé Barrée, Quennède Efcoffois, & aucuns

de la garnison de Lagny, qui vinrent rencontrer iceux Anglois, lesquels se mirent tous à pied contre une haye : alors ladite Ieanne la Pucelle, Iean Foucault, & les autres se delibererent de les combatre (*), & en tres-bon appareil vinrent à pied & à cheval frapper sur lesdits Anglois ; là y eut tres-dure & aspre besongne, car les François n'estoient gueres plus que les Anglois ; finalement furent tous ces Anglois tuez ou pris, & aussi des François y en eut-il plusieurs de tuez & blessez : puis s'en retournerent icelle Ieanne la Pucelle, Iean Foucault, & les autres audit lieu de Lagny avec leurs prisonniers.

En cette mesme année Iean de Luxembourg, les Comtes de Hontinton & d'Arondel, avec plusieurs autres Anglois & Bourguignons, vinrent avec grande puissance mettre le siege devant la ville de Compiegne (**), d'un costé & d'autre de la riviere d'Oise, et là firent plusieurs bastilles & forts où ils se tenoient. Ce faict venu à la cognoissance de Ieanne la Pucelle, elle partit dudit lieu de Lagny pour ayder & secourir les assiegez d'icelle ville, & y entra ladite Ieanne ; aprés

(*) Défaite d'Anglois par la Pucelle.
(**) Siege de Compiegne par les Bourguignons & Anglois.

quoy commencerent chaque jour grandes escarmouches entre les Anglois & Bourguignons tenans le siege d'une part, & les Capitaines & gens de ladite ville d'autre.

Or advint malheureusement que ladite Ieanne ayant fait une sortie sur les assiegeans tres-vaillamment & hardiment, les Anglois & Bourguignons chargerent si fort sur elle & sa compagnée, tant qu'il luy fut de necessité, & à ceux qui estoient avec elle de se retirer, aucuns disoient que la barriere leur fut fermée au retour, d'autres qu'il y avoit trop grande presse à l'entrée de la porte; finalement elle fut (15) prise prisonniere & emmenée par les Anglois & Bourguignons; de laquelle prise plusieurs du party du Roy furent fort contristez : elle fut tenuë longuement en prison par les Bourguignons de la compagnée d'iceluy Iean de Luxembourg, lequel la vendit depuis aux Anglois, qui la menerent à Roüen, où elle fut durement traitée ; tellement que après grand espace de temps, de leur volonté indeuë, ils la firent publiquement (16) brusler en ladite ville de Roüen, en luy imposant plusieurs malefices : qui fut bien inhumainement fait, veu la vie, & le gouvernement dont elle vivoit : car elle se confessoit & recevoit le corps de nostre

Seigneur par chacune femaine, comme bonne Catholique; & n'eſt point à douter que l'eſpée qu'elle envoya querir en la chapelle de ſaincte Catherine de Fierbois, dont deſſus eſt faite mention, ne fuſt trouvée par miracle, comme un chacun tenoit; veu meſmes que par le moyen d'icelle eſpée, & auparavant qu'elle fuſt rompuë elle a fait les belles conqueſtes deſſus declarées. Il eſt de plus à ſçavoir, que aprés la journée de Patay ladite Ieanne la pucelle fit faire un cry, que nul homme de ſa compaignée ne tint aucune femme diffamée, ou concubine; neant-moins elle trouva aucuns outrepaſſans ſon commandement, parquoy elle les frappa d'icelle eſpée, tellement qu'elle fut rompuë, comme deſſus eſt dit: & tantoſt ce venu à la cognoiſſance du Roy, elle fut baillée à des ouvriers pour la refondre; ce que ils ne peurent faire ny ne la peurent onocques raſſembler.

Or eſt à noter, qu'aprés qu'iceluy ſiege de Compiegne eut eſté tenu par les Anglois & Bourguignons l'eſpace de ſix mois ou environ, & que les François eſtans en icelle euſſent eſté reduits à grande neceſſité, un eſcuyer Bréton nommé Iamet de Tillay, accompagné de quatre-vingt à cent combattans ſe vint jetter dedans, lequel reconforta fort les aſſiegez, & s'y porta & gouverna tres vaillamment : aprés quoy il se fit une armée de mille à cinq cent combatans ou environ, de laquelle estoient chefs le Comte de Vendosme, & le Sire de Bouffac Mareschal de France, & vinrent courir sur iceux Anglois & Bourguignons tenans ce siege de Compiegne, lesquels estoient clos de fossez, & devant les portes avoient de grandes bastilles; & par force à pied & à cheval entrerent lesdits François dedans icelle fortification, où il y eut plusieurs Anglois & Bourguignons de tuez & pris ; & plusieurs autres d'iceux se retirerent par dessus un pont qu'ils avoient fait au travers de la riviere d'Oise : en ce rencontre par lesdits Comte de Vendosme, le Sire de Bouffac Mareschal de France, & autres de leur compagnée furent lors faites plusieurs belles armes & grandes vaillances : & à la mesme heure qu'ils combatoient pour gagner iceux fossez & fortifications, ceux de la ville sortirent dehors, & assaillirent vaillamment une bastille qui estoit vis à vis l'une des portes de la ville, dans laquelle il y avoit trois à quatre cent combatans picards, de la compagnée dudit de Luxembourg, lesquels furent presque tous tuez sur la place.

En mesme temps aussi furent deffaits tous

les assiegeans du costé de la forest de ladite ville; mais pource que la nuit s'approchoit fort, il fallut qu'iceluy Comte de Vendosme, le Mareschal de Boussac, & les autres de leur compagnée rentrassent en la ville: aussitost commencerent à passer de l'autre part de la riviere plusieurs gens de guerre dans des bateaux, pource que l'issuë de dessus le pont estoit rompuë: cependant toute la nuict deslogerent les Anglois & les Bourguignons, & se retirerent sans ordonnance les uns en Normandie, & les autres en Picardie en tres-grande confusion; mesme il se disoit que si lesdits Comte de Vendosme & Mareschal de Boussac, avec leur compagnée, eussent peu passer la riviere, ils eussent lors peu deffaire tous ces Anglois & Bourguignons, qui laisserent dans leur camp deux ou trois grosses bombardes, plusieurs canons, & autre artillerie, avec fort grande quantité de vins & autres vivres, qu'ils ne peurent emmener avec eux. Dedans Compiegne estoit Philippes de Gamaches Abbé de sainct Pharon de Meaux, lequel ainsi qu'on disoit, fut cause en bonne partie de conserver si bien & si longuement icelle ville de Compiegne contre les Anglois & Bourguignons, s'y estant porté tres-vaillamment & grandement pour le bien & service du Roy du Roy : & en estoit Capitaine Guillaume de Flavy, lequel semblablement s'y conduisit fort vaillamment.

Or avant ce siege il avoit esté pris appointement pour traiter de paix entre le Roy & le Duc de Bourgongne, pourquoy fut lors conclu que iceluy Duc auroit cette ville de Compiegne entre ses mains, d'autant que c'estoit un passage de la riviere de consequence, afin qu'il peust aller à Paris, & ailleurs, pour travailler au faict & avancement de ce traité : & fut lors mandé à iceluy Guillaume de Flavy, de par le Roy, de la bailler & delivrer audit Duc de Bourgongne ; de laquelle chose il fit refus, dont le Roy fut d'abord tres-mal content : toutesfois plusieurs dirent par aprés que cette desobeïssance que de Flavy avoit faite, avoit beaucoup profité au Roy & au Royaume ; car par le moyen d'icelle ville les Anglois & Bourguignons furent tres-fort incommodez (17) ; & cela fut cause de maintenir & conserver dans leur devoir diverses autres villes que le Roy avoit conquises.

Fin des Mémoires de la Pucelle d'Orléans.

OBSERVATIONS
POUR SERVIR AUX MÉMOIRES.
Sur
LA PUCELLE D'ORLÉANS,

(1) Furent farmentez tous ceux de Paris... les Moynes mefme d'eftre bons & loyaulx au Duc de Betfort frere de feu Henry Roy d'Angleterre Régent de France, de lui obeir en tout & partout, & de nuire de tout leur povair à Charles qui fe difoit Roy de France, & à tous fes alliez ou complices. Les uns de bon cueur le fifrent, les autres de trés-malvefe voulenté.... (Journal de Paris p. 92).

(2) Le 3 d'Aouft fut faite à Paris grant fefte au foir, comme de faire grants feux, danfer tout ainfi comme à la St. Jehan : mais c'eftoit moult piteufe chofe à penfer pourquoy la fefte fe faifoit : car mieulx on deuft avoir plouré : car comme on difoit que trois mille ou plus furent mors des Arminaz, par armes, & quelques deux mille prins, & quelque quinze cent noyez..... Quel dommage & pitié pour la pouvre Chretienté... (Journal de Paris p. 94).

Ces réjouiſſances dont parle ſi triſtement le Journal de Paris, eurent lieu ſans doute à cauſe de la funeſte journée de Crevant où les Anglois & les Bourguignons avoient remporté une victoire complète. (Note des Edit.).

(3) Ce Chevalier Anglois que les Mémoires du tems nomment la Poule s'appelloit la Poöle. (Note des Edit.).

(4) En ce tems rien ne faiſoit que par l'Angloys, ne nul des Seigneurs de France ne ſe mêloit du gouvernement du Royaulme : en iceluy tems eſtoit la Reyne de France demourante à Paris ; mais elle eſtoit ſi pouvrement gouvernée qu'elle n'avoit tous les jours que huit ſeptiers de vin tout au plus pour elle & ſon tynel ; ne le plus de ceulx de Paris qui leur euſt demandé... où eſt la Royne... ils n'en euſſent ſceu parler, tant en tenoit-on pou de compte qu'à peine en challoit-il au peuple, pour ce qu'on diſoit qu'elle eſtoit cauſe des grants maulx & douleurs qui eſtoient pour lors ſur la terre. (Journal de Paris p. 97.).

(5) Il y a ici une faute dans les Mémoires

sur la Pucelle : le Maréchal de Bourgogne ne fut point tué; mais il fut fait prisonnier; & on l'échangea contre le Connétable d'Ecoſſe qui avoit été pris à la journée de Crevant.

Imbert de Groſlée Baillif de Lyon & Louis de Culant Amiral de France commandoient les François en cette occaſion. (Liſez l'Hiſt. Chronol. de Charles VII par le Héraut de Berry p. 371.) (Note des Editeurs).

(6) Le Journal de Paris p. 101 met encore au nombre des morts le Comte de Beauvau. Ce Seigneur étoit iſſu de l'ancienne Maiſon de Beauveau : il rendit de grands ſervices au Roi de France dans cette guerre contre les Anglois. De ſon épouſe Jeanne de Craon fille de Pierre Seigneur de la Suſe il eut Louis de Beauveau & Iſabelle femme de Jean de Bourbon Comte de Vendôme un des ancêtres de Louis XIV.

De Jean III Seigneur de Beauveau, fils puîné de celui qui périt à la journée de Verneuil, ſont iſſues les autres branches de ce nom qui ſubſiſtent en France. (Note des Edit. extraite des annotations ſur l'Hiſtoire de Charles VI p. p. 684 & 685.)

(7) Cette défense de folemnifer par des fêtes la victoire des Anglois se trouve formellement contredite dans le Journal de Paris p. 101 & 102.....

Laquelle bataille deſſus dicte fut le Jeudy 17ᵉ jour du mois d'Aouſt l'an 1424, & le Vendredy enſuivant 18ᵉ jour dudit mois fiſt-on les feux par-tout Paris & moult grant feſte pour la perte des Arminaz : car on diſoit qu'ils s'eſtoient vantés que ce ils euſſent le deſſus de nos gens, qu'ils n'euſſent eſpargné ne femmes, ne enffants, ne héraux, ne meneſtriers, que tout ne fuſt mort à l'eſpée.....

Le jour de la Nativité Notre Dame en Septembre vinſt le Régent, & fuſt Paris paré par-tout où il devoit paſſer & les rues parées & neſtoiées, & furent audevant de luy ceulx de Paris veſtus de vermeil..... par-tout où il paſſoit, on crioit haultement Nouel..... devant le Chaſtelet avoit un moult bel myſtére du vieil Teſtament & du nouvel que les enffants de Paris firent ; & fuſt fait ſans parler ne ſans ſigner, comme ce fuſſent ymages enlevés contre un mur. Aprés quand il ot moult regardé ce myſtére, il s'en alla à Noſtre Dame où il fuſt reçeu comme ce fuſt Dieu ; car les proceſſons qui n'avoient pas eſté aux champs & les Chanoines de Notre Dame le reçurent à la plus grant honneur, en chantant hymnes & louanges que ils purent; & jouoit-on des orgues & des trompes & sonnerent toutes les cloches. Brief on ne vit oncques plus d'honneur faire... qu'on luy fist à cette journée & à sa femme qui alloit toujours aprés luy, quelque part qu'il allast.

(8) Le Président de Provence fut enfin content de s'en aller, & que le Bastard d'Orléans qui avoit sa fille pour femme le voulut conduire jusques en Avignon; & estoit ledit Bastard de l'alliance des autres : mais ledit Président se fioit plus en luy qu'en tout autre. Ainsi se partit iceluy Président de Provence de la Cour, ne oncques depuis n'y rentra...... & par ce debat & division se perdit le Mans qui fut pris par siege des Anglois sans estre secouru... (Hist. Chronologiq. de Charles VII par le Héraut de Berry. p. 373).

(9) En celuy tems estoit toujours le Comte de Salubry sur la riviere de Loire, & prenoit chasteaux & villes à son vouloir; car moult estoit expert en armes; si s'en vinst

devant Orléans, & l'affit de toutes parts; mais fortune qui à nully n'eft feuve amye luy monftra de fon meftier dont elle fert fes amez fans deffier... une pierre de canon luy fuft préfentée qui luy donna le cop de la mort, dont moult grant dommaige orent les Anglois efpecialement le Régent de France; car il fe repofoit és cités de France à fon aife luy & fa femme qui par-tout où il alloit le fuivoit; & quand l'autre fuft mort, il luy convint maintenir la guerre, & party de Paris pour y aller le Mercredy veille de St. Martin d'yver 1428; & le Comte de Salubry eftoit mort la fepmaine devant. (Journal de Paris p. 117).

Affez tôt & après durant ledit fiége eftoit en la tour & baftille de deffus le pont d'Orléans qu'avoient gagné les Anglois fur les François, & regardoit ledit Comte par une fenêtre vers ladite ville d'Orléans, & dit-on que l'un de fes Capitaines nommé Guillaume Glacidas lui difoit ces paroles..... Monfeigneur, regardez icy votre ville, vous la voyez d'ici bien à plein... & foudainement un coup de canon, &c. (Hiftoire de Charles VII par Chartier p. 17).

(10) A l'époque du fiége d'Orléans les

Parisiens malgré la misère à laquelle ils étoient réduits poussoient encore jusqu'au délire leur attachement pour le Duc de Bourgongne & leur haine contre Charles VI. Le Journal de Paris fournit à ce sujet une anecdote singuliere....

Le 12 Avril 1429 vint à Paris un Cordelier nommé frere Richard. Il prêchoit dans les places publiques de Paris. Hommes, femmes & enfants, tout y couroit en foule. Nul sermonneur n'y avoit fait œuvre en cent années. Les hommes jettoient au feu *tables, tabliers, cartes, billes, billards & tous jeux convoiteux* à quoi on pouvoit se *courcer & maugréer Dieu*. Les femmes brûloient leurs *bourrelets, cornettes* ou *cornes*, leurs buscs qui étoient alors de cuir ou de baleine & les longues queues de leurs robes. Chacun se défaisoit des *Madagoires* ou *Mandragores* qu'on portoit alors dans la vaine opinion qu'elles étoient un préservatif contre la pauvreté. Frere Richard redoubloit la dévotion du peuple en disant avoir appris des Juifs en Syrie que le Messie étoit né à Babylone. Il ajoutoit que ce Messie étoit l'Antechrist. Quant il quitta Paris, les gens *granz & petiz plouroient si piteusement comme s'ils veissent porter en terre leurs meilleurs amis, & luy auſſi*..... Mais ce tendre attachement pour frere Richard ne dura pas ; & le fruit de ſes ſermons fut perdu, ſitôt qu'on ſut que ce Cordelier étoit du parti Royaliſte...

Ecoutons l'Auteur du Journal... Pour vray le Cordelier qui preſcha aux Innocents, qui tant aſſembloit de peuple à ſon ſermon, comme devant eſt dit, pour vray chevaulchoit avecques eulx, (les Armagnacs) ; & auſſi-toſt que ceulx de Paris furent certains qu'il chevaulchoit ainſy, & que par ſon langaige il faiſoit ainſi tourner les citez qui avoient fait les ſermens au Régent de France ou à ſes commis, ils le mauldiſſoient de Dieu & de ſes Saints ; & qui pis eſt, les jeux de tables, de boules, dez, brief tous autres jeux qu'il avoit deffendu recommencerent en deſpit de luy ; & meſmes ung meriau (a) d'eſtaing où étoit empreint le nom de Jeſus qu'il leur avoit fait prendre laiſſerent-ils, & prindrent tretous la Croix St. Andry. (Extrait du Journal de Paris. p. 119, 120, 121, 122, 123 & 124.).

(11) En celluy tems avoit une Pucelle, comme on diſoit, ſur la riviere de Loire

_____
(a) Meriau, ou Mereau étoit une marque de plomb ou d'étain, ou d'un métal quelconque.

qui se disoit Prophete, & disoit telle chose adviendra pour vray, & estoit contraire au Régent de France, & à ses aidants, & disoit-on que maulgré tous ceux qui tenoient le siége devant Orléans elle entra à la cité à tout grant foyson d'Arminaz & grant quantité de vivres, que oncques ceux de l'ost ne s'en mûrent, & si les véoient passer à ung trait ou deux d'arc prés d'eulx, & si avoient si grant necessité de vivres que ung homme eust bien mangé pour trois blancs de pain à son disner ; & plusieurs autres choses de elle racontoient ceux qui mieux aimoient les Arminaz que les Bourguignons, ne que le Régent de France. Ils affermoient que, quant elle estoit bien petite qu'elle gardoit les brebis, que les oiseaux des boiz & des champs, quant elle les appelloit, ils venoient manger son pain dans son giron comme privez.

In veritate apocriphum est.

En celluy tems leverent le siége les Arminaz & firent partir les Anglois par force de devant Orléans ; mais ils allerent devant Vendosme, comme on disoit ; & partout alloit cette Pucelle armée avec les Arminaz, & portoit son estendart où estoit tant seulement en efcript *Jhefus*; & difoit-on qu'elle avoit dit à un Cappitaine Angloys qu'il fe defpartit du fiége avec fa compaignie, ou mal leur vendroit & honte à tretous, lequel la diffama moult de langaige comme clamer *Ribaulde* & *Putain*; & elle lui dift que maulgré eux tous ils partiroient bien bref, mais il ne le verroit jà, & fi feroient grant partie de fa gent tué; & ainfi en advint-il; car il fe noya le jour devant que l'occifion fut faite; & depuis fuft pêché & fut defpecé par quartiers & embofmé...... (Journal de Paris p. 122).

Nota. Le Capitaine qui fe noia & dont il s'agit ici, eft vraifemblablement Glacidas.

(12) Ce Bâtard d'Orléans étoit le fameux Comte de Dunois, fils naturel du Duc d'Orléans, affaffiné par les émiffaires du Duc de Bourgogne. Charles VII, en reconnoiffance des fervices qu'il lui avoit rendus pour recouvrer fon Royaume, lui donna le Comté de Longueville, qui depuis fut érigé en Duché. Ce fut le Comte de Dunois qui veilla principalement à la pompe funèbre du Roi fon bienfaiteur. Il marchoit de pair à ce convoi avec trois Princes du Sang. Il n'y avoit qu'eux quatre qui portaffent de grands manteaux & des chaperons. Le Comte de

Dunois y fit les fonctions de grand Maître de la Maison; & ce fut lui qui aprés le dîner cria... que lui & tous les autres avoient perdu leur maître. (Note des Edit.).

(13) La vigille la Nativité de Notre-Dame en Septembre vinrent assaillir aux murs de Paris les Arminaux, & le cuidoient prendre d'assault : mais pou y conquesterent, ce ne fut douleur, honte & meschef; car plusieurs d'eulx furent navrés pour toute leur vie, qui par avant l'assault estoient tous sains : mais fol ne croit jà tant qu'il prent pour eulx le dy, qui estoient pleins de si grant maleur & de si malle créance, que pour le dy d'une créature qui estoit en forme de femme avec eulx, que on nommoit la Pucelle, que c'estoit, Dieu le scet, le jour de la Nativité Notre-Dame firent conjuracion tout d'ung accord d'iceluy jour assaillir Paris; & s'assemblerent bien douze mille & plus, & vinrent environ heure de grant Messe entre onze & douze, leur Pucelle avecques eulx & très-grant foyson de chariots, charettes & chevaulx tous chargez de grants bourrées à trois hars pour emplir les fossés de Paris, & commencerent à assaillir entre la porte St. Honoré & la porte St. Denis; & fust l'as-

fault très-cruel; & en affaillant difoient moult de villeines paroles à ceulx de Paris; & là eftoit leur Pucelle fon eftandart fur les con- clos des foffez, qui difoit à ceulx de Paris... Rendez-vous de par Jéfus à nous toft; car ce ne vous rendés avant qu'il foit nuit, nous y entrerons par force; veuillez ou non, & tous ferez mis à mort fans mercy..... Voire, dift ung, Paillarde ribaulde!.. & traict de fon arbaleftre droit à elle, & lui perce la jambe tout oultre; & elle de s'enfoüir : ung autre perça le pié tout oultre à celluy qui portoit fon eftendart : quant il fe fenti navré, il leva fa vifiere pour veoir à ofter le vireton de fon pié; & ung autre luy traict, & le faingne entre les deux yeux, & le navre à mort; dont la Pucelle & le Duc d'Alençon jure- rent depuis que mieulx ils aimaffent avoir perdu quarante des meilleurs hommes d'ar- mes de leur compaignie. L'affault fut moult cruel d'une part & d'autre, & dura bien juf- qu'à quatre heures aprés difner, fans ce que on fceuft qui eut le meilleur; un pou aprés quatre heures ceulx de Paris prindrent cueur en eulx, & tellement les berferent de canons & d'autre traict, qu'il leur convint par force reculer... Ainfi furent miz à la fuite... & la plus grant partie de leur charroy en quoy ils avoient amenez leurs bourrées, ceulx de Paris leur oſterent; car bien ne leur devoit pas venir de vouloir faire telle occiſion le jour de la Ste. Nativité de Noſtre-Dame..... (Journal de Paris, p. 125, 126 & 127).

(14) Les Mémoires ſur la Pucelle ſe trouvant incomplets, puiſque les derniers exploits de cette fille célèbre, ſa priſe & ſa mort n'y ſont point racontés, nous y avons ſuppléé en inſérant le récit qu'en fait Jean Chartier dans ſon Hiſtoire de Charles VII. C'eſt moins ce récit que nous avons voulu conſerver que les notes qui y ont rapport; & ſans cet expédient qui ne peut pas déplaire à nos Souſcripteurs, nous n'aurions pu donner place à ces notes, qui contiennent des faits intéreſſants. (Note des Edit.).

(15) Le vingt-troiſieme jour de May (1430) fut prinſe devant Compiegne Dame Jehanne la Pucelle aux Arminaz, par Meſſire Jean de Luxembourg & ſes gens, & bien mille Engloyz qu'ils venoient à Paris. (Journal de Paris, p. 131).

Le 3 Septembre à ung Dimanche furent preſchées au Puis Notre-Dame à Paris deux femmes qui environ demy an devant avoient été prinses à Corbeil, & admenées à Paris, dont la plus ainsnée *Pierrone* estoit de Bretaigne bretonant : elle disoit, & vray propos avoit que Dame Jehanne qui s'armoit avecques les Arminaz estoit bonne, & ce qu'elle faisoit estoit bien fait & selon Dieu. Elle reconnut avoir deux foys receu le précieux corps de Nostre Seigneur en un jour. Elle affermoit & juroit que Dieu s'apparoist souvent à elle en humanité, & parloit à elle comme amy fait à autre, & que la darraine fois que elle l'avoit veu, il estoit long vestu de robe blanche, & avoit une huque vermeille par dessous... ce qui est blasphême... parquoi ce dit jour fust jugée à être arse, & mourut en ce propos cedit jour de Dimanche ; & l'autre fut délivrée pour celle heure. (Journal ibid. p. 134).

(16) La vigille du St. Sacrement en celluy an, qui fut le 30 jour de May au dit an 1431, Dame Jehanne, qui avoit été prinse devant Compiegne, qu'on nommoit la Pucelle, iceluy jour fut fait un preschement à Rouen, elle estant en ung eschaffault que chacun la povait veoir bien clairement, vestue en habit d'homme ; & là luy fust démonstré les grans maux doloreux qui par elle

estoient advenus en Chrestienté, especialement au Royaulme de France, comme chascun sçet, & comment le jour de la Ste. Nativité Nostre Dame, elle estoit venue assaillir la ville de Paris à feu & à sang, & plusieurs grans peschés énormes qu'elle avoit fait & fait faire, & comment à Senlis & ailleurs elle avoit fait ydolatrer le simple peuple; car par sa faulce hypocrisie, ils la suivoient comme sainte pucelle; car elle leur donnoit à entendre que le glorieux Archange St. Michel, Ste. Catherine, & Ste. Marguerite, & plusieurs autres Saints & Saintes se apparoient à lui souvent, & parloient à lui comme amy fait à l'autre, & non pas comme Dieu a fait aucunes foys à ses amys par révélacion, mais corporellement & bouche à bouche comme un amy à autre.

Vray est qu'elle disoit être aagée environ 27 ans sans avoir honte que maugré pere & mere & parents & amys, que souvent alloit à une belle fontaine au pays de Lorraine, laquelle elle nommoit bonne fontaine aux Fées Nostre-Seigneur; & en icelluy lieu tous ceulx du pays quand ils avoient fiebvre, ils alloient pour recouvrer garison; & là alloit souvent ladite Jehanne la Pucelle sous un grand arbre qui la fontaine ombroit; & s'apparurent

parurent à elle Ste. Katerine & Ste. Marguerite qui lui dirent qu'elle allaſt à ung Cappitaine qu'elles lui nommerent ; laquelle y alla ſans prendre congé ne à pere ne à mere; lequel Cappitaine la veſti en guiſe d'homme, & s'arma & lui ceinct l'eſpée, & lui bailla un Eſcuyer & quatre varlets; & en ce point fut montée ſur ung bon cheval ; & en ce point vint au Roy de France, & lui dit que du commandement de lui eſtoit venue à lui, & qu'elle le feroit eſtre le plus grant Seigneur du monde, & qu'il fut ordonné que tretous ceulx qui lui déſobéiroient fuſſent occis ſans mercy, & que St. Michel & pluſieurs Anges lui avoient baillé une couronne moult riche pour lui, & ſi avoit une eſpée en terre auſſi pour lui, mais elle ne lui rendroit tant ſa guerre fut faillie ; & tous les jours chevaulchoit avec le Roy à grant foyſon de gens d'armes ſans aucune femme veſtue, attachée & armée en guiſe d'homme, un gros baſton en ſa main; & quant aucun de ſes gens meſprenoit, elle frappoit deſſus de ſon baſton grans coups en maniere de femme très-cruelle ; dit que elle eſt certaine d'eſtre en Paradis à la fin de ſes jours..... Pluſieurs foys à prins le précieux Sacrement de l'autel toute armée, veſtu en guiſe d'homme, les cheveux rondiz, chaperon déchiqueté, gippon, chauſſes vermeilles attachées à foyſon aiguillettes, dont aucuns grants Seigneurs & Dames lui diſoient, en la reprenant de la dériſion de ſa veſture, que c'eſtoit pou priſer Noſtre-Seigneur de le recevoir en tel habit femme qu'elle eſtoit, laquelle leur reſpondit promptement... Car pour rien n'en feroit autre, & que mieulx ameroit mourir que laiſſer l'habit d'homme par nulle défenſe ; & que ce elle vouloit, elle feroit tonner & autres merſveilles ; & qu'une fois on la voit faire de on corps déplaiſir ; mais elle ſailli d'une haute tour en bas ſans ſoy blecier aucunement.

En pluſieurs lieux elle fiſt tuer hommes & femmes tout en bataille comme de vengeance voulentaire ; car qui n'obéiſſoit aux lettres qu'elle faiſoit, elle faiſoit tantoſt mourir ſans pitié, quant elle en avoit povair..... Telles faulces erreurs & pires avoit aſſez Dame Jehanne ; & leſquelles lui furent toutes déclairées devant tout le peuple, dont ils orent moult grant orreur, quand ils ouïrent raconter les grants erreurs qu'elle avoit eues contre notre foy & avoit encore : car pour choſe qu'on luy démonſtrât ſes grants maléfices & erreurs, elle ne s'en effrayoit ne ebahissoit ; ains respondoit hardiement aux articles qu'on lui proposoit devant elle comme celle qui estoit toute pleine de l'ennemy d'enfer; & bien y parut : car elle veoit les Clercs (a) de l'Université de Paris qui si humblement la prioient qu'elle se repentist, & révoquast de cette mallerreur, & que tout lui seroit pardonnée, par pénitence, ou ce non elle seroit devant tout le peuple arse, & son ame damnée au fond d'enfer : & lui fust montré l'ordonnance & la place où le feu devoit estre fait pour l'ardoir bientost, si elle ne se révoquoit; quant elle vit que c'estoit à certes, elle crya mercy, & soy révoca de bouche, & fust sa robbe ostée & vestue en habit de femme. Mais aussi-tost qu'elle se vist en tel état, elle recommença son erreur comme devant, demandant son

(a) Avant l'exécution de la Pucelle, Nicolas Midy, Maistre en Théologie, lui débita un Sermon rempli d'invectives contre elle & contre le Roi Charles : elle avoit gardé le silence sur ce qui lui étoit personnel; mais à l'égard du Roi, elle interrompit le Prédicateur, en lui disant . . . : « Révérence gardée, je vous ose
» bien dire & jurer, sur peine de ma vie, que mon
» Roi est le plus noble Chrétien de tous les Chré-
» tiens, & qui aime mieux la foi & l'Eglise, & n'est
» point tel que vous dites . . . ».

habit d'homme; & tantoſt elle fut de tous jugiée à mourir, & fut liée à une eſtache qui eſtoit ſur l'eſchaffault qui eſtoit fait de plaſtre, & le feu ſur lui; & là fut bientoſt eſtainte & ſa robe toute arſe, & puis fut le feu tiré arriere, & fut veue de tout le peuple toute nue & tous les ſecrets qui povent eſtre ou doivent en femme, pour oſter les doubtes du peuple; & quant ils l'orent aſſez & à leur gré vue toute morte liée à l'eſtache, le bourrel remiſt le feu grant ſur ſa povre charrongne qui tantoſt fut toute comburée & os & char miſes en cendres. Aſſés avoit là & ailleurs qui diſoient qu'elle eſtoit martyre & pour ſon droit Seigneur : autres diſoient que non; & que mal avoit fait qui tant l'avoit gardée... Mais quelle mauveſté ou bonté qu'elle eut faite, elle fut arſe celluy jour..... Le jour de la St. Martin de la même année un Dominiquain, qui étoit inquiſiteur, prêcha contre elle, & il répéta les mêmes inculpations. (Journal de Paris, p. 139, 140, 141 & 142.).

(17) Cette même année 1431, le dernier jour de Novembre... vint géſir Henry, âgé de neuf ans ou environ en l'Abbaye de St. Denys, lequel ſe nommoit Roy de France &

d'Angleterre... Le Dimanche enfuivant vint le Roy à Paris par la porte St. Denys... le Journal de Paris, p. 144 & fuiv... raconte la réception pompeufe qu'on lui fit... Quant on fut, dit-il, devant l'oftel de St. Paul, la Reyne de France Yfabel, femme de feu le Roy Charles VI de ce nom, eftoit aux feneftes avecquelles Dames & Damoifelles. Quant elle vift le jeune Roy Henry fils de fa fille, à l'endroit d'elle il ofta tantoft fon chapperon & la falua, & tantoft elle s'inclina vers lui moult humblement, & fe tourna d'autre part plorant... Le lendemain de Noël ledit Roy (Henry) fe defparti de Paris fans faire aucuns biens à quoi on s'attendoit, comme délivrer prifonniers, de faire cheoir maletoftes, comme impofitions, gabelles, quatriefme, & telles mauvaifes coutufmes...

Oncques perfonne n'en oüy louer; & fi ne fift-on oncques à Paris autant d'honneur à Roi, comme on lui fift à fa venue & à fon facre, voire la grant cherté de vivres... Car (continue le Journal de Paris, p. 153) les Arminaz devinrent fi enragés, que oncques Payens ne loups ne firent pire à Chrétiens... & pour certain il n'eftoit femaine qu'ils ne veniffent deux ou trois fois jufques aux (a)

(a) Si les environs de Paris étoient dévaftés, le refte

portes de Paris, & faifoient fi grant cruaulté, qu'ils prenoient Moines, Nonnains, Preftres, femmes, petits enffans, hommes vieux de foixante ou quatre-vingt ans; & nul n'efchappoit de leurs mains, fans payer grant rançon, ou mourir; & fi n'eftoit nul Seigneur, quel qui fuft, qui y mift tant foit peu de contredit......

de la France partageoit la mifère des habitans de cette ville. Il falloit acheter des Généraux, qui dominoient dans un canton, la permiffion de récolter les moiffons. Les habitans d'Amiens donnèrent 1206 livres à la Hire pour avoir la liberté de faire la moiffon près de la grande porte de Beauvais. (Note des Éditeurs.).

Fin des Obfervations fur les Mémoires de la Pucelle.

LETTRE

De Guy XIV *du nom, Sire* de Laval, *à ses mere & ayeule, Dames de Laval & de Vitré, dans laquelle il est fait mention de la Pucelle d'Orleans.*

Mes tres redoutées Dames & meres, depuis que je vous escrivis de Saincte-Catherine-de-Fierbois, vendredy dernier, j'arrivay le samedy à Loches, & allay voir Monsieur le Dauphin au Chastel, à l'issuë de vespres, en l'Eglise Collegiale, qui est tres bel & gracieux Seigneur, & tres bien formé & bien agile & habile, de l'aage d'environ sept ans (*) qu'il doit avoir ; & illec vis ma cousine la Dame de la Tremoüille, qui me fit tres bonne chere ; &, comme on dit, n'a plus que deux mois à porter son enfant : le dimanche j'arrivay à Sainct-Agnan, où estoit le Roy, & envoyé querir & venir de mon logis le sieur de Creves (**), & s'en alla au Chastel avec luy mon oncle, pour signifier au Roy que j'estois venu, & pour sçavoir quand il lui plairoit que j'allasse devers lui : & j'eus responce, que j'y allasse si tost qu'il me plai-

---

(*) Il estoit né l'an 1422, ou, selon d'autres, 1423 ; & par conséquent cette Lettre doit avoir esté escrite environ l'an 1429. (**) Al. Treves.

roit, & me fit tres bonne chere, & me dit moult de bonnes paroles. Et quand il estoit allé par la chambre, ou parlé avec aucun autre, il se retournoit chacune fois devers moi, pour me mettre en paroles d'aucunes choses, & disoit: que j'estois venu au besoin, sans mander, & qu'il m'en sçavoit meilleur gré : & quand je lui disois, que je n'avois pas amené telle compagnie que je desirois, il respondit, qu'il suffisoit bien de ce que j'avois amené, & que j'avois bien pouvoir d'en recevoir greigneur (*) nombre; & dit le Sire de Treves à sa maison au sieur de la Chapelle, que le Roy, & tous ceux d'environ luy, avoient esté bien contens des personnes de mon frere & de moy, & que nous leur revenions bien; & jura bien fort qu'il n'estoit pas mention, que à un de ses amis & parens qu'il eust, il eust fait si bon accueil, ny si bonne chere, dont il n'est pas meshistre (**) de faire bonne chere, ne bon accueil, comme il disoit.

Et le lundy me party d'avec le Roy, pour venir à Selles en Berry, à quatre lieues de Sainct-Agnan, & fit le Roy venir au devant de luy la Pucelle, qui estoit de paravant à

(*) Plus grand. (**) Peut-estre, chiche.

Selles, difoient aucuns que ce avoit efté en ma faveur, parce (*) que je la viffe ; & fit ladite Pucelle tres bonne chere à mon frere & à moy, eftant armée de toutes pieces, fauve la tefte, & tenant la lance en main : & après que fufmes defcendus à Selles, j'allay à fon logis la voir ; & fit venir le vin, & me dit : qu'elle m'en feroit bien-toft boire à Paris ; & femble chofe toute divine de fon faict, & de la voir & de l'oüyr : & s'eft partie ce Lundy aux vefpres de Selles pour aller à Romorantin, à trois lieues en allant avant, & approchant des advenues, le Marefchal de Bouffac, & grand nombre de gens armez, & de la commune avec elle, & la veis monter à cheval, armée tout en blanc, fauf la tefte, une petite hache en fa main, fur un grand courfier noir, qui à l'huis de fon logis fe demenoit tres fort, & ne fouffroit qu'elle montaft ; & lors elle dit : menez-le à la croix, qui eftoit devant l'Eglife auprès, au chemin ; & lors elle monta fans ce qu'il fe meuft, comme s'il fuft lié : & lors fe tourna vers l'huys de l'Eglife, qui eftoit bien prochain, & dit en affez voix de femme : *Vous les Prestres & gens d'Eglife, faites proceffion & prieres à Dieu.* Et lors fe retourna à fon chemin, en

(*) Afin que.

disant: tirez avant, tirez avant, son estendart ployé que portoit un gracieux page, & avoit sa hache petite en la main: & un sien frere (*), qui est venu depuis huit jours, partoit aussi avec elle, tout armé en blanc; & arriva ce lundy à Selles monsieur le Duc d'Alençon, qui a tres-grosse compagnée, & ay aujourd'huy gagné de lui à la paulme une convenance (**), & n'est point encore icy venu mon frere de Vendosme. J'ay icy trouvé l'un des gentilshommes de mon frere de Chauvigny, pource qu'il avoit desja ouy que j'estois arrivé à Saincte-Catherine, & m'a dit qu'il avoit escrit aux Nobles de ses terres, & qu'il pense estre bien-tôt par deça; & dit que ma sœur est bien sa mye, & plus grasse qu'elle n'a accoustumé. Et dit l'on icy que monsieur le Connestable (***) vient avec six cent hommes d'armes, & quatre cent hommes de traict; & que Iean de la Roche vient aussi: & que le Roy n'eut pieça si grande compagnie, que on espere estre icy; ne oncques gens n'allerent de meilleure volonté en besongne que vont à cette-cy: & doit ce jourd'huy arriver icy mon cousin de Rais, & croist ma compagnie; & quoy que ce soit, ce qu'il y a

(*) Il s'appelloit Pierre du Lys.
(**) Al. Discretion. (***) Artus, depuis Duc de Bretagne.

est bien honneste & d'appareil ; & y est le Seigneur d'Argenton,l'un des principaux Gouverneurs, qui me fait bien bon recueil & bonne chere ; mais de l'argent n'y en a-il point à la Cour, que si estroitement, que pour le temps présent je n'y espere aucune recousse ny soustenuë ; pource vous, madame ma mere, qui avez mon sceau, n'espargnez point ma terre par vente ne par engage (**), ou advisez plus convenable à faire, là où nos personnes sont à estre sauvez, ou aussi par defaut abaissez, & par aventure en voye de perir ; car si nous ne faismes (*) ainsi, veu qu'il n'y a point de soulde, nous demeurerons tous seuls ; & jusques icy nostre faict a encor esté & est en bon honneur, & a esté nostre venuë au Roy & à ses gens tous, & aussi aux autres Seigneurs qui viennent de toutes parts, bien agreable, & nous font tous meilleure chere que ne vous pourrions escrire.

La Pucelle m'a dit en son logis, comme je la suis allé y voir, que trois jours avant mon arrivée, elle avoit envoyé à vous, mon ayeule, un bien petit anneau d'or, mais que c'estoit bien petite chose, & qu'elle vous eust volontiers envoyé mieux, considéré votre recommandation. Ce jourd'huy monsieur d'A-

(*) Engagement.   (**) Ne faisons.

lençon, le baſtard d'Orléans & Gaucourt, doivent partir de ce lieu de Selles, & aller aprés la Pucelle; & avez fait bailler je ne ſçay quelles lettres à mon couſin de la Trimoüille & ſieur de Creves (*), par occaſion deſquelles le Roy s'efforce de me vouloir retenir avec luy, juſques à ce que la Pucelle ait eſté devant les places Angleiches d'environ Orleans, & eſt desja l'artillerie pourveuë; & ne s'eſmayd (**) point la Pucelle, qu'elle ne ſoit tantoſt avec le Roy, diſant: que lors qu'il prendra ſon chemin à tirer avant, vers Rheims, que je irois avec luy; mais ja Dieu ne veüille que je ne le face & que je ne aille; & entretant en dit mon frere, & comme monſieur d'Alençon, ce que abandonné (***), qui ſeroit celuy qui demeureroit? & penſe que le Roy partira ce Jeudy d'icy, pour s'y approcher plus prés de l'Oſt, & viennent gens de toutes parts chacun jour. Aprés vous feray ſçavoir, ſi toſt qu'on aura aucune choſe beſongné, ce qui aura eſté executé; & eſpere l'on que avant qu'il ſoit dix jours la choſe ſoit bien advancée de coſté ou d'autre: mais tous ont ſi bonne eſperance en Dieu, que je croy qu'il nous aydera. Mes

(*) Al. Treves. (**) Ne s'eſmeut, ou pluſtoſt, ne ceſſe, &c. (***) Je ne veux faire; car qui, &c.

tres redoutées Dames & meres, nous nous recommandons mon frere & moy à vous, le plus humblement que pouvons, & vous envoye des blans fignez de ma main, afin, fi bon vous femble, du datte de cette prefente efcrire aucune chofe du contenu cy-dedans, à M. le Duc (*), que lui en efcrivez ; car je ne luy efcris oncques puis ; & vous plaife auffi fommairement nous efcrire de vos nouvelles, & vous, Madame ma mere, en quelle fanté vous vous trouvez aprés les medecines qu'avez prifes ; car j'en fuis à tres-grand (**) malaife, & vous envoye deffus ces préfentes, minute de mon teftament, afin que vous, mes Meres, m'advertiffez & efcrivez par les prochainement venans, de ce que bon vous femblera que j'y adjoufte, & y penfe encor de moy y adjoufter entre (***) deux ; mais je n'ay encor eu que peu de loifir, mes tres-redoutées Dames & meres, je prie le benoift fils de Dieu, qui vous doint bonne vie & longue, & nous recommandons auffi tous deux à noftre frere Louis. Et pour le lifeur de ces prefentes, que nous faluons, le fieur du Bofchet, & noftre coufine fa fille, ma coufine de la Chapelle & toute voftre compagnie. Et pour

(*) Il entend le Duc de Bretagne.
(**) Fort en peine. (***) Cependant.

l'accès & . . . . folliciter de la chevance (*) au mieux que faire fe pourra, & n'avons plus en tout qu'environ trois cent efcus du poids de France. Efcrit à Selles ce mercredy 8 de Juin (**). Et ce vefpres font arrivez icy M. de Vendofme, M. de Bouffac & autres; & la Hire s'eft approché de l'Oft, & auffi on befongnera bientoft, Dieu veuille que ce foit à voftre defir. Vos humbles fils Guy & André de Laval, & Guy (***) de Laval.

(*) De l'argent.
(**) La datte doit eftre de l'année 1428, ou 1429.
(***) Peut-eftre, Gilles.

MÉMOIRES
D'ARTUS III,
DUC DE BRETAGNE,
COMTE DE RICHEMONT,
ET CONNÉTABLE DE FRANCE;

Depuis 1393 jusqu'en 1457.

XIVe & XVe SIÈCLES.

NOTICE

NOTICE
DES ÉDITEURS
SUR LES MÉMOIRES
D'ARTUS III,

Comte de Richemont & Connétable de France.

ON doit la première édition de ces Mémoires rédigés par Guillaume Gruel, à Théodore (a) Godefroy : c'est un Volume in-4°. de 161 pages, imprimé à Paris chez Pacard en 1622. Denys Godefroy, fils de l'Éditeur, réimprima ces Mémoires à la suite de l'Histoire de Charles VII. Nous avons préféré l'édition du fils, parce qu'il a resserré la diction lâche & diffuse de Gruel. Il en a supprimé une multitude de répétitions, de dénominations purement honorifiques, dont la monotonie dans l'original est dégoûtante. Tel est entre autres le titre de *Monseigneur*, que le Rédacteur donne continuellement à tous les personnages qui jouent un rôle dans ses récits. Ce titre marquoit la dignité éminente

_____
(a) Et non pas Théodose, comme le nomme l'Auteur du Dictionnaire historique portatif, édition de 1769.

de ceux qui en étoient revêtus; & l'étiquette du tems ne permettoit pas qu'on le leur refusât. Quant au fond, les éditions des deux Godefroy sont les mêmes.

Comme le Rédacteur de ces Mémoires étoit attaché au Connétable de Richemont, il ne faut pas croire aveuglément tous les éloges qu'il lui prodigue. Si l'on s'en rapportoit à Gruel, le Connétable de Richemont auroit tout fait, & Charles VII lui devroit sa couronne: ce qu'il y a de vrai, c'est qu'il fut comme un autre dominé par l'ambition. Il se mêla dans les intrigues qui divisoient la Cour. La manière dont il traita Giac & la Trimouille, favoris tour à tour de Charles VII, prouve qu'il abusoit de l'autorité, dès qu'il le pouvoit impunément.

En vain Guillaume Gruel, qui nous a laissé ses Mémoires, dit que le Roi, après s'être courroucé, finissoit par être content; on ne se persuadera jamais qu'un Monarque, dont on enlève, ou dont on met à mort les favoris, souffre patiemment cette injure, & n'en conserve aucun ressentiment. Aussi le Connétable de Richemont fut-il fréquemment disgracié de son Prince; quelques services qu'il lui ait rendus, ils n'excusent point l'audace de sa conduite.

Quant aux récits de Guillaume Gruel, si l'on en excepte quelques bruits ou contes populaires auxquels il paroît ajouter une sorte de croyance, il s'accorde presque toujours avec les Historiens du tems. La comparaison que nous en avons faite, nous l'a démontré. Monsieur de Fontanieu, dans une histoire manuscrite de Charles VII, déposée à la Bibliothèque du Roi, critique assez durement les Mémoires de Richemont. Comme ses imputations tombent également sur les Mémoires d'Olivier de la Marche, nous y reviendrons dans la Notice qui précédera ces derniers. M. de Fontanieu n'est pas plus indulgent pour Denys Godefroy. Nous nous bornerons aujourd'hui à une réponse fort simple : c'est que les faits racontés par M. de Fontanieu, & qu'il a extraits de chartres & de chroniques manuscrites, ne diffèrent point de ceux qu'on lit dans les ouvrages contre lesquels il s'élève si fortement.

Fin de la Notice des Éditeurs.

MÉMOIRES
D'ARTUS III,
DUC DE BRETAGNE,
COMTE DE RICHEMONT,
Et Connétable de France.

Icy commence la Cronique de tres haut & tres excellent Prince, de bonne memoire, Artus III. de ce nom, descendu de la noble Lignée Royale & Ducale de Bretagne, en son vivant Comte de Richemont, Seigneur de Partenay, Connestable de France, & en la fin de ses jours Duc de Bretagne, Comte de Montfort & de Richemont, Seigneur de Partenay, Connestable de France, qui regna trop peu en Bretagne; car il ne fut Duc que quinze mois.

Il estoit fils du Duc Iean, qui gangna le pays de Bretagne à l'espée : & fut ledit Duc Iean marié en premieres nopces à la fille du Roy Edoüard d'Angleterre, mais ils furent peu ensemble : & en secondes nopces il fut marié à la fille du Prince de Galles. Et en troisiesmes, avec Ieanne fille du Roy de Navarre, de laquelle il eut plusieurs enfans, à sçavoir Iean Duc de Bretagne, Artus Comte de Richemont, Gilles, & M. d'Esttampes, Mesdames d'Alençon, de Lomaigne, & de Porhoet.

Celuy Duc Artus nasquit au Succeniou, l'an de grace mille trois cent quatre-vingt treize, le jour de sainct Barthelemy, & fut traité & nourry ainsi qu'il appartient à fils de si noble Lignée & maison : & au pluftoft qu'il peut avoir connoiſſance, luy fut baillé pour le gouverner un notable Eſcuyer du pays de Navarre, nommé Peronit, qui tres-bien le traita & conduifit ; tellement que plufieurs fois je l'ay oüy ſe loüer, & dire beaucoup de bien de luy.

Peu de temps aprés il advint que le Duc Iean trefpaſſa, ainfi que à tous faut mourir; & aprés ſe remaria la Ducheſſe ſa veufve au Roy d'Angleterre. Et comme proche parent des enfans de Bretagne, vint le Duc Philippes de Bourgongne, fils du Roy Iean, à Nantes ; lequel prit la garde des enfans, & emmena avec luy le Duc Iean, M. de Richemont, & M. Gilles ; & eſtoient encore ſi petits que gueres ne pouvoient chevaucher, & falloit mener mondit Seigneur de Richemont par la bride. Quand mondit Seigneur de Bourgongne fut à Paris, il fit le mariage du Duc Iean de Bretagne & de Madame Ieanne fille du Roy Charles VI. de ce nom, & emmena M. de Richemont quant & luy en Picardie, & en ſes autres pays : gueres ne veſquit ledit Seigneur de Bourgongne aprés, lequel mourut à Noſtre-Dame de Hal en Brabant, & fut apporté ſon corps és Chartreux de Dijon ; & n'y avoit aucun de ſes parens à conduire le corps, que M. de Richemont, qui portoit manteau, & le noir, ainſi qu'il devoit ; & eſtoit encor ſi petit qu'il falloit mener ſon cheval par la bride : puis M. de Berry le retint, & luy bailla bonne ordonnance en ſa maiſon, & commença à avoir eſtat.

Aprés il vint en Bretagne, & l'envoya le Duc faire une execution (*) d'une rebellion, qui avoit eſté faite à l'encontre des gens du Duc, à Sainct-Brieuc-des-Vaulx.

Bien-toſt après commença la guerre pour le ſujet de la mort de M. d'Orleans, & ſe mit ſus en armes pour ſervir M. d'Orleans, ſon fils, & M. de Berry : & mena mondit Seigneur à Vannes fort belle compagnée de Bretons, & eſtoit bien accompagné de notables Chevaliers & Eſcuyers, entre leſquels eſtoient M. de Combour, & pluſieurs Chevaliers &

(*) Punition, ou vengeance.

Efcuyers, lefquels M. de Berry avoit envoyé loger au pont de fainct-Cloud, avec plufieurs autres François de la compagnée de M. d'Orleans, de MM. de Berry & d'Alençon, d'Armagnac & d'Albret, qui eftoient logez à fainct-Denys. Et M. de Bourgongne eftoit logé à Paris, avec fa puiffance; & y eftoit le Comte de Warwic avec luy; & de nuit vinrent par devers le Vigneul frapper fur nos gens, & peu en efchappa, & fut M. de Combour prifonnier, & plufieurs tuez & pris, dont lefdits Seigneurs furent fort defplaifans, & non fans caufe.

Puis fe departit cette armée fans faire autre chofe, & bien toft aprés ils firent une autre armée, fçavoir en l'an mille quatre cent treize; ce fut lors que le Roy & M. de Bourgongne mirent le fiege à Bourges. Quand M. de Richemont le fceut, il s'en vint en Bretagne requerir au Duc du fecours pour M. de Berry, afin de faire lever ledit fiege; & eurent de grandes (*) paroles enfemble luy & Gilles fon frere; car mondit Seigneur de Richemont tenoit pour MM. d'Orleans & de Berry, & Gilles fon frere, qui eftoit à M. de Guyenne, tenoit pour M. de Bourgongne: neantmoins mondit Seigneur de Richemont eut & obtint

(*) Groffes.

ce qu'il demanda, & luy fut baillé une tres belle & grande compagnée, qui de leur bon vouloir & pour l'amour de luy, s'en allerent quant & luy, jusques au nombre de seize cent Chevaliers & Escuyers; & y avoit de tres notables gens pour les conduire, comme le Vicomte de la Beliere, Messires Armel de Chasteaugiron, Eustache de la Houssaye, Alain de Beaumont, & Guillaume de la Forest, anciens Chevaliers qui fort avoient veu de la guerre: & à la priere de son beau frere d'Alençon il entra & prit son chemin par le Maine & la Normandie, pource que plusieurs places & subjets dudit d'Alençon s'estoient rebellez contre luy; & en passant pays il prit Sillé-le-Guillaume, Beaumont, & Laigle, d'assaut, & plusieurs autres places, en contre-attendant le Duc de Clarence, qui venoit au secours de MM. d'Orleans & de Berry, & amenoit bien dix mille bons combatans. Quand le Roy, & ceux qui tenoient ce siege devant Bourges le sceurent, ils firent appointement avec MM. d'Orleans & de Berry, qui gueres ne dura: puis le Roy & lesdits Seigneurs escrivirent à M. de Richemont, qu'il s'en retournast, & que l'appointement estoit fait ; par ainsi il tira devers le Roy & lesdits Seigneurs.

Bien-toſt aprés M. de Guyenne voulut avoir mondit Seigneur de Richemont, & le prit & tira d'avec ſon oncle de Berry, & l'aima fort, en luy donnant bonne & grande ordonnance en ſa maiſon, & eut grand gouvernement avec luy.

L'an que deſſus mille quatre cent treize, la Ducheſſe Ieanne fille du Roy Charles partit de Bretagne bien accompagnée, c'eſt à ſçavoir de Richard de Bretagne, qui aprés fut Comte d'Eſtampes, & Seigneur de Cliſſon, & d'autres Seigneurs, Barons, Chevaliers, & Eſcuyers, & de Dames & Damoiſelles en grand nombre, & vint à Paris voir le Roy ſon pere, & la Reyne ſa mere, & Monſeigneur de Guyenne ſon frere. Et un peu de temps avant qu'elle fuſt arrivée à Paris, il prit volonté à mondit Seigneur de Guyenne d'aller à Bourges en habit diſſimulé ; & voulut que M. de Richemont y allaſt, & il fut en ſa compagnée comme ſerviteur de mondit Seigneur : la cauſe pourquoy il y alloit, eſtoit pour voir les bagues & pierreries de M. de Berry ; & en fut mondit Seigneur de Berry adverty, & eſcrivit à ſes gens que ſon neveu de (*) Richemont alloit à Bourges, & leur mandoit qu'ils le receuſſent & le feſtoyaſſent

(*) Il ſemble qu'il faille &, au lieu de de.

comme sa propre personne, & luy monstrassent toutes ses bagues, & tout ce qu'il voudroit voir; & ainsi le firent. Le Duc Iean fut bien mal content de sondit frere de Richemont ; car il creut que mondit Seigneur de Guyenne eust fait cedit voyage, de peur de voir la Duchesse sa sœur : mais le contraire de cela estoit la verité, car le plutost que mondit Seigneur peut, il ramena mondit Seigneur de Guyenne à Paris ; & là trouva la Duchesse, & Dieu sçait comme elle fut bien & grandement receuë du Roy, de la Reyne, de M. de Guyenne, & de M. de Berry, & luy fut donné de grands dons par le Roy, la Reyne & M. de Guyenne, par le moyen de mondit Seigneur de Richemont, & aussi de son oncle de Berry ; lequel, entre autres choses, luy donna le ruby de la caille, qui autresfois avoit esté de Bretagne.

En outre, mondit Seigneur de Richemont pourchassa tant envers M. de Guyenne & envers tout le Conseil, qu'il fit rendre & remettre en la main du Duc la ville de Sainct-Malo, qui pour lors estoit en la main du Roy : & s'y estoient mis ceux de Sainct-Malo pour un mescontentement qui fut entre les gens du Duc, & ceux de la ville ; car le Duc estoit encores jeune &

enfant, & avoit mis des gens dedans Sainct-Malo; & y eſtoient le Seigneur de Montauban, le Vicomte de la Beliere, & le Seigneur de Chaſteaugiron: puis ils trouverent matiere (*) d'envoyer le Seigneur de Montauban devers le Duc: & cependant qu'il fut dehors, on leur oſta tous leurs baſtons, qu'ils n'ozoient pas porter, non pas meſme un couſteau, & leur fit-on de grandes rudeſſes, & ne ſe pouvoit-on tenir de joüer avec leurs femmes, & chambrieres, & les appeller Vilains; mais en une nuit ils mirent tout dehors, & furent en la main du Roy, juſques à ce que mondit Seigneur les fit rendre au Duc, & leur fut tout pardonné: & y alla le Duc Iean reprendre la poſſeſſion, & vinrent au devant de luy tous ceux de la ville veſtus de blanc & de noir, & tous les petits enfans avoient panonceaux d'hermines blancs & noirs, & on y cria bien Noël, & fut le tout aboly; & depuis ont eſté bons & loyaux au Duc.

L'an mille quatre cent quatorze, recommença la guerre entre MM. d'Orleans & de Bourgongne: a l'occaſion de ce, le Roy, MM. de Guyenne, d'Orleans, de Berry, de Bourbon, de Richemont, le Conneſtable d'Albret, le Seigneur d'Armagnac, & plu-

(*) Maniere.

fieurs autres Seigneurs & Capitaines, allerent mettre le siege à Soissons, qui tenoit pour M. de Bourgongne, & la tenoit un Capitaine nommé Enguerrand de Bournonville. Et fut ladite place de Soissons prise d'assaut, & eut ledit Capitaine la teste tranchée, pour ce que le Bastard de Bourbon y avoit esté tué: puis aprés l'armée tira plus avant, & vinrent mettre le siege à Arras, là où il y avoit une belle compagnée, & avoient dedans la ville pour Chef Iean de Luxembourg, & grandement se gouvernerent; & y eut de belles & grandes escarmouches; mais bien-tost aprés se trouva l'appointement entre eux, & se leva ledit siege.

L'an mil quatre cent quinze, M. de Richemont mit le siege à Partenay, pour ce que le Seigneur de Partenay, tenoit le party de Bourgongne: & auparavant cela il avoit pris Vouvent, Mairvent, Secondigny, & Chasteaulaillon. Or durant qu'il estoit devant ladite ville de Partenay, luy vinrent des nouvelles, & luy escrivoit le Roy, & M. de Guyenne, qu'il tirast (*) devers eux, toutes choses cessées, & que le Roy Henry d'Angleterre tenoit le siege à Harfleur, qui gueres ne pouvoit tenir : & pour aller se-

(*) Vint.

courir le Roy, & le Royaume, il leva auſſi-toſt ſondit ſiege, pour aller en la partie où les Anglois tireroient, & alla devers M. de Guyenne, lequel le fit ſon Lieutenant ; & luy bailla ſon enſeigne, & tous les gens de ſa maiſon. Du pays de Bretagne il y avoit bien cinq cent Chevaliers, & Eſcuyers, entre leſquels eſtoient les Sires de Combour, Bertrand de Montauban, Iean de Coetquen, Geoffroy de Maleſtroict, Guillaume le Veer, Olivier de la Feüillée, Edoüard de Rohan, & le Seigneur du Buiſſon, qui portoit ſa banniere avec pluſieurs autres Chevaliers, & Eſcuyers: & tira mondit Seigneur de Richemont ſur la riviere de Somme, pour joindre avec les Seigneurs, leſquels faiſoient leur aſſemblée, pour combattre les Anglois, entre leſquels eſtoient les Seigneurs d'Orleans, de Bourbon, d'Alençon, le Conneſtable d'Albret, les Seigneurs de Brabant, de Nevers, d'Eu, le Mareſchal Boucicaut, avec pluſieurs autres Seigneurs, & Capitaines, & grand nombre de Chevaliers & Eſcuyers.

La meſme année mille quatre cent quinze, le vingt-cinquieſme jour d'Octobre, ils ſe trouverent tous enſemble, & dés le veſpre, logerent prés des Anglois en plain champ, à moins de demie lieüe de l'oſt du Roy d'Angleterre, & le Vendredy au poinct du jour, ils commencerent à mettre leurs gens en bataille : puis environ l'heure de tierce, au plus tard, ils assemblerent les batailles en une place nommée Agincourt, qui trop estoit estroite pour combatre tant de gens : & y avoit grand nombre de gens à cheval de nostre party, tant Lombards, que Gascons, qui devoient frapper sur les aisles des Anglois ; mais quand ils sentirent le trait venir si dru, ils se mirent en fuite, & vinrent rompre la bataille de nos gens, en telle maniere qu'à grand peine se peurent-ils jamais rassembler que les Anglois ne fussent tousjours prés d'eux. Incontinent s'assemblerent les batailles, & y furent faites de grandes armes, & y fut bien combatu ; mesme le Duc de Clarence, frere du Roy d'Angleterre, y fut abbatu à coups de hache, & le Roy son frere vint mettre le pied sur luy, de peur qu'il ne fut tué, & receut un tel coup sur sa couronne qu'il fut abbatu sur le genoüil: deux autres qui estoient habillez proprement (*) comme le Roy y furent tuez, & l'oncle du Roy, le Duc d'Excestre fut tué, avec quantité d'autres. Toutesfois assez tost aprés, en peu d'heures, ainsi comme Dieu, qui est

(*) Justement.

le maiſtre des batailles, le voulut & le permit, nos gens furent defconfits, tuez, pris, ou mis en fuite, lefquels eſtoient dix mille hommes d'armes ; & le Roy d'Angleterre avoit bien de onze à douze mille combatans.

Là furent pris les Seigneurs d'Orleans, de Bourbon, & de Richemont, qui fut tiré de deſſous les morts, & un peu bleſſé, & fut reconnu à ſa cotte d'armes, & ſi eſtoit elle toute ſanglante, & furent tuez deux ou trois ſur luy ; puis il fut mené au Roy d'Angleterre, qui en fut plus joyeux que d'aucun autre. Auſſi y furent pris les Seigneurs d'Eu, de Vendoſme, & pluſieurs autres Seigneurs, & Capitaines : & il y eut de tuez en cette journée les Seigneurs d'Alençon, de Brabant, de Nevers, le Conneſtable d'Albret, & M. Iean de Bar : & ſoubs la banniere de M. de Richemont, & de ſa compaignée, moururent le Seigneur de Combour, Meſſires Bertrand de Montauban, Iean de Coetquen, Geoffroy de Maleſtroict, le Seigneur de Chaſteaugiron, Meſſires Guillaume de la Foreſt, Guillaume le Veer, & pluſieurs autres. Entre les priſonniers furent Meſſires Edoüard de Rohan, Olivier de laFeuillée, Iean Giffart, & le Seigneur du Buiſſon : puis s'en retourna le Roy d'Angleterre loger à Maiſonſelles, d'où il eſtoit party

party le matin. Le lendemain partit ledit Roy, & s'en alla à Calais, où il emmena ſes priſonniers, & de là s'en alla en Angleterre, & ne demeura avec M. de Richemont ſinon un valet de chambre nommé Ianin Catuyt. Aſſez toſt aprés quand ils furent à Londres, la Reyne mere dudit Comte de Richemont demanda congé audit Roy d'Angleterre de voir ſon fils, qui eſtoit priſonnier, & le Roy le luy accorda. Alors les gardes dudit Seigneur l'ammenerent devers la Reyne, ſa mere, laquelle quand elle ſçeut ſa venuë, mit une de ſes Dames en ſa place, qui bien ſçavoit parler, & le recevoir, & ſe mit du rang de ſes autres Dames, & en mit deux devant elle. Et quand ledit Seigneur de Richemont arriva, il creut de cette Dame que ce fut ſa mere, & la ſalüa, & luy fit la reverence, & la Dame l'intretint un eſpace de temps, puis luy dit qu'il allaſt baiſer les autres Dames : & quand il fut au droict de la Reyne, le cœur luy attendrit, & luy dit: *Mauvais fils, m'avez vous meſconneuë.* Et tous deux ſe prirent à pleurer, puis ils firent grande chere : & luy donna la Reyne ſa dite mere mille Nobles (*), qu'il départit aux priſonniers ſes compagnons, & à ſes gardes,

(*) C'eſtoit une monnoye d'or d'Angleterre.

& auſſi luy donna des chemiſes, & habillemens, & n'oſa depuis parler à elle, ny la viſiter, comme il euſt voulu.

Ledit Seigneur de Richemont fut priſonnier en Angleterre, depuis ladite journée d'Azincourt, juſques en l'an mille quatre cent & vingt, que le Duc Iean ſon frere fut pris du Comte de Pointievre, & ſon frere Richard, Seigneur d'Eſtampes, avec le Mareſchal de Bretagne, nommé Bertrand de Dinan, & pluſieurs autres, par trahiſon. Puis la Ducheſſe, les Barons, Chevaliers, & Eſcuyers, & tous les Eſtats de Bretagne furent adviſez d'envoyer devers le Roy d'Angleterre, pour luy requerir : Qu'il luy pleuſt leur preſter M. de Richemont pour eſtre leur Chef, & s'obligeoit tous leſdits Eſtats de le rendre audit Roy d'Angleterre, mort, ou vif, ou une grande ſomme d'argent : & de par la Ducheſſe, les Prelats, & Barons, y furent auſſi envoyez les Seigneurs, le Chancelier nommé de Maleſtroiɑ, & de Montauban, leſquels furent devers ledit Roy durant le ſiege de Melun. Et là fit venir le Roy d'Eſcoſſe, & ledit Seigneur de Richemont : & M. de Montauban luy bailla Raoul Gruel, pour trencher devant luy, & puis luy bailla Robert Rouxel, & Gervaſic, qui pour lors demeuroit avec M. le Chancelier. Or tandis que lesdits Ambassadeurs estoient devers le Roy d'Angleterre, le Duc Iean fut rendu devant Chantoceaux aux Bretons qui y tenoient le siege, & en fut, comme l'on dit, le Roy d'Angleterre bien marry. Toutefois pourchasserent lesdits Ambassadeurs à toute leur puissance en telle maniere que le Roy d'Angleterre fut content que ledit Comte de Richemont demeurast en Normandie, sur sa foy, & en la garde du Comte de Suffolc : & promit, & jura de ne partir point de Normandie, sans le congé du Roy d'Angleterre, & l'amena ledit Comte à Pontorson, & y vinrent beaucoup de gens de Bretagne, pour le voir, & entre les autres y furent les Seigneurs de Montauban, & de Combour, & plusieurs autres, tant qu'ils estoient plus forts que les Anglois; & luy fut demandé, s'il vouloit qu'on l'emmenast par force; mais il ne le voulut, & ne l'eust pour rien fait : le Comte de Suffolc l'avoit mené jouër aux champs, & tirer de l'arc.

Bien-tost aprés le Duc Iean, qui estoit fort desirant de voir ledit Comte de Richemont son frere, le vint voir jusques sur le pont de Pontorson, pource que mondit Seigneur de Richemont n'ozoit passer en Bretagne : & eſtoit le Duc bien accompagné, & avoit deux cent Lances, de ſa garde ; & Dieu ſçait s'ils s'entrefirent bonne chere, & s'ils pleurerent tous deux bien fort ; puis s'en retourna ledit Seigneur de Richemont devers le Roy d'Angleterre ; lequel luy fit grande chere, pource que bien avoit tenu ce qu'il luy avoit promis. Et bien-toſt aprés il eut congé de venir voir le Duc Iean ſon frere, & l'amena le Comte de Suffolc ; & la cauſe pourquoy il eut congé, ce fut pour retarder ſon frere d'Eſtampes & les Bretons, d'aller ſervir le Dauphin, qui desja eſtoit allé à Coſne à l'encontre des Anglois.

L'an 1421 arriva à Vannes mondit Seigneur de Richemont devers le Duc ſon frere, & le mena le Comte de Suffolc ; & Dieu ſçait la chere qui luy fut faite par ſondit frere & de tout le monde. Bref, il fut fort feſtoyé de toutes gens, entre autres lieux, à Chaſteaubriant, à Montauban & en pluſieurs autres lieux, & par les bonnes villes & cités de Bretagne ; enfin par tout bien recueilly & feſtoyé, car ſur toutes choſes ils deſiroient ſa delivrance ; & entre autres il fut bien feſtoyé à Rennes, & prit bien garde à la fortification de ladite ville, qui pour lors eſtoit trop petite pour retirer & loger un tel peuple comme celuy de Rennes ; & estoient les fauxbourgs plus grands trois fois que la ville. Quand mondit Seigneur vid cela, il pensa de les faire fortifier ; ou autrement, si la guerre venoit au pays, que tous lesdits fauxbourgs seroient bruslez & destruits, & la ville en danger : & incontinent il le dit au Duc son frere, qui pas bien ne l'entendoit, mais du tout il s'en rapporta à luy : aussi le remonstra-t-il aux gens de la ville & du pays, qui volontiers obeïrent à son commandement, nonobstant qu'il leur estoit impossible de croire que si tost cela se peust faire, comme il se fit ; car incontinent il marqua (*) par où seroit faite ladite fortification, & bailla de ses gens & autres, pour faire la diligence ; & furent mandez les gens du pays, & ordonné à chacun telle tasche qu'il devoit avoir ; & en huit mois furent faits les plus beaux fossez qu'on peust trouver (**), aprés elle fut fortifiée de palis (***), & puis de bonnes tours & murailles, comme pouvez voir ; & n'eust-on ozé à l'heure entreprendre de ce faire, si ce n'eust esté cedit Artus.

Auparavant cela, durant que mondit Seigneur estoit prisonnier (****) au siege de Me-

(*) Traça. (**) Voir. (***) Pieux.
(****) C'est à dire, eslargy seulement sur sa parole.

lun, & à celuy de Meaux & à Paris, mondit Seigneur tira devers M. de Bourgongne, & fit tant que mondit Seigneur de Bourgogne l'aima fort, & furent bien accointez & privez l'un de l'autre : auffi les gens de M. de Bourgongne l'aimoient fort. Bien-toft aprés il fut touché du mariage de mondit Seigneur de Richemont, & luy-mefme en parla à M. de Bourgongne, en difant, que tousjours les deux Maifons de Bourgongne & de Bretagne s'entr'eftoient bien aimées, & avoient de tout temps efté alliées enfemble, & que bien il defiroit qu'elles le fuffent encores plus que jamais; & dit à mondit Seigneur de Bourgongne, que fi c'eftoit fon plaifir, qu'il feroit marié avec l'une de fes fœurs. Sur quoy M. de Bourgongne refpondit, qu'il en eftoit tres joyeux, & qu'il en avoit trois à marier, & que des deux il fe faifoit fort de luy bailler à choifir; mais de Madame de Guyenne, qui avoit efté mariée à M. de Guyenne, il ne fe faifoit pas fort, fans le confentement d'elle : mais des autres il fe faifoit fort, dont l'une eftoit promife à M. de Clermont, aifné fils de Bourbon, à peine de cent mille efcus : mais pour cette caufe, il ne delaifferoit point à le faire. Et M. de Richemont luy dit que fi c'eftoit fon plaifir, qu'il vouloit avoir Madame de Guyenne. Et fur ce, M. de Bourgongne luy refpondit qu'il s'y employeroit fi bien, qu'il s'en appercevroit. Et lors luy dit mondit Seigneur de Richemont, qu'il envoyeroit devers mondit Seigneur de Bourgongne; lequel luy dit qu'il ne luy envoyaft aucun homme que Raoul Gruel feulement, & qu'il luy en laiffaft faire ce qu'il falloit; & fur ce ils prirent congé. Et ledit Raoul Gruel s'en alla quant & M. de Bourgongne à Dijon, où incontinent qu'il fut arrivé, il en parla à Madame de Guyenne, qui affembla là-deffus tout fon Confeil: & elle refpondit qu'elle ne vouloit point eftre mariée à un prifonnier; mais quand le Roy d'Angleterre le voudroit quitter (*), qu'elle feroit ce que fes amis luy confeilleroient. Et fur ce, M. de Bourgongne fit parler ledit Gruel à elle plufieurs fois : or il y avoit des gens de l'hoftel de M. de Bourgongne, qui bien defiroient que ce mariage s'accompliſt. Et fur ce s'en vint ledit Gruel en Bretagne devers fondit Maiftre, & luy fit fon rapport, dont il fut bien content.

L'an que deſſus 1421 en Octobre, mourut le Roy Henry d'Angleterre au Bois-de-Vincennes prés Paris, & en vinrent les nouvelles audit Seigneur de Richemont au Guavre;

(*) Rendre libre.

Dieu fçait s'il en fut bien joyeux, car cette fois il fut quitte, & homme n'avoit plus que luy demander.

Bien toft aprés, fçavoir l'an 1422 retournerent Ambaffades devers M. de Bourgongne, lequel en envoya pareillement d'autres devers le Duc, & ledit de Richemont ; & tant appointerent, que journée fut prife entre les deux Ducs de Bretagne & de Bourgongne, & ledit de Richemont, qu'ils fe rendroient à Amiens, pour conclure ce mariage. Et s'y rendit le Duc de Betfort, dont on fe fuft bien paffé, qui euft peu ; mais il convenoit paffer par la Normandie qu'il tenoit pour lors : ledit de Richemont emmena le Duc fon frere malgré la plufpart des Eftats de Bretagne, audit lieu d'Amiens ; & là fut conclu fon mariage avec icelle Dame de Guyenne : delà s'en alla ledit de Richemont avec M. de Bourgongne à Dijon, où eftoit ladite Dame, & le Duc s'en vint en fon pays de Bretagne : ledit de Richemont eftoit accompagné du Seigneur de Beaumanoir, de Guillaume Giffart, & plufieurs autres ; & furent faites les nopces à Dijon, où eftoient les Seigneurs de Bourgongne : Dieu fçait la fefte, les jouftes, & la grande chere qui y fut faite ; l'Archevefque de Befançon fit les fiançailles par paroles de preſent, puis huit jours aprés fit les eſpouſailles; & demeurerent certains tems à Dijon avec Madame de Bourgongne ſa mere; puis ils s'en allerent demeurer à Montbar, & y furent un peu de temps : aprés en partit le Duc de Bourgongne, & s'en vint en Flandres, & le Seigneur de Richemont quant & luy, & Madame de Guyenne demeura à Montbar, & leſdits Seigneurs ſejournerent quelque temps en Flandres.

L'an 1423 M. de Richemont prit congé du Duc de Bourgongne, & s'en vint par mer deſcendre à Sainct-Malo, car il ne vouloit plus ſe mettre és dangers des Anglois; & fit venir le Seigneur de Beaumanoir, & beaucoup de ſes gens & chevaux par la Normandie, qui diſoient que ledit Seigneur venoit aprés eux. Bien-toſt aprés qu'il fut en Bretagne, le Roy envoya Ambaſſades devers le Duc & devers luy, & y vint M. du Maine; aprés y vint le Preſident de Provence, puis la Reine de Sicile; & le Prevoſt de Paris nommé Tanneguy du Chaſtel; où il fut conclu par les Eſtats de Bretagne, que ledit de Richemont iroit devers le Roy. Incontinent le Duc Iean & ledit Seigneur envoyerent une Ambaſſade devers le Duc de Bourgongne, pour luy ſignifier, que M. de Richemont iroit devers le Roy, & que c'eſtoit pour traiter la paix entre le Roy & M. de Bourgongne; & y envoyerent Raoul Gruel & Philibert de Vaudré, leſquels trouverent le Duc de Bourgongne à Deſiſe, le jour qu'il eſpouſoit Madame de Nevers. Quand ils eurent fait leur charge (*) ils s'en revinrent devers le Duc, & devers M. de Richemont, faire leur rapport.

Puis aprés le Roy s'en alla à Angers, où vint ledit de Richemont bien accompagné; c'eſt à ſçavoir, des Seigneurs de Laval, de Porhoet, de Chaſteaubriant, de Montauban, de Maleſtroit, le Vicomte de la Beliere, le Vicomte de Beaumanoir, le Seigneur de Roſtrenen, & pluſieurs autres; & vinrent au devant dudit de Richemont pluſieurs grands Seigneurs, & demeurerent en oſtages le Baſtard d'Orleans, & Guillaume d'Albret : en outre, luy furent baillées quatre places pour ſeureté, où furent mis gens de par luy, c'eſt à ſçavoir Luſignan, Loches, Chinon, & Meun ſur-Yeure : le Roy le receut à Angers en un jardin, & luy fit grande chere & bon accueil.

Bien-toſt aprés iceluy de Richemont fit un voyage devers les Ducs de Bourgogne & de

(*) Commiſſion.

Savoye, pour avoir leur confentement, affin d'eftre fait Conneftable de France ; car il ne vouloit prendre (*) l'efpée fans le confentement de ces Ducs, & de celuy de Bretagne; puis il s'en alla en Bourgogne, où il parla au Duc, & de là à Montluet : avec luy eftoient, de par le Duc de Bretagne, les Seigneurs de Chafteaubriant & de Porhoet Admiral de Bretagne, & Pierre de l'Hofpital Prefident de Bretagne ; & du confentement defdits Seigneurs, il s'en retourna peu de temps aprés devers le Roy, lequel il trouva à Chinon.

L'an 1424 en Mars, fut ledit Seigneur de Richemont fait Conneftable de France, & prit l'efpée en la prée de Chinon, dont il fit hommage au Roy, ainfi qu'il eft de couftume aux Conneftables. Ce fut lors qu'il trouva le Royaume le plus au bas que jamais fut, & le laiffa le plus entier, qu'il n'avoit efté, paffé (**) quatre cent ans. Avant qu'il acceptaft l'efpée, le Roy luy promit & jura d'envoyer hors fon Royaume, tous ceux qui avoient efté caufe de la mort du Duc de Bourgongne, & confentans de la prife du Duc Iean de Bretagne ; & s'en devoient aller Tanneguy du Chaftel à Beaucaire,

(*) Accepter. (**) Depuis.

& le Président de Provence en Provence, Frotier & Guillaume d'Avaugour s'en devoient aussi aller. Le Connestable avoit laissé devers (*) le Roy, l'Evesque de Clermont, le Seigneur de Trignac, & autres, qui tenoient la main pour ledit Seigneur. Or durant qu'il vint devers le Duc son frere, pour querir gens en Bretagne, afin de faire la guerre contre les Anglois, (qui pour lors, aprés la journée de Vernüeil estoient en grande puissance, & tous fuïoient devant eux) en retournant devers le Roy quand il arriva à Angers, il trouva que les susdits Evesque de Clermont, & Trignac, avoient esté mis hors de l'Hostel du Roy, pource qu'ils aimoient iceluy de Richemont: neantmoins ledit Seigneur ne laissa pas de tirer devers le Roy, & assembla gens de toutes parts, & y vinrent les Seigneurs d'Estampes son frere, & de Porhoet, de Beaumanoir, de Chasteau-Briant, de Rostrenen, Robert de Montauban, & plusieurs autres nobles Chevaliers, & Escuyers du pays de Bretagne; ce qui seroit trop long à raconter: outre ce s'assemblerent avec luy grand nombre de Barons de Berry, de Poitou, & d'Auvergne; c'est à sçavoir de Berry, les Seigneurs de Chauvigny,

(*) Auprés du

de Ligneres, de Prie, & plusieurs autres : de Poitou, le Seigneur de Thoüars, & tous les gens du Seigneur de Partenay, & les Seigneurs de Bressuire, de la Greve, d'Argenton, & plusieurs autres : d'Auvergne, les Seigneurs de la Tour, & de Montlaur : & de Rouërgue, ceux d'Arpajon, & plusieurs autres, qui sçavoient bien que ce que ledit Seigneur faisoit estoit pour le bien du Royaume ; & toutes les bonnes villes tenoient pour le Connestable. Le Roy tira vers Bourges, & ledit Connestable aprés, & s'en vint droit à Poitiers, & tousjours tiroit le Connestable de logis en logis aprés le Roy : puis aprés fut fait l'appointement, & fut dit que ceux qui s'en devoient aller, s'en iroient. Et au regard de Tanneguy du Chastel, il dit à ce Connestable, que ja à Dieu ne pleut que pour luy demeurast (*) à faire un si grand bien, comme le bien de paix entre le Roy, & Monseigneur de Bourgogne : & si aida à mettre hors ceux qui s'en devoient aller, & fit tuer par ses Archers devant luy un Capitaine, lequel faisoit trop de maux, & ne vouloit obeyr : puis s'en alla ledit du Chastel à Beaucaire, & le President de Provence en Provence, lequel fut bien cour-

(*) Il restast.

roucé, & mal content de s'en aller, & Madame de Ioyeufe fa fille, & la femme du Baftard d'Orleans, fon autre fille, qui gueres ne vefquit aprés : par ainfi tout fut appaifé, & l'appointement fait. **Le Seigneur de Giac demeura au gouvernement devers le Roy, & promit de bien faire la befongne, & n'en fit rien, mais fit tout le contraire.**

L'an 1425 la veille du Sacre (*), Madame de Guyenne arriva à Bourges ; & là elle trouva le Conneftable ; & affez toft aprés elle vint demeurer à Chinon, lequel lieu luy avoit efté baillé pour fa demeure : auffi le Roy luy fit bailler pour fon douaire, de M. de Guyenne fon frere, Montargis, Gien-fur-Loire, & Dun-le-Roy avec Fontenay-le-Comte.

En celuy an, au mois de Septembre, le Conneftable tira devers le Roy à Poitiers, pour le faire venir à Saumur, là où il appointa que le Duc Iean viendroit devers luy à Saumur ; & fi ne fut qu'une nuit à Poitiers : & le Roy partit le lendemain pour tirer audit lieu de Saumur, & le Conneftable vint coucher à Chinon, là où Madame de Guyenne (**) eftoit, & ne fut qu'une nuit avec elle ;

(*) C'eft à dire, de la Fefte-Dieu.
(**) C'eftoit fa femme.

puis il tira devers le Duc à Angers. Le lendemain en partit le Duc, pour aller à Saumur, & venoit du cofté devers Saint Florent, pour voir Madame de Guyenne, qui y eftoit venuë, & s'entrefirent fi grande chere que homme ne le fçauroit penfer : il s'en alla coucher fur les ponts de Saumur; & avoit en fa compagnée les Seigneurs d'Eftampes, de Laval, de Porhoet, de Chafteaubriant, de Rieux, de Guemené, de Rais, de Beaumanoir, de Montauban, de Combour, le Vicomte de la Beliere, de Maleft, de Penhoet, le Vicomte du Fou, Raoul de Coetquen, & plufieurs autres, qui trop long feroient à nommer. Le lendemain, aprés le difner, arriva le Roy à Saumur ; le Duc alla au devant de luy prés d'une lieuë Françoife, accompagné de tres-noble compagnée, comme dit eft ; ils s'entre-trouverent aux champs ; & le Roy embraffa le Duc deux fois, & s'entre-firent la plus grande chere du monde : le Duc conduifit le Roy jufques au chafteau, puis le laiffa, & s'en alla à fon logis. Le lendemain vint le Duc devers le Roy, & befongnerent (*) enfemble de leurs affaires : puis aprés le lendemain, qui eftoit Mardy, le Duc vint à Sainct Florent voir Madame de Guyenne,

(*) Travaillerent.

& l'amena devers le Roy au chaſteau de Saumur : & vinrent au devant M. de Bourbon, & pluſieurs autres Seigneurs, & gens du Roy; & Dieu ſçait s'il y avoit belle compagnée. La Reyne de Sicile vint au devant bien avant en la cour du chaſteau, & s'entre-firent grande chere, & furent long-temps en priere à qui iroit devant; enfin la Reyne & Madame de Guyenne monterent enſemble en la ſalle devers le Roy, qui marcha bien prés de l'huis, au devant, & luy fit grand accueil, & furent aſſez long-temps à deviſer; puis s'en retourna Madame de Guyenne à Sainct-Florent où elle fut conduite de la Seigneurie ſuſdite. Aprés vinrent le lendemain le Roy, le Duc, & M. de Bourbon à Sainct-Florent, voir madite Dame, & danſerent & chanterent dedans le Cloiſtre (*), & firent grande chere; puis s'en retournerent, ſçavoir le Roy au chaſteau de Saumur, & le Duc s'en vint à ſon logis ſur les ponts : ils furent bien huit jours à Saumur, où ils firent & appointerent (**) enſemble ce que bon leur ſembla; aprés quoy le Duc prit congé du Roy, & s'en

(*) C'eſtoit dans l'Abbaye de S. Florent, à demie lieuë de Saumur.

(**) Traiterent.

revint

revint en Bretagne; le Conneſtable le conduiſit, puis il s'en retourna devers le Roy, lequel s'en alla en Auvergne, & en Bourbonnois, ayant mondit Seigneur quant & luy, & y furent juſques à Careſme-prenant.

L'an que deſſus 1425 fut mandé le Conneſtable en Bretagne devers le Duc, pource que ſon armée eſtoit toute preſte d'entrer en Normandie : donc le plutoſt qu'il peut il s'en vint & trouva le Duc à Rennes, & toute l'armée de Bretagne, ſur les marches de Normandie : quand il fut devers luy, ils conclurent de mettre le ſiege à S. Iames-de-Beuveron, & tout l'oſt s'aſſembla à Entrain; de là ils allerent mettre le ſiege audit lieu de Beuvron, c'eſtoit en Careſme; & ne dura ce ſiege que huit ou dix jours : & dit-on que le Chancelier de Bretagne fit retarder le payement des gens de guerre; & à l'occaſion de ce, ils n'avoient dequoy payer les marchands qui leur amenoient des vivres; pour ce fut conclu l'aſſaut, par grande deliberation de Conſeil; mais quand ceux qui eſtoient audit aſſaut devers l'eſtang, montoient pour combattre main à main avec ceux de dedans, ils virent une grande compagnée de gens d'armes qu'on avoit ordonné à faire les courſes durant ledit aſſaut. Or le Comte de Suffolc

Tome VII. R.

& le Sire de Scales estoient lors à Avranches; par ainsi nos gens creurent que ce fussent les Anglois; de sorte qu'ils commencerent à se retirer : alors les Anglois saillirent sur eux, & en tuerent & firent noyer grand nombre en l'estang dudit lieu; ceux qui estoient de l'autre costé ne sçavoient rien de cela, & se fallut retirer, là où il y eut grande quantité de gens de tuez, & pris; entre lesquels y moururent les Seigneurs de Molac, de Coitivy, Alain de la Motte, Guillaume de la Motte son fils, Guillaume Eder & plusieurs autres. A cette cause se retirerent tous ceux du siege au quartier du Connestable, & s'y retirerent les gens de M. de Porhoet, qui lors estoit Admiral de Bretagne, & tous les autres : la nuit commencerent à desloger plusieurs, sans congé, les uns blessez, les autres pour les conduire; bien tost aprés ils mirent le feu és logis dudit siege de Beuveron, & aussi-tost l'on vint dire au Connestable, & à M. d'Estampes son frere, qu'ils seroient bruslez, s'ils ne se sauvoient, & que tout le monde s'en alloit : ainsi monterent lesdits Seigneurs sur petits chevaux, pour penser faire demeurer ceux qui s'en vouloient aller; mais homme ne vouloit arrester, tant que ledit Connestable fut abbatu en la presse, son cheval & tout, & passoient par dessus luy, si on ne l'eut secouru; & convint malgré luy s'en venir quant & les autres, ou demeurer seul : pensez que c'est grand chose quand un desordre se met en un grand ost, & de nuit, & croyez que ce fut un des plus grands desplaisirs que ledit Seigneur eut en sa vie; tousjours il vouloit retourner, qui l'eut voulu croire, & furent environ le point du jour à Entrain : de là ils tirerent devers le Duc à Rennes, & garnirent les frontieres de Bretagne, puis se departirent : & tout le monde disoit communement, que ce avoit esté le Chancelier, qui avoit eu argent des Anglois, pour faire lever ce siege : & pensez que le Connestable ne l'oublia point; car en retournant devers le Roy, les feries de Pasques, il fit prendre devant luy ledit Chancelier à la Tousche, prés Nantes, & le mener à Chinon, pour se descharger de ce qu'on le chargeoit (*), & il n'en pouvoit mais : ledit Chancelier fut un peu de temps audit lieu de Chinon, puis fut traittée sa delivrance, & promit de faire merveilles devers M. de Bourgongne, & ailleurs, & devoit du tout faire la paix, mais il n'en fit rien; car

(*) L'accusoit.

elle n'estoit pas si aisée à faire; & s'en alla, du consentement du Roy, devers le Duc de Bourgongne, & puis en Savoye, & s'en revint par la Normandie en Bretagne, où il demeura.

L'an 1426 le Connestable tira vers le Roy, & trouva M. de Giac, qui bien luy avoit haussé son chevet devers le Roy, & ne vouloit qu'aucune paix se fit entre le Roy, & le Duc de Bourgongne, de peur de perdre son gouvernement, & ne vouloit qu'aucun des Seigneurs approchassent devers le Roy, excepté M. de Clermont, à qui il fit donner le Duché d'Auvergne, & de M. de Foix, à qui il fit donner le Comté de Bigorre, lequel avoit amené trois mille Bearnois, qui devoient faire merveilles, & si firent-ils; mais ce ne fut que sur le pauvre peuple; car oncques ne passerent-ils la Croix verte à Saumur. Pour revenir au fait de Giac, qui avoit fait tant des maux, entre les autres il avoit fait mourir sa femme, laquelle estoit bonne & preude, comme l'on disoit, & la fit empoisonner; puis quand elle eut beu le poison, il la fit monter derriere luy à cheval, & chevaucha quinze lieuës en celuy estat, puis mourut ladite Dame incontinent, lequel Giac faisoit cela pour avoir

Madame de Tonnerre, qui aprés la mort dudit Giac fut Dame de la Trimoüille. En aprés le Conneſtable vint devers le Roy à Iſſoudun; & par le conſeil de la Reyne de Sicile, & de tous les Seigneurs, ou la pluſpart, reſervez Bourbon & Foix, il prit ledit Giac en la ville d'Iſſoudun, dont il ſe fit apporter les clefs, en diſant qu'il vouloit aller à Noſtre Dame-de-Bourg-de-Deolz dés le point du jour : & comme ſon Preſtre vouloit commencer la Meſſe, tout reveſtu, on luy vint dire qu'il eſtoit temps, & laiſſa le Preſtre tout ſeul, & s'en vint luy & les gens de ſa maiſon, avec ſes Archers, là où eſtoit couché ledit Giac; ils monterent contremont, & rompirent l'huis : ſur quoy ledit Giac demanda ce que c'eſtoit; l'on luy dit que c'eſtoit le Conneſtable; & lors il dit qu'il eſtoit mort. Sa femme ſe leva lors toute nuë, mais ce fut pour ſauver la vaiſſelle : incontinent l'on fit monter ledit Giac ſur une petite haquenée; il n'avoit que ſa robe de nuit & ſes bottes, & fut tiré à la porte.

Incontinent le bruit en fut (*) devers le Roy, qui ſe leva là deſſus, & vinrent les gens de ſa garde à la porte; & le Conneſtable leur dit qu'ils ne bougeaſſent, & leur

(*) Vint.

commanda de s'en aller, & que ce qu'il faisoit estoit pour le bien du Roy. Si se rendit à luy à la porte Alain Giron, qui avoit cent Lances, & estoit assez prés en embusche (*), & s'en alla conduire Giac; ce qu'aussi fit Robert de Montauban, & beaucoup d'autres gens d'iceluy Seigneur; & fut mené ledit Giac à Dun-le-Roy, qui pour lors estoit en la main dudit Seigneur; puis aprés tira le Connestable à Bourges, ayant le Seigneur de la Trimoüille avec luy. Incontinent ledit Seigneur fit faire le procès d'iceluy Giac, par son Baillif de Dun-le-Roy, & autres gens de Justice: il confessa tant de maux que ce fut merveilles, & entre autres la mort de sa femme toute grosse, & le fruit dedans; en outre il confessa qu'il avoit donné au diable l'une de ses mains, afin de le faire venir à ses intentions. Quand il fut jugé, il requeroit pour Dieu qu'on luy couppast ladite main avant que de le faire mourir, & offroit au Connestable, s'il luy plaisoit de luy sauver la vie, de luy bailler comptant cent mille escus, & de luy bailler sa femme, ses enfans, & ses places, en ostages de l'asseurance de jamais n'approcher du Roy, de vingt lieuës; & mondit Seigneur respondit, que

(*) Embuscade.

s'il avoit tout l'argent du monde, il ne le laisseroit pas pour cela aller, puisqu'il avoit deſſervy (*) la mort, & envoya un bourreau de Bourges pour l'executer, & le mena Iean de la Boëſſiere. Ne demandez pas ſi le Roy en fut bien courroucé. Puis aprés tout le monde eſtoit embeſogné (**) à faire l'appointement ; mais le Roy bien informé du gouvernement & de la vie dudit Giac, fut tres-content. Et entra au Gouvernement le Camus de Beaulieu, qui ſe gouverna auſſi mal comme les autres : & s'en vinrent le Roy, la Reyne, & la Reyne de Sicile, & le Conneſtable, en Touraine.

Or pource que les Anglois faiſoient de grandes courſes, & beaucoup de maux en Bretagne, le Conneſtable vint remparer (***) Pontorſon ; ce fut environ la S. Michel : & y vinrent des François & des Eſcoſſois avec luy ; entre autres y eſtoient le Conneſtable d'Eſcoſſe, & Iean Ouſchart, qui avoient bonne compagnée de gens d'Eſcoſſe, avec Gautier de Bruſac, & pluſieurs autres Capitaines : & de Bretagne, les Seigneurs de Loheac, de Chaſteaubriant, de Beaumanoir, de Montauban, de Roſtrenen, le Vicomte

(*) Mérité.   (**) Empeſché.
(***) Fortifier.

de la Beliere, Robert de Montauban, Iean Tremederne, Iean le Veer, de Beaufort, Marzeliere, Roland Madeuc, & Roland de Sainct Paul. Durant cela, vinrent les Anglois, un peu avant le soleil couchant, qui estoient en nombre bien de huit cent; on saillit dehors aux champs, & on se mit en bataille outre le marais, devers le Mont S. Michel, & ne sçavoit-on quelle puissance lesdits Anglois avoient. Si fit le Connestable d'Escosse descendre tous les gens d'armes & archers à pied; puis vinrent les susdits Anglois, jusques à un traict d'arc; & y en eut deux ou trois qui se vinrent faire tuer en nostre bataille; & y furent faits deux ou trois Chevaliers. Quand les Anglois virent la bataille, ils s'enfuirent en grand desordre, & en fut pris & tué plusieurs; mais pour ce que tout estoit à pied, ils ne peurent estre si fort chassez comme ils l'eussent esté, qui eut esté à cheval. Aprés que la place fut un peu bien fortifiée, le Connestable, le Connestable d'Escosse, & la plupart des Seigneurs & Capitaines s'en allerent, excepté ceux que le Connestable y laissa; c'est à sçavoir les Seigneurs de Rostrenen, Capitaine dudit lieu, de Beaufort, Iean Ouschart, & les gens de Brusac, Iean de Tremederne, Iean le Veer, Marzeliere & plusieurs autres. Et s'en alla ledit Seigneur devers le Roy.

Assez tost aprés sur l'hyver, M. de Rostrenen entreprit d'aller courir devant Avranches, où il mena belle compagnie, & passant au dessous du pont Aubaud, se noya un Gentilhomme de sa compagnie ; de sorte qu'il convint faire là un peu de demeure : si saillirent les Anglois sur les coureurs, sur quoy mondit Seigneur de Rostrenen arriva, & incontinent l'on chargea (*) sur les Anglois, & furent repoussez jusques bien prés de la porte, dont il y eut bien trente que tuez que pris. Or comme de Rostrenen vouloit descendre à pied, arriverent environ quatre cens Anglois, dont estoit le chef le Sire de Fuoastre, & si ne sçavoient rien lesdits Anglois de la ville, de cette venuë, non plus que de Rostrenen ; & vinrent lesdits Anglois frapper à dos de nos gens en telle maniere, qu'il convint desemparer, & bientost aprés fut pris ledit de Rostrenen avec bien sept vingt & dix ses gens, & n'y en eut que deux de tuez. Cette prise fut un tres-mauvais coup pour Pontorson. Si y vint pour garder ladite ville, le Seigneur de Chasteaubriant, puis aprés y vint le Mareschal

(*) Frappa.

son frere, qui firent fortifier la ville le mieux que faire se pouvoit; mais on n'y sceut tant faire qu'elle vallut jamais.

Le Connestable estoit allé devers le Roy, & là luy furent remonstrez les termes (*) que tenoit le Camus-de-Beaulieu; car il gastoit tout, & ne vouloit que homme approchast du Roy, & faisoit encor pis que Giac: si en estoit la Reyne de Sicile, & tous les Seigneurs mal-contens; pour ce en fit le Mareschal de Bossac la raison; car il le fit tuer: & celuy mesme qui le gouvernoit l'amena au lieu attitré dans un petit pré, proche le chasteau de Poictiers sur la riviere; & lors deux compagnons qui estoient audit Mareschal de Bossac, luy donnerent sur la teste tant qu'ils la luy fendirent, & luy couperent une main; de sorte que plus il ne bougea, & s'en alla celuy qui l'avoit amené, & remena son mulet au chasteau, là où estoit le Roy qui le regardoit; & Dieu sçait s'il y eut beau bruit.

Si vint à l'heure le Seigneur de la Trimoüille devers le Roy, qui s'en vint à Chinon avec la Reyne; & n'estoit pas le Roy content, que la Trimoüille demeurast avec luy; mais le Connestable luy dit que c'estoit

(*) Procedez.

un homme puiſſant, & qu'il le pourroit bien ſervir : & le Roy luy reſpondit : *Beau couſin, vous me le baillez, mais vous vous en repentirez, car je le connois mieux que vous* : & ſur tant demeura la Trimoüille, qu'il ne fit point le Roy menteur, car il fit le pis qu'il peut à ce Conneſtable.

Incontinent le Conneſtable commença à aſſembler gens de toutes parts, pour venir ſecourir Pontorſon, qui eſtoit aſſiegé dés le Ieudy gras; & eſtoient devant ceux qui enſuivent, ſçavoir le Comte de Warwic Gouverneur & Lieutenant-general du Roy d'Angleterre, les Sires de Talbot, de Scales, de Ros, de Ouyrebi, de Faſtouc, de Fuoaſtre, de Bourſieres, & grand nombre d'autres Capitaines & Baillifs; en effect, c'eſtoit toute leur puiſſance, qui pour lors eſtoit en Normandie. Si voulut le Duc Iean, par l'incitation d'aucuns de ſes gens, bailler Pontorſon en la main des Anglois avant que le fiege y fuſt mis : mais ceux qui eſtoient dedans refuſerent de le rendre, & diſoient qu'ils tiendroient pour le Conneſtable : & par deliberation de tous ceux qui eſtoient dedans, il fut conclu de le tenir tant que faire ſe pourroit. Bien-toſt aprés le Mareſchal de Bretagne fit crier que tous ceux qui n'eſtoient deliberez d'attendre le ſiege, s'en allaſſent; & Iean Ouſchart, Capitaine des Eſcoſſois fit crier, que tous ceux qui voudroient s'en aller quant & luy, fuſſent bientoſt preſts. Si s'en alla celuy jour ledit Ouſchart à grande compagnée; puis tint le ſiege fort & ferme, & y eut de belles eſcarmouches touſjours en attendant le ſecours de Bretagne, & du Conneſtable, qui ne ſe pouvoit aider du Roy ſon maiſtre, ny de beaucoup de meſchantes gens qui eſtoient avec luy: toutesfois il amena beaucoup de gens de bien du pays de France, & croyoit venir faire lever le ſiege: ſi vint juſques en Bretagne devers le Duc ſon frere, qui eſtoit à Dinan, & amena avec luy le Conneſtable d'Eſcoſſe, le Mareſchal de Boſſac, & pluſieurs autres Capitaines, croyant tirer avant: mais le Duc ne le voulut, & ne luy fut conſeillé d'adventurer (*) la nobleſſe de Bretagne pour ſi peu de choſe, comme Pontorſon; nonobſtant que le Duc euſt fait aſſembler ban & arriere-ban; & Dieu ſçait quelle compagnée il avoit en la Lande de Vaucouleur, où il fit ſes monſtres: toutesfois ceux de Pontorſon tinrent juſques au huit de May, tant qu'ils n'eurent plus de vivres, &

(*) Hazarder.

tousjours esperoient avoir secours. Et si y eut dés le Ieudy absolu un mauvais eschec; car ceux qui venoient pour oster les vivres à ceux du siege, furent deffaits, & y mourut beaucoup de gens de bien, c'est à sçavoir les Seigneurs de la Hunaudaye, de Chasteau-giron, le Baron de Coulonces, Guillaume l'Evesque, Robin de Quiste, Olivier Tomelin, & plusieurs Chevaliers & Escuyers de pris; le Vicomte de la Beliere, & plusieurs autres: puis s'en vinrent ceux de Pontorson, chacun un baston blanc en la main.

Bien-tost aprés le Connestable tira devers le Roy; ce fut en l'an 1426, & alla par Chinon voir Madame de Guyenne; puis vinrent les nouvelles que le siege estoit à Montargis, ce fut le premier jour de Iuillet; & convint que ledit Seigneur partit de Chinon, pour assembler tous les gens d'armes qu'il pourroit trouver, & les fit venir à Gien-sur-Loire: & y vinrent le Connestable d'Escosse, & le Bastard d'Orleans, Poton, & la Hire, les Seigneurs de Gaucourt, de Guitry, Giraud de la Palliere, Alain Giron, & plusieurs autres, lesquels ne vouloient tirer en avant sans argent; & convint que ledit Seigneur Connestable leur en baillast: & pour trouver finances, il mit une couronne d'or bien garnie de pierreries, en gage, laquelle on prisoit dix mille escus, & la bailla à un homme de Bourges nommé Iean Besson, & prit de l'argent dessus, pour bailler aux gens d'armes, afin d'avitailler Montargis : en y allant, croyant ne faire autre chose que leur porter vivres, à la premiere fois ils ne firent rien : puis ils y retournerent une autrefois; ce fut au mois de Iuillet l'an 1426 environ midy, que plus ne faisoient de guet les Anglois, ny aucune garde, & arriverent à Montargis ceux qui venoient pour avitailler la ville : si vinrent du costé où estoit logé un Capitaine nommé Henry Biset, & ne trouverent rien (*) à la barriere, & descendirent & ouvrirent ladite barriere : si trouverent les Anglois qui dormoient, & se rafraichissoient, pource qu'ils avoient veillé toute la nuit; & Dieu sçait s'ils furent bien festoyez (**); & en se retirant par dessus un pont qu'ils avoient fait pour s'entre-secourir, ledit pont rompit, & s'en noya grand nombre, les autres furent tuez ou pris; en effet, furent deffaits tous ceux de ce siege de ce costé-là : & de l'autre costé se mirent en bataille les Comtes de Warwic, de Suffolc, & le Sire de Talbot,

(*) C'est à dire, point de defense.
(**) C'est à dire, chargez.

avec grand nombre d'Anglois : si entrerent nos gens en la ville, & se rafraichirent avec ceux de ladite ville, qui tres-bien s'y gouvernerent : puis s'en allerent les Anglois en belle ordonnance. Ainsi fut levé le siege de Montargis, & n'y fut point le Connestable en personne, ny le Connestable d'Escosse; car tous les Capitaines & gens de grand estat l'en destournerent, & luy dirent que ce n'estoit pas le faict d'un homme de telle Maison, & Connestable de France, d'aller avitailler une place; que quand il iroit, ce devroit estre pour attendre la bataille ; & il n'avoit pas lors des gens pour ce faire. Quand ce siege fut levé, comme avez ouy, le Connestable s'en revint à Chinon.

Bien-tost aprés, sçavoir à la fin de Septembre, vint le Duc de Bethfort és marches du Maine, & envoya certain nombre de gens és environs de Laval, qui prirent Sainct Oüen, Monsceu & Mesle, & assiegerent la Gravelle : quand le Connestable le sceut, il assembla ce qu'il peut de gens, & vint à Angers pour secourir le Seigneur de Laval & ses places : alors estoient avec luy Guillaume d'Albret, Seigneur d'Orval, & le Lieutenant du Mareschal de Bossac, nommé Bochardon, & l'estendart dudit Mareschal; & tous ses gens de toutes les basses frontieres; le Duc de Bethfort s'en alla vers Roüen. Ceux de la Gravelle avoient baillé ostages pour se rendre, & le Connestable envoya Guillaume Vendel, avec les archers de son corps, qui firent tant qu'ils entrerent dedans ladite place de la Gravelle; & ainsi elle fut sauvée pour l'heure.

Puis s'en vint ledit Seigneur à Laval, & de là à Craon, à Angers, & à Lodun, où il y eut nouvelles des Seigneurs de Bourbon & de la Marche, qui vouloient parler à luy, & se devoient rendre à Chastelleraut environ huit jours avant la Toussaints: alors le Seigneur de la Trimoüille le sceut, & n'en fut pas content; car il avoit peur de perdre son gouvernement, & conceut une hayne mortelle contre lesdits Seigneurs; & incontinent il fit defendre de par le Roy, que homme ne fust si hardy de les mettre en ville, ny chasteau, ny de leur faire ouverture en aucune place que ce fust. Lesdits Seigneurs se devoient rendre en iceluy lieu de Chastelleraut, & y avoit le Connestable envoyé ses fourriers; mais quand il arriva, ils estoient encores à la porte, & luy fut refusée l'entrée en icelle; & lors en signe & marque de desobeïssance, il jetta une masse par dessus la barriere;

barriere ; puis il s'en alla loger aux champs entre Chasteleraut & Chauvigny, environ deux lieuës de là.

Aprés, en chevauchant, on apperceut les Seigneurs de Bourbon & de la Marche, qui chevauchoient en belle ordonnance de bataille de l'autre costé de la riviere : si fit, à leur veuë, le Connestable sonner ses trompettes, afin qu'ils les oüyssent ; & lors ils s'approcherent les uns des autres, & parlerent ensemble de loin sur la riviere, & appointerent (*) qu'ils se rendroient le lendemain à Chauvigny, & coucherent cette nuit sur les champs : or un Gentilhomme d'entre Chasteleraut & Chauvigny luy ouvrit sa place, & le logea tres-bien de sa personne. Le lendemain ils se rendirent à Chauvigny, parlerent ensemble, & conclurent de (**) ce qu'ils avoient à faire ; puis incontinent tous ensemble vinrent à Chinon, & avec eux le Mareschal de Bossac, & plusieurs autres Capitaines, & gens de grand estat, & trouverent Madame de Guyenne; si furent bien receus, & firent grande chere : là vinrent des Ambassades du Roy, c'est à sçavoir l'Archevesque de Tours, & M. de Gaucourt, & d'autres allerent devers le Roy;

(*) Accorderent   (**) Sur.

mais nul appointement ne s'y peut trouver, car la Trimoüille ne s'affeuroit en homme; & fe paffa ainfi l'hyver fans rien faire, puis fe departirent les Seigneurs, & chacun s'en alla à fon pays.

Le Conneftable s'en alla à Partenay prendre poffeffion de cette Seigneurie, car le Seigneur de Partenay eftoit mort il n'y avoit gueres, & avant qu'il mouruft, il avoit fait le Conneftable fon heritier : auparavant il avoit fait venir tous les nobles de la feigneurie & terre de Partenay, & tous les Capitaines des places, & leur avoit fait faire le ferment audit Conneftable, de luy eftre bons & loyaux, & de luy obeyr comme à leur Seigneur naturel : & auffi luy furent-ils bons & loyaux tant qu'il vefquit. Cependant Madame de Guyenne demeura à Chinon, & y avoit un Capitaine nommé Guillaume Belier, auquel le Conneftable fe fioit fort de bien garder la place de Chinon, dont il fut deceu; car environ le douziefme jour de Mars, ledit Capitaine fit par fes gens ouverture au Roy de ladite place de Chinon, où eftoit Madame de Guyenne, laquelle eut grande peur d'eftre mal-traitée; mais le Roy luy tint à elle & à fes gens bons termes, & parla fort à elle devant tout fon Confeil, &

luy offrit qu'elle demeuraſt à Chinon, ou en quelque autre place de ſon Royaume qu'elle voudroit choiſir, par ainſi (*) que le Conneſtable ſon mary ne viendroit pas devers elle : elle reſpondit au Roy, que jamais elle ne voudroit demeurer en place, où elle ne peuſt voir Monſeigneur ſon mary : & ſi eſtoient avec le Roy, la Trimoüille, Guillaume d'Albret, l'Archeveſque de Rheims, Gaucourt, Harpedanne, Robert Maçon, & pluſieurs autres; & luy fit le Roy faire de grandes remonſtrances par le Chancelier Archeveſque de Rheims ; & ladite Dame luy fit reſpondre par Iean de Trouſſi, Baillif de Senlis, qui parla le mieux que oncques l'on oüyt en telle neceſſité ; puis eut ladite Dame ſon congé, & s'en vint à Saumur, & de là à Thoüars : & vinrent les Eſcoſſois qui tenoient les champs, au devant d'elle, & la conduiſirent juſques à Thoüars ; puis elle s'en vint à Partenay devers le Conneſtable, de qui elle fut grandement bien receuë, & furent longuement enſemble audit lieu de Partenay ; car ledit Seigneur avoit eſté banny de la Cour du Roy, par le moyen de la Trimoüille. Et fut faite defenſe à toutes les villes & chaſteaux tenans le party du

(*) Moyennant que, &c.

Roy, de faire ouverture à iceluy Conneſtable, ny a ſes gens & ſerviteurs, & luy fut caſſée toute ſa penſion, & eut ledit Seigneur de grandes broüilleries & guerres particulieres avec les gens de la Trimoüille, de Iean de la Roche, & leurs alliez, en beaucoup de manieres ; & ainſi ſe paſſa le temps cette année.

L'an 1427. les Seigneurs de Bourbon & de la Marche firent une entrepriſe par le moyen de ceux de la ville de Bourges, & prirent ladite ville, mais ils ne prirent point la tour ; & la tenoit le Seigneur de Prie, qui fut tué d'un coup de traict. Si firent ſçavoir leſdits Seigneurs au Conneſtable, que le plutoſt qu'il pourroit il aſſemblaſt gens pour tirer vers leſdits Seigneurs ; mais ledit Seigneur ne peut paſſer, & pource il tira à Limoges, croyant aller par l'Auvergne ; cependant le Roy fit diligence, & aſſembla grand nombre de gens, & tira à Bourges : & là firent les Seigneurs de Bourbon & de la Marche appointement avec le Roy, ſans y comprendre le Conneſtable. Aſſez toſt aprés ledit Seigneur le ſceut, & s'en retourna à Partenay, & y ſejourna cette ſaiſon.

L'an 1428. en hyver, le Conneſtable aſſembla des gens, & fit mettre le ſiege à

Sainte Neomaye prés Saint Maixent, pour ce que Iean de la Roche, & ſes gens faiſoient de grands maux & pilleries au pays de Poitou, & tenoient le party de la Trimoüille. Si y envoya ledit Conneſtable un Chevalier de Poitou, nommé Iean Seveſtre, qui eſtoit Lieutenant pour Monſeigneur; & y eſtoit le Batard Chappelle, & pluſieurs autres Capitaines, & avoient fait un camp: & en effet Iean de la Roche aſſembla des gens, & vint pour rafraiſchir ceux de la place, & les gens de mondit Seigneur ſe retirerent en leur camp, & les gens d'iceluy Iean de la Roche, entrerent dedans la place. Le lendemain nos gens s'en vinrent en bonne ordonnance, & ſe retirerent és places de Monſeigneur, lequel ne bougea toute cette ſaiſon d'autour de Partenay.

L'an que deſſus, en Mars, arriva la Pucelle devers le Roy, & les Anglois prirent Yanville, Boiſgency, Meun-ſur-Loire, & Iargeau, & mirent des baſtilles devant Orleans.

L'an 1429 le Conneſtable ſe mit ſus en armes, pour aller ſecourir Orleans, & aſſembla une tres-belle compagnie, & bonne, en laquelle eſtoient les Seigneurs de Beaumanoir, de Roſtrenen, & toutes les garniſons de Sablé, de la Flefche, & de Duretail. Et de Bretagne y avoit plufieurs notables gens; comme Meffires Robert de Montauban, Guillaume de Saint Gilles, Alain de la Feüillée, & plufieurs autres Chevaliers, & Efcuyers, fans compter ceux de fa maifon; & grand nombre de gens de bien, de fes terrres de Poictou jufques au nombre de quatre cent Lances, & huit cent Archers: & prit mondit Seigneur le chemin pour tirer devers Orleans. Auffi-toft que le Roy le fçeut, il envoya le Seigneur de la Iaille au devant de luy, qu'il trouva à Lodun: fi le tira à part, & luy dit, que le Roy luy mandoit qu'il s'en retournaft à fa maifon, & qu'il ne fut tant hardy de paffer en avant, & que s'il paffoit outre, que le Roy le combattroit. Lors mondit Seigneur refpondit, que ce qu'il en faifoit, eftoit pour le bien du Royaume & du Roy, & qu'il verroit qui le voudroit combatre.

Lors le Seigneur de la Iaille luy dit, Monfeigneur, il me femble que vous ferez tres-bien. Si prit le Conneftable le chemin, & tira fur la riviere de Vienne, & paffa à gué, puis de là tira à Amboife, & Regnaud de Bours, qui eftoit Capitaine dudit lieu d'Amboife, luy bailla le paffage, & là fçeut que le fiege eftoit à Boifgency: fi tira tout droit le chemin devers la Beauſſe, pour venir joindre à ceux du ſiege; & quand il fut prés, il envoya le Seigneur de Roſtrenen, & le Bourgeois demander logis à ceux du ſiege; on luy vint dire que la Pucelle & ceux du ſiege le venoient combatre, & il reſpondit, que s'ils venoient, qu'il les verroit. Et bientoſt monterent à cheval la Pucelle, M. d'Alençon, & pluſieurs autres : toutesfois la Hire, Girard de la Paglaire, de Guitry, & autres Capitaines demanderent à la Pucelle ce qu'elle vouloit faire, & elle reſpondit qu'il falloit combattre le Conneſtable; & ils reſpondirent que ſi elle y alloit qu'elle trouveroit bien à qui parler, & qu'il y en avoit en la compagnie qui ſeroient pluſtoſt à luy qu'à elle, & qu'ils aimeroient mieux luy & ſa compagnie que toutes les Pucelles du Royaume de France.

Cependant Monſeigneur chevauchoit en belle ordonnance, & furent tous esbahis qu'il (*) fut arrivé : & vers la maladerie la Pucelle arriva devers luy, & les Seigneurs d'Alençon, de Laval, de Loheac, M. le Baſtard d'Orleans, & pluſieurs Capitaines, qui luy firent grande chere, & furent bien aiſes de ſa venuë : la Pucelle

(*) Quand il fut.

descendit à pied, & le Conneſtable auſſi, & vint ladite Pucelle embraſſer mondit Seigneur par les jambes: & lors il parla à elle, & lui dit: *Ieanne, on m'a dit que vous me voulez combattre, je ne ſçay ſi vous eſtes de par Dieu, ou non: ſi vous eſtes de par Dieu, je ne vous crains en rien; car Dieu ſçait bien mon bon vouloir: ſi vous eſtes de par le diable, je vous crains encores moins.* Lors tirerent droit au ſiege, & ne luy baillerent point de logis (*) pour cette nuit. Si entreprit mondit Seigneur à faire le guet; car vous ſçavez que les nouveaux venus doivent faire le guet, qu'ils firent cette nuit devant le chaſteau: ce fut le plus beau guet qui eut eſté fait en France, paſſé il y a long-temps.

Or cette nuit fut faite la compoſition, & ſe rendirent de bien grand matin: & le jour de devant les Sires de Talbot, de Scales, Faſtol, & autres Capitaines eſtoient arrivez à Meun-ſur-Loire, pour venir combatre ceux du ſiege de Boiſgency; mais quand il ſçeurent que le Conneſtable y eſtoit venu, ils changerent de propos, & prirent conſeil de s'en aller: & dit-on auſſi à mondit Seigneur ſi toſt qu'il fut arrivé au ſiege, qu'il falloit envoyer des gens au pont de Meur, qui te-

(*) Logement.

noit pour les François, ou autrement, qu'il seroit perdu. Et incontinent il y envoya vingt Lances, & les Archers, que conduisirent Charles de la Ramée, & Pierre Daugi : & au matin, quand les Anglois furent partis de Boisgency, la Pucelle, & tous les Seigneurs monterent à cheval pour aller vers Meun : alors vinrent les nouvelles que les Anglois s'en alloient, & commencerent à retourner droit à la ville chacun en son logis : puis vint le Seigneur de Rostrenen, qui s'approcha du Connestable, qu'il advertit, en luy disant : *Si vous faites tirer vostre estendart en avant, tout le monde vous suivra.* Et ainsi fut fait ; car la Pucelle vint, & tous les autres aprés ; & fut conclu de tirer aprés les Anglois.

Alors furent mis les mieux montez en l'avant-garde, & des gens ordonnez pour les chevaucher, les arrester, & faire mettre en bataille ; à quoy furent des premiers Poton, & la Hire, Penesac, Giraud de la Pagliere, Amadoc, Setevenot, & plusieurs gens de bien, tous à cheval : & le Connestable, le Duc d'Alençon, la Pucelle, les Seigneurs de Laval, de Loheac, le Mareschal de Rais, le Bastard d'Orleans, & Gaucourt, avec grand nombre de Seigneurs venoient en belle ordonnance par cette belle (*) Beauffe, en bien grand train. Puïs quand les premiers eurent bien chevauché environ cinq lieuës, ils commencerent à appercevoir les Anglois, & alors ils galoperent grand erre (**), & la bataille aprés : & en telle maniere ils les chevaucherent, que lefdits Anglois n'eureut pas le loifir de fe mettre en bataille, ains furent mis en grand defordre, d'autant qu'ils avoient mal choify (***) felon leur cas; car le pays eftoit trop plain (****). Si furent-ils déconfits en un village en Beauffe qui a nom Patay, & és environs : là furent morts bien environ deux mille & deux cent, ainfi que difoient les Herauts, & pourfuivans, ce fut à la fin du mois de May; & y furent prifonniers les Sires de Talbot, & de Scales, & fut Talbot fait prifonnier des Archers de Poton, & le Seigneur de Beaumanoir eut pour prifonnier Henry Branche, & plufieurs autres prifonniers; Iean Faftol s'enfuit, & d'autres, dont je ne fçay pas les noms.

Le Conneftable, & les autres Seigneurs coucherent cette nuit à Patay fur le champ;

(*) C'eft à dire, pleine Beauce.
(**) Train.
(***) Mal pris leurs mefures.
(****) A defcouvert.

car bien estoient-ils las, & avoient eu grand chaud. Bien-tost aprés, comme ils croyoient tirer en avant, le Roy manda au Connestable, qu'il s'en retournast en fa maifon; & mondit Seigneur envoya devers luy le fupplier, que ce fuft fon plaifir qu'il le fervift, & que bien & loyaument il le ferviroit, & le Royaume; & y envoya les Seigneurs de Beaumanoir, & de Roftrenen, & prioit la Trimouille, qu'il luy pleuft le laiffer fervir le Roy, & qu'il feroit tout ce qu'il luy plairoit, fuft-ce jufques à le baifer aux genoux; mais onc- ques n'en voulut-il rien faire : & luy fit man- der le Roy, qu'il s'en allaft, & que mieux aimeroit-il n'eftre jamais couronné, que mon- dit Seigneur y fuft. En effect, il convint au- dit Seigneur de s'en revenir à Partenay, avec fa belle compagnée, dont depuis ils fe repentirent quand le Duc de Bethfort leur offrit la bataille à Montepilloüer. Et auffi renvoyerent-ils M. de la Marche, qui penfoit venir fervir le Roy, lequel avoit tres-belle compagnée, dont depuis, comme dit eft, ils eurent bien affaire. Si s'en revint le Con- neftable à Partenay, & en s'en venant on luy ferma toutes les villes & paffages, & luy firent tous du pis qu'ils peurent, parce qu'il avoit fait tout le mieux qu'il avoit peu.

En l'hyver d'aprés mondit Seigneur fit une entreprise, en laquelle il pensa prendre d'emblée Fresnay-le-Vicomte, mais il la faillit ; puis il s'en revint à Partenay, où il passa quelque temps ; & en s'en venant dudit Fresnay, il vint un homme du pays de Picardie, qui chevauchoit le plus prés de mondit Seigneur qu'il pouvoit, toutesfois en le regardant ; on luy demanda qui il estoit ; il respondit qu'il estoit Picard : puis Monseigneur demanda à Messire Gilles de S. Simon, qui il estoit, & il luy repartit, qu'il ne sçavoit : lors le Connestable luy dit, qu'il luy dist verité : & lors il respondit à M. qu'il luy diroit la verité, mais qu'il luy pleust luy pardonner : & lors mondit Seigneur luy pardonna : & luy dit alors cet homme de Picardie, que la Trimoüille l'avoit envoyé, & luy avoit promis argent pour le tuer. Et mondit Seigneur le mena une (*) piece, & puis luy donna un marc d'argent, & luy dit qu'il s'en allast, & qu'il n'entreprist plus de telles commissions.

L'an 1430. le Roy s'en estoit revenu en Touraine, & de là à Poictiers ; & furent faites quelques ouvertures de traité entre le Roy, le Connestable, & la Trimoüille ; &

(*) Un espace de chemin.

fut dit que le Conneſtable & la Trimoüille parleroient enſemble entre Poictiers & Partenay : toutesfois le Conneſtable fut adverty qu'on luy devoit faire une mauvaiſe trahiſon, & fut la choſe rompuë bien-toſt. Or aprés qu'ils virent que Monſeigneur n'iroit point, ils trouverent maniere d'y faire aller les Seigneurs de Thoüars, de Lezay, & Antoine de Vivonne, & furent menez à la chaſſe ; puis la Trimoüille les fit prendre, & retint le Seigneur de Thoüars priſonnier, & fit couper la teſte au Seigneur de Lezay, & à Antoine de Vivonne ; puis ceux de Thoüars mirent Madame de Thoüars hors la ville, & elle s'en vint à Mauleon, & ſupplia le Conneſtable, qu'il luy pleuſt l'ayder encontre la Trimoüille, & comme ſa pauvre parente, à qui on faiſoit ſi grand tort. Si vint demeurer à Partenay, & vint a elle le Seigneur de Chaſteauneuf ; aprés vint le Seigneur de Roſtrenen, puis le Seigneur de Beaumanoir, & beaucoup de Chevaliers & Eſcuyers ; & là fut entrepris le mariage de Pierre de Bretagne, qui depuis fut Duc, & de Madamoiſelle Françoiſe d'Amboiſe, qui depuis fut Ducheſſe ; & mondit Seigneur l'envoya en Bretagne devers le Duc, & luy-meſme y alla, & l'amena à Partenay ledit Pierre ſon neveu, & y demeura longuement avec Madame de Guyenne: & ladite Dame de Thoüars recouvra Marant (*), Benon, & l'Ifle de Ré; & y logerent les Seigneurs de Beaumanoir & de Roftrenen; & fut commencé à faire guerre par les places de la Trimoüille, à la ville de Thoüars; puis le Roy, & toutes les places de Poitou commencerent guerre contre le Conneftable, & à fes places, & y eut forte guerre: fi vint le Seigneur d'Albret, qui fut Lieutenant du Roy, & grand nombre de Gafcons, & autres gens, qui d'une emblée entrerent en l'Ifle de Marant; & s'en vinrent les Seigneurs de Beaumanoir & de Roftrenen à Fontenay, & gueres ne tint Marans ny Benon, & de là allerent à la Rochelle; & leur fut rendu Chaftelaillon, dont le Conneftable fut bien mal-content, & fit couper la tefte à celuy qui avoit rendu ladite place: & dura cette guerre bien prés d'un an, puis fe trouva appointement tel quel, & fut rendu à mondit Seigneur Chaftelaillon, & il fit rendre Genfay, qui avoit efté pris fur la Trimoüille. Et au regard de Mauleon il fut mis en la main de Pregent de Coitivi, du confentement des parties, & par ainfi il n'y eut plus de guerre, & de-

(*) Marans.

meurerent les choses en l'estat d'auparavant.

L'an 1431 en Aoust, le Duc Iean envoya querir le Connestable son frere, pour faire le mariage du Comte de Montfort & de Madame Yoland fille du Roy de Sicile, & fut à Nantes fait le mariage : si y eut-il grande feste & belle compagnée, tant de François que de Bretons ; puis s'en vint le Connestable à Partenay voir Madame de Guyenne : bientost aprés, environ la fin de Decembre, le Duc d'Alençon vint voir le Duc à Nantes ; & à son retour il prit le Chancelier de Bretagne, qui avoit nom Iean de Malestroit Evesque de Nantes, & l'emmena à Povencé ; & fut dit qu'il avoit pensé prendre le Comte de Montfort : incontinent le Duc escrivit au Connestable, qu'il luy pleust venir devers luy, & qu'il luy desplaisoit de l'outrage que son neveu luy faisoit : & aussi-tost mondit Seigneur vint devers le Duc, qui en fut bien aise & fort joyeux. Or environ le sixiesme jour de Ianvier ensuivant, fut mis le siege à Povencé, & y vinrent des Anglois pour servir le Duc, entre lesquels estoient les Seigneurs de Scales, de Vuilby, & Georges Riqueinan : si dura le siege longuement, & eust esté la place prise d'assaut, si ce n'eust esté le Connestable qui diffimula (*) ledit affaut, defirant faire l'appointement ; car trop eftoit defplaifant de la guerre entre l'oncle & le neveu, & pource que Mefdames d'Alençon eftoient dedans la place ; & le plutoft qu'il peut il trouva le traité, en telle maniere que M. d'Alençon vint devers le Duc, qui eftoit à Chafteaubriant, luy requerir pardon, & rendit le Chancelier ; & par ainfi tout fut appaifé, & s'en allerent ceux de dedans la place : fi leverent le fiege les Bretons & les Anglois, & tout fut content : puis le Conneftable voyant que tout eftoit bien appointé, prit congé du Duc, & s'en vint à Partenay, où il fut affez long-temps.

L'an 1432 le jour de la Pentecofte, Pierre Regnaud, frere de la Hire, prit la place de Mairevent, environ l'heure de Vefpres, & en vinrent les nouvelles au Conneftable, à Partenay, qui dés l'heure envoya les gens de fa maifon à Voulvent, & huit jours aprés fit mettre le fiege devant ledit lieu de Mairevent, qui fut repris par compofition ; & & y eftoit Pregent de Coitivi Lieutenant de mondit Seigneur, & avec luy tous les gens de fon hoftel, le Baftard Chappelle, & Pen-

(*) Fit retarder.

nemarc,

DE RICHEMONT. 289

nemarc, avec les nobles des terres de mondit Seigneur, & tous les arbaleſtriers.

L'an que deſſus, vers la fin de Septembre, treſpaſſa Ieanne de France, Ducheſſe de Bretagne; & pour cette cauſe vint le Conneſtable devers le Duc, & aſſiſta au ſervice, qui fut tres-beau, & y eut grand nombre de Prelats, Seigneurs, Chevaliers & Eſcuyers ſans nombre. Depuis s'en revint le Conneſtable à Partenay, & ſçavoit bien que de par luy, en partie, ſe demenoit une entrepriſe ſur la Trimoüille; & eſtoient venus devers luy à Partenay partie de ceux qui la conduiſoient : or bien-toſt aprés, la choſe fut miſe à execution par le Seigneur de Bueil, le grand Seneſchal, & de Coitivy, qui avoient pour chef M. du Maine; & en eſtoient les Seigneurs de Gaucourt & de Chaumont, qui tenoient Chinon & Loches; & Olivier Fretard les mit dedans le chaſteau de Chinon; & fut la Trimoüille pris en ſon lict, & fut en grand danger de mort, qui ne l'euſt reſcous; toutesfois ils ne luy vouloient point faire de mal, & fut envoyé à ſa maiſon : le Roy en fut fort effrayé, & on luy dit, que ce n'eſtoit rien que tout bien; & demanda le Roy ſi le Conneſtable y eſtoit; & on luy dit que non : aſſez toſt aprés, quand le Roy fut

Tome VII. T.

informé de la chose, il en fut tres-content.

L'an 1433 en Fevrier, les Anglois mirent le siege à Sainct (*) Selerin; & pour faire lever ledit siege, se mit le Connestable sus en armes, & assembla tout ce qu'il peut de gens; aprés quoy il tira vers Saumur, & de là à Duretail, pour aller faire lever le siege : mais là vinrent les nouvelles que Saint-Selerin estoit rendu, & revinrent luy & M. d'Alençon à Saumur, pour attendre & sçavoir ce que feroient les Anglois ; & bien-tost on leur apporta nouvelles qu'ils estoient devant Sillé-le-Guillaume ; & comme ils furent prests à partir, on leur vint dire que ledit Sillé entroit en composition, & qu'ils avoient baillé ostages en la maniere qui ensuit : c'est à sçavoir que ceux qui se trouveroient les plus forts à (**) six sepmaines, à un jour qui estoit, mis en une lande, à un orme qui estoit là, on leur devoit bailler la place, si c'estoient les Anglois, & si c'estoient les François, on leur devoit rendre les ostages. Sur ce le Connestable & M. d'Alençon, & les autres Seigneurs se departirent, & promirent de se rendre au jour qui estoit dit, & firent assemblée de gens chacun endroit soy, comme ils peurent : si se rendi-

(*) S. Celerin.   (**) Dans six.

rent enfemble deux jours avant le jour qui eftoit dit, & s'y rendit M. du Maine, qui amena tous les gens qui y voulurent venir, de l'hoftel du Roy : & y vinrent les Seigneurs de Bueil, le grand Senefchal, de Coitivy, de Chaumont, & de Thouars : & avec le Conneftable y vinrent les Seigneurs de Rais, le Marefchal de Rieux, de Roftrenen, de Breffuire, & plufieurs Chevaliers & Efcuyers de Bretagne, & de fes terres de Poictou.

Si partirent lefdits Seigneurs, de Sablé, & allerent coucher aux champs, & le lendemain ils coucherent affez prés du champ où devoit eftre la bataille : Dieu fçait fi le Conneftable leur monftra bien ce qu'il fçavoit faire; & auffi s'attendoient ils du tout à luy, pour ordonner le guet & les efcoutes, & de tout il avoit le gouvernement : fi fit tirer fon avantgarde jufques fur le champ, vers un petit ruiffeau; le lendemain il fit déloger tout le monde avant le jour, avec torches, en telle maniere qu'ils furent au champ avant le foleil levant, & fit (*) toutes fes ordonnances en cette maniere : les Marefchaux de Rais & de Rieux faifoient (**) l'avantgarde, avec d'autres gens qu'on leur avoit baillé :

(*) Dreffa.   (**) Compofoient.

le Seigneur de Bueil faifoit une aifle; l'autre aifle c'eftoit le Vidafme de Chartres, avec d'autres gens : le Conneftable, les Seigneurs d'Alençon & du Maine faifoient la bataille; & le Seigneur de Loheac & plufieurs autres Seigneurs vinrent fur le paffage; & les Anglois de l'autre part eftoient en belle bataille; & eftoit chef d'iceux, le Comte d'Arondel, Lieutenant du Roy d'Angleterre, bien accompagné, jufques au nombre de fept à huit mille combattans. Et en verité je croy qu'ils eftoient plus que les François d'environ deux mille, & n'oferent paffer un petit paffage pour venir au champ : & n'y avoit entre les batailles des François & Anglois qu'une petite riviere, & n'ofoient entrer les uns fur les autres. Si furent longuement les uns devant les autres, & croyoit-on que jamais la chofe ne fe departift (*) fans combattre. Et y furent faits plufieurs Chevaliers; & vint M. du maine requerir Chevalerie au Conneftable, & mondit Seigneur luy dit qu'il feroit plus honnorable qu'il le fuft de M. d'Alençon, qui eftoit Duc; & M. du Maine refpondit qu'il ne le feroit point, s'il ne l'eftoit de luy; & lors mondit Seigneur le fit Chevalier. Et puis M. du Maine fit plufieurs

(*) Ne fe feparaft fans combat.

Chevaliers, & entre autres ceux dont les noms s'enfuivent; les Seigneurs de Bueil, de Coitivy, le grand Senefchal, de Chaumont, de la Beffiere, & grand nombre d'autres: & le Conneftable fit de fa maifon Chevaliers, Gilles de Sainct-Simon, Olivier le Veer, Iean Bonnet, Iean Seveftre, Pierre Guyou, Iean de la Chauffée, Emery Chauvin, & d'autres.

Puis les Anglois tirerent au long d'une petite riviere, en un petit village, qui eftoit à leur advantage, là où ils fe fortifierent: & pource qu'ils n'avoient pas efté les plus forts, à l'heure de midy, à l'orme qui eftoit dit (*), le Conneftable les fit fommer de rendre les oftages, & incontinent ils les envoyerent. Cela fait, le Conneftable demanda aux Seigneurs & Capitaines ce qui eftoit à faire; & aucun ne fut d'opinion d'affaillir les Anglois en leur fort, & s'entreconfeillerent tous qu'il falloit s'en aller, parce qu'ils n'avoient aucuns vivres, ny pour eux, ny pour leurs chevaux, & qu'il leur avoit convenu apporter vivres fur leurs chevaux, pour trois jours, qui tous eftoient faillis; & les Anglois eftoient campez entre leurs places de tous coftez, & nos gens n'avoient place que

(*) Defigné.

Sablé, qui estoit bien à neuf ou dix lieuës de là. Mondit Seigneur leur demanda ce qui estoit à faire de cette place qui ne valoit rien, & estoit d'opinion qu'on devoit mettre le feu dedans, & faire couper la teste à celuy qui avoit fait cette composition. Beaucoup furent de cetté opinion, excepté le Seigneur de Bueil, qui avoit la charge de ladite place, qui dit qu'il la garderoit bien, & s'en fit fort. Aprés quoy partirent nos gens en belle ordonnance, & vinrent coucher sur les champs en un petit village, & le lendemain à Sablé: les Anglois dés le lendemain prirent ladite place de Sillé, & puis se retirerent en leurs places, & les François és leurs. Et sembla à beaucoup de gens qu'ils avoient bien fait; car il n'estoit de memoire d'homme qu'à une journée assignée les François fussent comparus, jusques à ce jour.

L'an 1434 le Connestable alla devers le Roy, qui luy fit bonne chere, & fut appointé que mondit Seigneur iroit en Champagne, laquelle Province, pour lors estoit mal-traitée, tant des ennemis, que des gens du Roy. Et s'en alla le Roy à Lyon, & de là à Vienne, & convint que ledit Connestable allast là, pour avoir les expeditions de son voyage : & luy fut ordonné quatre cent lances, dont M. le Baſtard d'Orleans avoit la charge de cent, puis fut mondit Seigneur expedié, & prit congé du Roy; & aprés il s'en alla à Partenay; & là luy vinrent nouvelles que le ſiege eſtoit à Creil, & eſtoit dedans Amadoc, frere de la Hire, qui fut tué dedans ladite ville de Creil d'une fleſche à la volée toute deferrée : & eſtoient dedans Antoine de Chabannes & autres, qui ne tinrent gueres ladite place depuis la mort d'Amadoc : ſi ne peut l'armée aſſez toſt eſtre preſte; car il convint attendre le Baſtard d'Orleans bien trois ſepmaines à Blois, & à Baugency : puis fit mondit Seigneur ſon voyage, & tira à Orleans, & de là à Melun, Laigny, Senlis, & Compiegne : il avoit avec luy le Mareſchal de Rieux, M. le Baſtard d'Orleans, & M. le Chancelier, qui s'en alloient quant & luy.

Quand il fut à Compiegne, là ſe rendirent Poton & la Hire, qui luy requirent qu'il leur baillaſt deux cent lances & les archers, pour les ſecourir à Laon, qui eſtoit baſtillé (*). Et ainſi Monſeigneur leur bailla Gilles de Saint Simon, & partie des gens de ſa maiſon, & Iamet de Tillay, qui avoit la charge des gens de mondit Seigneur le Baſtard, &

(*) Fortifié.

menerent luy & ledit Gilles environ deux cent lances & les archers. Si cuiderent (*) trouver les gens de Iean de Luxembourg en un village aſſez prés d'Arſy-ſur-Sarte, & ne trouverent rien. Puis ils s'en vinrent à Laon, qui eſtoit en grande neceſſité. Et tenoient les gens dudit Iean de Luxembourg toutes les places d'environ ladite ville de Laon, & avoient meſme pris le Mont S. Vincent, à un trait d'arc de la ville; & cependant les gens qui tenoient Saint Vincent s'en allerent par compoſition, & eurent ſauf-conduit du Conneſtable pour s'en aller. Et fit-on de grandes courſes ſur les pays obeyſſans à M. de Bourgongne, & fut fort bien ravitaillée ladite ville de Laon, qui bien en avoit métier (**). Le lendemain paſſa à quatre lieuës de là M. de Bourgongne, qui venoit de Picardie, & tiroit en Bourgongne, & avoit avec luy environ trois mille combatans, & ne tint à gueres qu'il ne trouvaſt les François en un village, qui (***) repaiſſoient. Bien toſt aprés qu'ils en furent partis, il y vint loger.

Or cependant que le Conneſtable eſtoit à Compiegne, luy vinrent nouvelles que la

(*) Penſoient-ils rencontrer.
(**) Beſoin. (***) Où ils.

cité de Beauvais eſtoit en danger de ſe perdre, & que la Hire & ceux de la ville eſtoient en grande diſſenſion, dont il fut bien deſplaiſant ; car les Anglois eſtoient venus luy offrir la bataille, & encores eſtoient-ils logez à Verberie, & là autour ; & convint que ledit Seigneur prit certain nombre de gens pour les conduire, & que les autres demeuraſſent à Compiegne pour la garde d'icelle, & ſi avoit-il les Anglois prés de luy ; & avoit ſon armée diviſée en trois parties, c'eſt à ſçavoir ceux qu'il avoit envoyez à Laon, ceux qu'il menoit à Beauvais ; & M. le Chancelier, M. le Baſtard, & le Mareſchal de Rieux, avec certain nombre de gens demeurerent à Compiegne, pour la garde de cette ville-là ; & ſi il y avoit un traiſtre qui avoit vendu aux Anglois, & tout enſeigné le chemin qu'ils devoient tenir ; mais les Anglois ne ſe fierent point en luy, ainſi comme Dieu le vouloit : & tira ſon chemin à Beauvais, & fit l'appointement, puis il s'en retourna à Compiegne, & manda ſes gens qui eſtoient à Laon ; & auſſi-toſt qu'ils furent venus, il fit l'entrepriſe de prendre Han en Vermandois, & y envoya ceux qui avoient eſté à Laon, qui faiſoient l'avant-garde : ils arriverent au poinct du jour audit lieu de Han ; & auſſi-toſt ils donnerent l'aſſaut, & fut priſe la ville & le chaſteau, qui gueres ne valoit à l'heure : puis arriva le corps de la bataille, où eſtoient le Conneſtable, M. le Baſtard d'Orleans, le Mareſchal de Rieux, Poton, la Hire, Blanchefort, & pluſieurs autres Capitaines, qui furent bien joyeux de trouver leur logis fait; & fit ledit Conneſtable delivrer tous les gens de la ville de Han, exceptez ceux qui eſtoient Anglois, ou Officiers d'Anglois ; & fit rendre à ceux de la ville la moitié de tous leurs biens : penſez qu'il y avoit beaucoup de vivres, car on y fut plus d'un mois ſans aller au fourage, bien trois mille chevaux qui là eſtoient.

Tous les Capitaines & gens de guerre eſtoient bien deſplaiſans, de ce qu'ils ne faiſoient de grandes courſes és marches de Picardie ; mais le Conneſtable ne le vouloit pas, pource que tousjours il taſchoit & deſiroit faire la paix entre le Roy & M. de Bourgongne ; & desja il avoit eu des nouvelles de l'un & de l'autre, par un pourſuivant de mondit Seigneur, & de M. de Bourgongne, par Pierre de Vaudré. Le deuxieſme jour aprés qu'on eut pris Han, M. le Baſtard d'Orleans alla courir à Chauny, croyant parler à ceux de la ville, mais Iean de Luxembourg arrivoit audit lieu de Chauny par l'autre cofté, & y eut belle efcarmouche; & fouftint fort le faix ledit Baftard & la Hire, & ceux qui eftoient avec eux: fi le manderent au Conneftable, qui eftoit demeuré à Han, & Dieu fçait fi bientoft il monta à cheval avec toute fa compagnée, & vint recueillir & fecourir ceux qui eftoient à Chauny, & les trouva à bien trois lieuës de là, qui s'en revenoient en bonne ordonnance, & n'avoient rien perdu. Bien-toft aprés entreprirent de faire armes à outrance devant le Conneftable, Geoffroy de Sainct-Belin (*) dit *la Hire*, & Charles de Boqueaux, qui y eut du pire; mais mondit Seigneur leur fit faire grande chere, & leur fit des dons.

Puis bien-toft aprés Iean de Luxembourg & Poton eurent parole enfemble, touchant le faict de Han, & tant qu'ils firent l'appointement tel, que s'il plaifoit au Conneftable de remettre Han en la main dudit Iean de Luxembourg, qu'il feroit donner à mondit Seigneur foixante mille faluts, & feroit que Bruere, Aunay, & autres places qui eftoient prés de Laon, ne feroient plus de

(*) Doute fi Geofroy de Saint-Belin eftoit le mefme que la Hire.

guerre à ladite ville de Laon; & aussi que Blanchefort rendroit Breteüil qu'il tenoit. Et ainsi fut fait l'appointement, & l'argent baillé, dont les gens d'armes furent payez, qui bien mestier (*) en avoient, & fut departy à tous les Capitaines & Seigneurs, tant qu'il ne demeura pas à mondit Seigneur mille cinq cent Saluts; lequel de là s'en vint à Compiegne, puis il tira en Champagne, & vint à Rheims. Or proche de Troyes, à trois ou quatre lieuës de distance, il y avoit une place qui faisoit grande guerre là autour; mondit Seigneur y vint mettre le siege, & n'y fut que demy jour & une nuict que la place ne fust renduë, & ceux qui estoient en ladite place s'en allerent chacun un baston en la main: & fit mondit Seigneur punition de beaucoup de larrons qui desroboient tout le monde, puis il s'en alla à Chaalons; & y avoit lors de grandes pilleries sur le plat pays, & plusieurs places faisoient guerre à ladite ville de Chaalons: mais Monseigneur prit (**) en personne les champs, & alla devant une place nommée *Maure*, que tenoit Guillaume Coronan, qui estoit Anglois, & n'y fut que trois jours que ladite place ne se rendit; &

(*) Besoin.
(**) Battit la campagne en personne.

s'en allerent ceux de dedans chacun un baſton en la main.

Puis aprés s'en vint le Conneſtable mettre
le ſiege à Han en Champagne; & durant
qu'il eſtoit devant Han, le Duc de Bar, qui
eſt à preſent Roy de Sicile, vint à une ſienne
place, qui eſt aſſez prés de Sainɗe-Mane-
houd, & pria Monſeigneur qu'il y vouluſt
aller parler à luy; il y alla donc, & ils
parlerent enſemble à leur bon plaiſir : le lendemain il s'en revint à ſon ſiege, & fut la
baſſecourt priſe d'aſſaut, & le lendemain la
place renduë, & s'en allerent chacun un
baſton en la main. Puis s'en vint mondit
Seigneur à Vitry en Partois où il y avoit une
petite place prés Arzilieres que l'on fortifioit;
ſi y envoya les gens de ſa maiſon, & le
lendemain elle fut renduë, & s'en allerent un
baſton à la main. Puis il s'en vint à Chaalons,
& en venant, ceux de Vertus mirent le feu
en la place. Or durant que Monſeigneur
eſtoit audit lieu de Chaalons, luy vinrent pluſieurs plaintes d'un Capitaine nommé Henry
Bourges, ſur quoy il le fit prendre, & ſans
gehenne il confeſſa avoir forcé dix femmes,
& fait tant d'autres maux que c'eſtoit merveilles, & fit mondit Seigneur pendre ledit
Bourges.

Puis arriva à Chaalons le Damoiseau de Commercy, qui vint devers le Connestable, en luy suppliant qu'il luy pleust luy donner du secours, d'autant qu'à cause qu'il tenoit le parti du Roy, les Anglois & Bourguignons, & ceux qui favorisoient leur party, luy faisoient guerre; & que le Comte de Vaudemont tenoit une bastille devant une de ses places nommée Nercy; & que si mondit Seigneur n'y pourveoit, qu'il perdroit tout: pour cette cause mondit Seigneur envoya Poton, la Hire, & Gilles de Sainct-Simon, & de ses gens, jusques au nombre de quatre cent Lances; si fut prise (*) cette bastille d'assaut, d'où le Comte de Vaudemont s'en estoit allé le jour de devant avec la plus grande partie de ses gens: de là s'en vint l'armée en la Comté de Ligny en Barrois, où se firent beaucoup de maux, puis ils s'en revinrent à Chaalons devers mondit Seigneur; aprés ils s'en allerent à Vitry en Partois, là où vint le Sire de Commercy, qui ne vouloit obeyr au Duc de Bar, ny tenir ce qu'il luy avoit promis, & le fit sçavoir le Duc de Bar au Connestable: pour cette cause mondit Seigneur le fit arrester, & le bailla en garde à Gilles de Sainct-Simon, à Males-

(*) Emportée.

chec, & à Guillaume Gruel; & puis l'eſlargit ſur ſa foy, & jura ſur la vraye Croix de noſtre Seigneur, que point il ne partiroit ſans le congé du Conneſtable ; & par ainſi furent les gardes dudit Commercy deſchargées.

Puis vint ledit Commercy un jour que mondit Seigneur jeuſnoit, & on dit à Monſeigneur qu'il ne jeuſnoit pas; & lors Monſeigneur luy dit, qu'il allaſt ſouper; ſi dit à Monſeigneur, *puiſqu'il vous plaiſt, avec votre congé, Monſeigneur.* Et ſur ce il avoit un courſier à la porte, & monta deſſus, & s'en alla à une place diſtante d'une lieuë de Vitry, nommée Eſtrepy, qui tenoit le party de Bourgongne, & de là il tira à Commercy. Quand Monſeigneur ſceut le tour du mal (*) engin qu'il luy avoit joué, il en fut tres-malcontent; & fit partir quarante Lances gens de ſa maiſon & Ioſſelin de la Beloceraye, pour aller les premiers ſe mettre devant Commercy, & s'en venoit aprés mondit Seigneur, pour mettre le ſiege audit lieu de Commercy : & quand le Damoiſeau le ſceut, il ſe rendit à Monſeigneur, & au Duc de Bar, pour luy tenir & accomplir ce qu'il luy avoit promis : & en tirant devers Sainct-Michel (**) là où eſtoit M. de Bar, les gens du Conneſtable

(*) De l'infidelité.   (**) Saint-Miel.

sçeurent environ le point du jour des nouvelles du Baillif de Bar, portant que les Anglois estoient devant Bar-le-Duc, & incontinent furent mis dix Lances devant, pour chasser au desesperé (*), & pour faire arrester lesdits Anglois, lesquels s'en alloient à leur garnison à Ligny, là où estoit Guillaume Coronan; & estoyent prés de deux cent à cheval, & quatre-vingt à pied : mais aussi-tost qu'ils apperceurent les pennonceaux qui estoient és lances du Connestable, ils se mirent en fuite, & laisserent tout leur charroy & leur pillage, & furent chassez jusques à la barriere de Ligny; & y en eut beaucoup de tuez & de pris; & s'en retourna la compaignée repaistre à deux lieuës de là, puis vinrent coucher à Bar, pour faire ferrer leurs chevaux; car il faisoit de si grandes glaces que tout estoit deferré : le deuxiesme jour aprés allerent les gens du Connestable coucher à Sainct-Michel devers le Duc de Bar, là où arriva le Damoiseau de Commercy, qui fit & accomplit tout ce qu'il avoit promis au Duc de Bar.

En ce temps arriva Poton & Gilles de Sainct-Symon, qui vint de la part du Connestable, & apporta lettres (**) de mondit

(*) C'est à dire, comme enfans perdus. (**) Ordre.

Seigneur

Seigneur, pour mener tous les gens d'armes où Poton leur diroit : & dés le lendemain il les mena devant Mets, pour rançonner le pays, dont plusieurs desdits gens d'armes ne furent pas conténs; quand ils virent la guerre que Poton leur faisoit faire; puis s'en retournerent lesdits gens d'armes en Barrois, là où ils trouverent le Connestable; lequel s'en vint par Espence, & cette nuit se rendit ladite place d'Espence : puis s'en vint le Connestable à Chaalons, & y fut une piece (*); & il eut nouvelles des Seigneurs de Bourgongne & de Bourbon, qui estoient assemblez à Nevers, là où ils prierent qu'il vint; & luy envoya M. de Bourgongne un sauf-conduit tel qu'il voudroit; puis prit mondit Seigneur le chemin de Troyes, & y fut une piece, pour faire justice & mettre police au pays : de là il en partit & tira à Dijon, là où il trouva Madame de Bourgongne, qui le receut grandement, & le festoya tres-bien, & y fut deux jours : il faisoit lors grand (**) hyver, & convenoit aux bonnes gens de faire exprés des chemins à cause des grandes neiges : de là il tira à Beaune, Autun, Desise, & à Nevers, là

(*) Un espace de temps.
(**) Rude ou aspre hyver.

où il trouva les Seigneurs de Bourgongne & de Bourbon, & Madame de Bourbon, lesquels firent tous tres-grande chere; & y fut (*) mondit Seigneur bien durant douze jours, & fut cependant entreprise la Journée (1) pour se rendre à Arras, afin de faire la paix.

Et bien-tost aprés la Chandeleur, le Connestable prit congé de M. de Bourgongne, lequel s'en alla à Dijon, & M. de Bourbon & Madame s'en allerent en Bourbonnois. Quand le Connestable fut à Dun-le-Roy, il sceut que Forte-espice estoit à Bourges, si envoya Iean de la Boessiere & les Archers de son corps, pour prendre ledit Forte-espice, qui l'avoit trompé; car il luy avoit promis de faire le voyage de Champagne en la compagnée du Connestable, & il avoit pris de mondit Seigneur un coursier, & de l'argent pour luy & pour ses gens, & devoit amener quarante Lances bien en poinct: mais quand il sceut le jour que Monseigneur partoit pour s'en aller, il tira en un autre chemin: car il ne demandoit que pillerie, & sçavoit bien que mondit Seigneur ne l'eust pas souffert. Et quand mondit Seigneur fut à Bourges, ceux de ladite ville le vinrent requerir (**),

(*) Sejourna.   (**) Prier.

pour un service que ledit Forte-espice leur avoit fait : & pource que mondit Seigneur aimoit fort ceux de Bourges, il ne les voulut pas refuser, car il eust esté pendu sans aucun remede : puis s'en vint le Connestable à Tours, là où il trouva le Roy de Sicile ; & de là s'en vinrent ensemble devers le Roy, qui estoit à Chinon ; & là fit le Roy bonne chere audit Seigneur ; ce fut à Caresme-prenant. Or aprés qu'il eut fait rapport au Roy de la Journée qu'il avoit entreprise avec M. de Bourbon, le Chancelier, & M. de Bourgogne, de se rendre à Arras, comme dit est ; il fut conclu, que le Roy assembleroit ceux de son Sang & les autres Estats de son Royaume, & que vers Pasques ils se rendroient à Tours. Bien-tost aprés le Connestable s'en vint à Partenay voir Madame de Guyenne, puis retourna vers le Roy avant Pasques flories ; & ledit jour de Pasques flories, mondit Seigneur fit son hommage de sa Seigneurie & Terre de Partenay. Peu aprés Pasques il fut conclu, que le Roy envoyeroit à la Journée, qui estoit entreprise audit lieu d'Arras, les Seigneurs de Bourbon, le Connestable, le Chancelier, de Vendosme, le Mareschal de la Fayete, Crestofle de Harcourt, Adam de Cambray premier President, & autres ;

& ainſi fut fait : & s'en vint le Conneſtable à Partenay.

L'an 1435 au mois de Juin, M. d'Eſtampes fit ſçavoir par Guillaume Gruel, au Conneſtable que Madame d'Eſtampes eſtoit accouchée, & avoit eu un beau fils, dont le Conneſtable fut plus joyeux que jamais je (*) le veis (2).

L'an & mois que deſſus, environ la Sainct-Iean, partirent les Ambaſſadeurs, pour aller à Arras devers le Duc de Bourgongne, lequel vint au devant deſdits Seigneurs plus d'un grand quart de lieuë ; Dieu ſçait comment il eſtoit accompagné, & il les receut grandement bien : & y eſtoient desja venus deux Cardinaux, de par le Pape, c'eſt à ſçavoir ceux de Saincte-Croix & de Cypre : puis y arriverent les Anglois, c'eſt à ſçavoir le Cardinal de Vinceſtre, les Comtes de Hontinton, & de Suffolc, & pluſieurs autres gens de grande façon (**), en bien grand nombre : & y avoit des gens du pays de M. de Bourgongne, ſans nombre ; le lendemain y arriva Madame de Bourgongne, avec ſon fils, en tres-grande pompe & grands (***) habille-

(*) Cela fait conjecturer que l'Auteur de cette Vie eſtoit à la ſuite du Conneſtable.
(**) Grand renom.   (***) Somptueux.

mens, tous grandement bien accompagnez. Ils furent plus de six semaines audit lieu d'Arras; & Dieu sçait les grandes cheres & banquets qui là furent faits : tousjours le Connestable alloit la nuit, aprés que tout estoit retiré, devers le Duc de Bourgongne, aucunes-fois devers le Chancelier de Bourgogne, & devers M. de Croy, & devers ceux qui estoient bons (*) pour la paix : car sur toutes choses la desiroit iceluy Connestable; & tant fit, qu'elle se trouva.

Or cependant que ces Seigneurs estoient à Arras, la Hire & plusieurs autres Capitaines prirent les fauxbourgs d'Amiens, & furent lesdits Seigneurs en danger : or pour sçavoir l'opinion & l'advis de M. d'Orleans (lequel les Anglois firent venir à Calais pendant qu'on traitoit la paix) M. le Connestable y envoya des Ambassadeurs; & aussi fit M. de Bourbon, qui y envoya Robinet d'Estampes; & le Connestable y envoya Henry de Ville-blanche & Raoul Gruel, lesquels firent rapport de par M. d'Orleans, à M. de Bourbon & au Connestable, qu'ils fissent la paix, sans y faire aucune difficulté, en la maniere qu'ils la firent. Or cependant qu'ils estoient à Arras fut executée une entreprise que ledit Con-

(*) Enclins à la paix.

neſtable avoit faite & ordonnée à ſes gens, durant qu'il ſeroit à Arras, afin qu'ils priſſent la ville de Sainct-Denys; & (3) ainſi fut fait par Mahé Marillon, Iean Foucaut, Regnaud de Sainct-Iean, Louys de Vaucourt, & autres Capitaines.

Puis après vint le Mareſchal de Rieux, & puis M. le Baſtard d'Orleans, & le Baſtard Chappelle, Mathurin l'Eſcouet, Ioſſelin de la Beloſſeraye, & pluſieurs autres gens d'armes, qui firent bonne guerre à Paris, & s'y paſſerent des plus belles eſcarmouches que jamais homme pourroit (*) voir : puis après les Anglois firent (**) leur armée, pour mettre le fiege à Sainct-Denys : & fut adviſé que le Mareſchal de Rieux demeureroit dedans; lequel volontiers en prit la charge, & tres-bien s'y gouverna. Et M. le Baſtard alla devers le Roy, pour aſſembler gens, afin de ſecourir ladite ville, & promit à ce Mareſchal, qu'il le ſecoureroit. Puis fut mis le fiege devant Sainct-Denis, qui gueres ne valoit (***), & y mit Ioſſelin de la Belloſſeraye; lequel tint tres-bien, & y furent faites de tres-belles armes; & y fut donné l'aſſaut, qui dura preſque tout un jour, & furent bien

(*) Sçavoir. (**) Dreſſerent.
(***) C'eſt à dire, gueres fortifié.

batus, & n'y gangnerent qu'un boulevart, qui estoit à la porte vers Pontoise; mais ce jour, vers le soir, il fut regangné sur les Anglois par un homme, nommé Bourgeois, qui vint demander des gens audit Mareschal; & entre autres luy furent baillés six hommes, pour faire l'entrée; car il convenoit d'entrer par dessus une petite planche, qui n'avoit pas un pied de large; ces six hommes furent Iean Budes, de la Barre, Meriadec, Roland, Abé, Gilles de Mareüil, & ledit Bourgeois: si entrerent dedans, avec beaucoup d'autres, & firent des belles armes; & y tuerent & prirent ceux qui estoient dedans le boulevart, les autres s'enfuirent; & nos gens se defendirent tres-fort.

Cependant le Connestable, qui estoit à Arras, comme dit est, auquel il tardoit fort que la paix ne fust faite, aussi-tost qu'elle fut jurée, prit congé de MM. de Bourgongne & de Bourbon, & manda tout ce qu'il peut trouver de gens, & s'en vint droit à Senlis: & incontinent que les Anglois sceurent que ledit Connestable estoit audit lieu de Senlis, ils firent leur composition avec ceux de la ville, le plus amplement que faire se pouvoit; car ils s'en allerent montez & armez, & emporterent tous leurs biens, & toute leur artillerie, & leurs prisonniers; & le jour de devant, avant qu'ils fceuffent les nouvelles de ce Conneftable, ils vouloient les avoir à leur mercy, ou à tout le moins, un bafton à la main. Cependant fut pris le Pont-de-Meulan, qui fit un grand ennuy aux Anglois; puis le Conneftable logea les gens d'armes aux frontieres d'alentour de Paris: aprés il fit une entreprife de prendre la ville de Diepe, que fes efcheleurs (*) avoient projettée avec Charlot des Marais: fi y envoya mondit Seigneur le Marefchal de Rieux, & luy bailla argent & gens, afin d'executer l'entreprife; puis aprés il y envoya Gilles de Sainct-Simon, & des gens de fa maifon, Euftache de l'Efpinay, Iean de la Haye, & Artus Bricart: puis aprés que Diepe fut pris, comme auffi Harfleur, Montivilliers, & Fefcamp, mondit Seigneur envoya des gens au Marefchal de Rieux, c'eft à fçavoir Olivier de Coitivy, & le baftard Chappelle; puis y allerent plufieurs autres Capitaines, c'eft à fçavoir Antoine de Chabanes, Poton, le Bourguignon, Penenfac, & Brufac, avec plufieurs autres, qui fort deftruifirent (**) le pays.

L'an que deffus 1435 à l'entrée d'Octobre,

(*) Gens d'efcalade.
(**) Ravagerent.

trespassa la Reyne (4) Ysabeau, dans l'Hostel de Saint Paul à Paris.

Puis fit le Connestable une autre entreprise, & chargea Poton, & la Hire d'aller remparer Gerberoy, & bailla audit Poton sept mille Saluts, pour ayder à conduire l'entreprise, car mondit Seigneur n'y pouvoit estre en personne, pource qu'il luy convenoit venir devers le Roy, quant & les autres Ambassadeurs, afin de faire le rapport touchant ce qu'ils avoient besongné (**), pour la paix d'Arras, comme aussi pour prier le Roy, qu'il voulut jurer & tenir (*) la paix, ainsi qu'il l'avoit promis. Et y fit le Roy d'abord un peu de difficulté, neantmoins bien-tost aprés les Ambassadeurs de M. de Bourgongne vinrent devers le Roy, lequel jura la paix, & depuis il en fut bien content. Puis aprés Poton, & la Hire allerent fortifier Gerberoy, ainsi qu'ils avoient promis au Connestable. Et en fortifiant cette place le Comte d'Arondel le sceut, lequel soudainement fit grande assemblée de gens, pour surprendre lesdits Poton & la Hire, & vinrent à un matin bien trois mille combattans, pour enclore & prendre ceux de Gerberoy : mais Poton & la Hire qui virent que besoin

(*) Negocié. (**) Observer.

estoit de bien faire, avec environ six cent combattans, qu'ils avoient, firent une faillie (*) au defesperé : Poton estoit à pied, & la Hire à cheval, & firent si bien que ce fut merveilles, & combattirent longuement, & par plusieurs fois : & tant firent de belles armes, que (**) au dernier le Comte d'Arondel fut blessé en un pied, d'une coulevrine, & fut pris, & plusieurs de ses gens tuez, ou pris, & les autres en fuite : ainsi fut levé le siege de Gerbefroy.

Le Connestable, aprés qu'il eut esté devers le Roy, & que la paix fut jurée, s'en vint à Partenay voir Madame de Guyenne, & envoya devers M. de Bourgongne Henry de Ville-blanche, qui s'en alla depuis Bourgongne par Paris jusqu'à Hesdin, & puis s'en vint devers Monseigneur à Partenay. Bien-tost aprés Madame d'Estampes alla à Poictiers devers le Roy, & passa & repassa par Partenay, & fut le Connestable la conduire audit lieu de Poictiers, puis s'en retourna ladite Dame à Clisson. Bien-tost aprés vinrent nouvelles au Connestable, que Gilles de Saint Symon, lequel estoit son Lieutenant au pays de Caux, estoit prisonnier, & avoit esté pris devant Caudebec, en une rencontre : or la

(*) Firent une sortie en desesperez. (**) Qu'enfin.

maniere comment il fut pris, c'est qu'il estoit venu courir devant ladite ville de Caudebec, & cette nuit y estoient arrivez les Sires de Talbot, & de Fauquenbergue, avec plusieurs autres Capitaines, jusques au nombre de deux à trois mille combattans : & estoit ledit Gilles de Saint Symon des premiers, & se pensoit retirer en ordonnance ; mais ses compagnons le laisserent, & fut abandonné, & pris ; puis aprés fut delivré par la prise (*) d'un Anglois. Le Connestable sejourna un peu à Partenay, puis il en partit environ le premier jour de Mars, & s'en alla devers le Roy à Poitiers : & fut conclu qu'il s'en iroit és marches de France, dont il avoit le gouvernement, & aussi que aucunes entreprises se devoient faire & conduire par luy, sur Paris. Et fut dit, que MM. de Bourbon, le Bastard d'Orleans, le Chancelier, de Vendosme, & Crestophle de Harcourt y iroient.

Ils prirent donc tous ensemble leur chemin jusques à Orleans, & de là à Ianville ; où leur vinrent nouvelles que les Anglois venoient à Paris, au nombre de bien trois mille, qui ammenoient un convoy, & venoient pour renforcer ceux qui estoient dans Paris : quand ces nouvelles furent oüyes, il fut advisé que

(*) Par l'eschange.

nosdits Seigneurs n'estoient pas assez puissans pour combattre ; car ils n'avoient que les gens de leurs maisons : & fut conclu que les Seigneurs de Bourbon, de Vendosme, le Chancelier, le Bastard d'Orleans, & Crestophle de Harcourt s'en retourneroient devers le Roy, pour voir jurer & affermer la paix qui avoit esté faite à Arras, & aussi pour recevoir l'ambassade de M. de Bourgongne, qui estoit venuë à belle compagnée : en laquelle ambassade entre autres estoient le Chancelier de Bourgongne, le Seigneur de Croy, & autres grands personnages : adonc se departirent lesdits Seigneurs de Ianville, comme dit est. Les uns allerent devers le Roy ; & le Connestable, qui avoit environ soixante Lances de sa maison, alla coucher à Corbeil, la veille de Pasques flories, & ledit jour à Laigny sur Marne, là où il trouva belle compagnie de ses gens, qui estoient en garnison, dont estoient Capitaines Iean Foucault, & Mahé (*) Morillon : de là il manda toutes les garnisons de Brie, & de Champagne, & tous ceux qui tenoient les champs, afin qu'ils se rendissent à Pontoise devers luy, le plustot que faire se pourroit : & le Mardy de la Semaine-sainte passa mondit

(*) Macé, ou Mathieu.

Seigneur à travers l'Isle de France, & vint à Pontoise, là où il trouva les gens de M. de Bourgongne, qui vinrent bien un quart de lieuë au devant de luy ; c'est à sçavoir, les Seigneurs de Ternan, de l'Isle-adam, de Varambon, & beaucoup de gens de grande façon, jusques au nombre environ de sept à huit vingt Lances : & la sçeut des nouvelles des Anglois, qui estoient à Mantes : mais dés qu'ils sçeurent que le Connestable estoit à Pontoise, ils retarderent leur entreprise : & mondit Seigneur manda le Bastard d'Orleans, & les garnisons de Beausse, pour venir audit lieu de Pontoise, là où se rendit mondit Seigneur le Bastard, & toutes les garnisons.

Tous les jours de la Semaine-sainte, mesme le grand Vendredy, & le jour de Pasques, nosdits gens furent tousjours armez pour combattre ; car les Anglois ammenoient un grand convoy, & un grand nombre de bestail : & quand ils sçeurent que le Connestable estoit pour les gueter, ils laisserent tout leur convoy, & bestail ; & s'en allerent de nuit par les bois, de l'autre costé de la riviere : mais quand mondit Seigneur sçeut qu'ils furent passez, il delibera luy, & M. le Bastard qu'ils viendroient loger à l'encontre de Paris, & qu'ils feroient un pont fur la riviere. Or le Mardy des feries de Pafques, M. le Baftard prit congé du Conneftable, & s'en alla affembler les gens d'armes en Beauffe, & fe devoit rendre à Monfeigneur au jour dit entre eux: en iceluy Mardy (5) mefme le Conneftable avoit envoyé fes fourriers à Saint Denys, accompagnez de Bourgeois, Mahé Morillon, & Jean Foucaut, avec bien trois cent combattans; lefquels quand ils vinrent audit lieu de Saint Denis, ils y trouverent les Anglois en bien groffe compagnie, qui eftoient venus pour piller l'Abbaye, & la ville : mais quand le guet apperceut nos gens, il fonna à tout, & les Anglois faillirent à l'efcarmouche.

Or quand Bourgeois apperceut qu'ils eftoient en fi grande compagnie, il envoya un homme battant (*) devers Monfeigneur, qu'il trouva lorfqu'il ne faifoit qu'aller à table. Si luy dit-il, que Bourgeois luy mandoit qu'il avoit trouvé ce que mondit Seigneur demandoit, & lors il fe leva de table, & fit fes trompettes fonner à cheval, & tous fes gens le pluftot que faire fe peut : & auffi-toft qu'il fut à cheval, il tirá à la porte, à celle fin

(*) Viftement, ou promptement.

que ſes gens allaſſent aprés luy : mais les gens de M. de Bourgongne ne vouloient monter à cheval, ſans avoir argent, & convint que le Conneſtable s'obligeaſt audit Seigneur de Ternan, de la ſomme de mille eſcus, avant qu'il voulut partir ; puis mondit Seigneur tira en avant. Au partir de la porte il n'avoit que ſix Lances ; mais tout le monde commença à tirer aprés luy, & comme ils venoient, il envoyoit des gens pour entretenir l'eſcarmouche.

Toſt aprés arriva le Seigneur de l'Iſle-adam, devers mondit Seigneur, auquel il demanda s'il connoiſſoit le pays où leſdits Anglois eſtoient, & il reſpondit que bien le connoiſſoit. Alors il dit à Monſeigneur : *Par ma foy Monſeigneur, ſi vous aviez dix mille hommes combattans, vous ne leur feriez ja mal ne deplaiſir en la place ou ils ſont.* Et Monſeigneur luy dit : *Si ferons, ſi Dieu plaiſt, Dieu nous aydera, allez devant pour entretenir l'eſcarmouche,* & ja y eſtoit allé le Seigneur de Roſtrenen : & en chevauchant aſſembla ledit Conneſtable bien huit vingt Lances autour de ſon enſeigne, & y eſtoit M. de la Suſe, & le Baſtard de Bourbon. Cependant les Seigneurs de Roſtrenen, & de l'Iſle-adam eſtoient deſcendus à pied au bout d'une chauſsée, qui est prés de S. Denys. Ainsi comme Dieu le voulut, qui tousjours a conduit les faits d'Artus plus miraculeusement qu'autrement, les Anglois vinrent charger nos gens, & les firent monter à cheval bien à la haste, & pensa y estre l'Isle-adam mort, ou pris; toutesfois il se sauva, & lesdits Anglois laisserent leur fort, & chasserent nos gens bien deux traicts d'arc.

Cependant le Connestable venoit en un chemin couvert, & quand il fut prés des Anglois, il entra en un champ de vignes, & venoit en belle bataille. Aussi-tost que lesdits Anglois l'apperceurent, ils se mirent en desarroy (*) pour penser recouvrer leur pont, & incontinent nos gens & toute nostre bataille chargea dedans; & bien-tost furent deffaits & morts sur la place, & à la chasse plus de huit cent. Et là fut pris Thomas de Beaumont, qui estoit Lieutenant du Roy d'Angleterre & son parent, & le prit Iean de Rosenuinen; & Henry de Ville-blanche portoit l'estendarr en ce jour : & furent chassez les Anglois jusques à la porte de Paris, & leur fit-on lever le pont, & fermer la porte, & en fut tué jusques à la barriere, & sur les fossez; & croyez qu'il y eut bel effroy à Paris:

(*) Desordre.

puis ils s'en retournerent tous loger à Saint Denys ; & audit lieu s'eſtoient retirez en la tour du venin, qui eſtoit forte, le neveu du Prevoſt de Paris, & bien ſix-vingt Anglois : & cette nuit Monſeigneur envoya au Bois de Vincennes chercher deux bombardes qui y eſtoient, & furent amenées le Mercredy ; auquel jour, la nuit, vinrent nouvelles au Conneſtable, d'un homme de Paris (6), qui luy mandoit, qu'il vint, & qu'ils eſtoient une dixaine qui luy ouvriroient la porte.

Sur quoy partit ledit Seigneur, bien matin de Saint Denis, feignant d'aller parler à Iean de Luxembourg ; ce qu'il faiſoit de peur que tous ne voluſſent aller avec luy, pource qu'il avoit beaucoup de gens tenant les champs, & avoit peur qu'ils vouluſſent faire quelque pillerie à la ville de Paris : & laiſſa audit lieu de Saint Denys le Seigneur de la Suſe ſon Lieutenant, & Pierre du Pan, ſon Maiſtre d'hoſtel, avec pluſieurs gens de ſa maiſon, & tous les routiers, de peur qu'ils ne fiſſent aucun ſcandale, comme dit eſt, & auſſi pour laiſſer ſon ſiege garny ; & ne mena de Saint Denys que ſoixante Lances, & alla diſner à Pontoiſe ; là où il trouva les Seigneurs de Ternan, de l'Iſle-adam, & Varambon, &

les gens de M. de Bourgongne, qui s'en allerent avec mondit Seigneur: & avoit mandé M. le Bastard d'Orleans, à ce qu'il se rendît à luy à Poissy.

Puis quand mondit Seigneur fut audit lieu de Pontoise, il envoya des gens pour se mettre en embusche (*) encontre Nostre-Dame-des-champs, & entre les autres il y envoya Mahé Morillon, Geoffroy, son frere, & leur compagnée, avec d'autres, jusques à quatre cent hommes à pied: aprés partit Monseigneur, du lieu de Poissy environ le Soleil couchant, lequel chevaucha toute la nuit, & repeut en un bois environ la my-nuit un bien peu; puis il chevaucha tant qu'il vint jusques à une grange, qu'on appelle la Grange-Dame-Marie, devers le Vigneül, & y arriva un peu avant jour. Aprés, comme le Soleil se levoit, on fit les signes de ce qu'on devoit faire, & Dieu sçait comme mondit Seigneur & ses gens tiroient tousjours vers Paris: or comme il fut advancé d'environ demie lieuë, on luy vint dire que l'entreprise estoit descouverte; nonobstant quoy, mondit Seigneur tiroit toujours en avant, sans dire mot, & venoit pour garder (**) ses gens, qui estoient à pied: & aucuns se reti-

(*) Du costé de.   (**) Assister.

rerent du corps de bataille, pour approcher vers les Chartreux, afin de mieux voir la ville : & incontinent un homme se monstra sur la porte devers les Chartreux, qui fit signe d'un chapperon ; & sans sçavoir qui avoit perdu ou gangné, on tira vers ladite porte, & iceluy homme dit : *Tirez à l'autre porte, car cette-cy n'ouvre point*, & dit, *on besongne pour vous aux halles* : de là on tira à la porte S. Iacques, & bien-tost après y vint Henry de Ville-blanche, qui apporta la Bannière du Roy ; & lors ceux du portail demanderent qui estoit là ; on leur dit que c'estoit le Connestable : & ils leur requirent, qu'il pleust audit Connestable de parler à eux : & bien-tost après mondit Seigneur vint sur un beau coursier & gentil compagnon ; & on leur dit, que c'estoit le Connestable ; & lors il parla à eux : & ils luy demanderent, s'il entretiendroit l'abolition ainsi qu'estoit dit ; & il dit que oüy : lors ils descendirent, & vinrent ouvrir la planche, & mondit Seigneur entra dedans, & toucha à (*) eux, & jura de leur entretenir ce qu'il leur avoit promis.

Et incontinent il fit entrer par la planche des gens de pied ; tant que l'on rompit les

(*) Dans leurs mains.

serrures du pont ; lesquelles estans rompuës, & le pont abbatu, mondit Seigneur monta à cheval, & entra dedans la ville, & s'en vint tout au long de la ruë S. Iacques, & au Petit-pont, & de là au Pont Nostre-Dame, où il rencontra Michau (7) de Laigler Prevost des Marchands, qui avoit une banniere du Roy en la main, & estoit la dite banniere de tapisserie : puis vint Gauvain-le-Roy dire à mondit Seigneur, qu'il vouloit joüyr de l'abolition ; & luy dit, s'il luy plaisoit les laisser aller, qu'il mettroit en sa main Marcoussis, Chevreuse, & Montlehery ; & lors mondit Seigneur luy dit : *Jurez par vostre foy que ainsi ferez que dites* ; & lors ledit Gauvain jura, que ainsi le feroit, & tint ce qu'il avoit promis : & requit à mondit Seigneur, qu'il luy pleust luy bailler un Heraut ou poursuivant, pour le faire passer par les gens de mondit Seigneur ; & lors il luy bailla un Heraut nommé Partenay, lequel le mena à Montlehery. Puis mondit Seigneur vint jusques en la place de Greve, & on luy vint dire que les Anglois s'estoient retirez en la bastille, & que ses gens estoient au guet devant ladite bastille, & que tout alloit bien ; & qu'il luy pleust tirer vers le quartier des halles, pour les reconforter : &

lors il y alla, & fut jufques devant S. Innocent, là où on le fit manger des efpices & boire devant l'hoftel de Iean Afelin, fon Efpicier de pieça (*); puis il s'en vint à Noftre-Dame de Paris, où il oüyt la Meffe eftant tout armé; & ceux de Noftre-Dame luy firent manger des efpices, & boire; car il jeufnoit, & c'eftoit le Vendredy des feries de Pafques.

L'an 1436 en Avril, s'en vint mondit Seigneur, comme dit eft, de Noftre-Dame de Paris à la porte-Baudés ; & mit bon guet devant la baftille ; puis il vint difner au Porc-efpy, où il eftoit logé : & tandis qu'il difnoit on luy vint dire, que Pierre du Pan fon Maiftre-d'Hoftel eftoit à la porte Sainct-Denys, & demandoit à entrer; & mondit Seigneur dit que on le laiffaft entrer; & lors il vint à mondit Seigneur durant le difner, & luy dit que ceux de la tour du Venin (**) de Sainct-Denys fe vouloient rendre à luy, la vie fauve ; & Monfeigneur luy dit qu'il les prit. Et s'en retourna le fufdit Pierre du Pan à Sainct-Denys, où il trouva le neveu du Prevoft de Paris mort, & tous fes gens au nombre d'environ bien de fix-vingt; & la raifon fut, que quand nos gens oüyrent

(*) Du temps paffé.   (**) Tour de falut.

sonner les cloches de Paris, tous ceux qui eſtoient au ſiege de Sainct-Denys tirerent à Paris, pour penſer entrer dedans; mais quand ils furent à la porte de Sainct-Denys, on ne les voulut laiſſer entrer, car le Conneſtable l'avoit defendu, de peur qu'ils fiſſent quelque mal; d'autant que c'eſtoient la pluſpart des Routiers, & des gens forts (*) à entretenir: & quand ceux de ladite tour du Venin virent que nos gens eſtoient allez vers Paris, ils ſe creurent pouvoir ſauver par le marais de de Sainct-Denys, mais ceux qui avoient penſé entrer dans Paris, & qui avoient eſté refuſez, eſtans comme tous enragez, quand ils arriverent audit lieu de Sainct-Denys, ils trouverent que ceux de la tour du Venin s'en alloient par le marais; alors ils chargerent ſur eux, & n'en eſchappa homme qui ne fuſt tué. Donc en iceluy jour, qui fut le Vendredy vingtieſme jour d'Avril, l'an que deſſus, fut recouvrée & reduite en l'obeïſſance du Roy la bonne cité de Paris, par le Conneſtable, avec Sainct-Denys, Chevreuſe, Marcouſs, Montlehery, le pont-Sainct-Cloud, & le Pont-de-Charenton: puis mondit Seigneur fit le guet devant la baſtille, avec les gens de ſa maiſon. Dans ladite baſ-

(*) Difficiles à retenir, ou reprimer.

tille estoient l'Evesque de Teroüenne, & le Sire de Willeby, avec plusieurs autres, jusques au nombre de mille à douze cent. Le lendemain il cuida (*) emprunter (8) de l'argent jusques à quinze mille francs, en quoy il se vouloit obliger en telle forme qu'on voudroit, pour le payer dans un mois, & le tout pour mettre le siege à ladite bastille du costé devers les champs, & les gens d'armes ne se vouloient loger sans argent ; & au partir il n'avoit eu que mille francs du Roy: or ceux de Paris luy dirent : *Monseigneur, s'ils se veulent rendre ne les refusez pas ; ce vous est belle chose d'avoir recouvré Paris, maints Connestables & maints Mareschaux ont autresfois esté chassez de Paris, prenez en gré ce que Dieu vous a donné.* Donc quand il les oüyt parler, il les receut à composition : mais s'il eust eu argent dequoy soudoyer ses gens, il eust gangné deux cent mille escus : puis ils s'en allerent par composition, comme dit est ; & Dieu sçait comme ceux de Paris firent grande chere & grande joye, aprés qu'ils furent delivrez des Anglois, & croy que homme ne fut oncques mieux aimé à Paris qu'estoit mondit Seigneur.

En iceluy mois d'Avril, bien-tost aprés

(*) Tascha d'emprunter.

fut faite unr entreprife par Poton, la Hire, Penenfac, & autres, fur Gifors, laquelle ils vinrent dire au Conneftable à Paris & il leur dit : *Attendez jufques à huit jours que j'envoyeray querir le Marefchal de Rieux, qui eft en Caux, qui m'ammenera deux mille combattans, & par deça j'en affembleray tant que j'en trouveray trois mille, avec ceux dudit Marefchal, qui feront affez forts pour combattre tout ce qu'on peut trouver dans le pays de Caux.* Et lors ils dirent au Conneftable, force eft que le facions à cette heure, & n'y faifons aucun doute : & lors mondit Seigneur affembla tout ce qu'il peut de gens d'armes, pour les aider & les vint conduire jufques à Pontoife, & là demeura, & les gens de fa maifon, excepté Bourgeois, qui alla avec eux, & entrerent dedans la ville. Et furent un jour & deux nuits devant le chafteau : mais Talbot y vint, qui les deflogea bien haftivement, & y en eut de morts, & de pris, mais non beaucoup, car ils s'enfuirent bien vifte ; & mondit Seigneur s'en vint à Paris; Poton, & la Hire s'en allerent à Beauvais: mais bien-toft aprés mondit Seigneur eut aucunes nouvelles de Rouën, & pour cette caufe il s'en alla à Beauvais, & affembla ce qu'il peut de gens d'armes,

& tira à Gerberoy, & avoit le fufdit Mareſchal de Rieux, & tous ceux (*) de Caux: mais la choſe ne ſe peut faire pour cette heure, & s'en revint ledit Conneſtable à Beauvais, & de là à Pontoiſe, & les Anglois eſtoient cependant en embuſche ſur le chemin, & n'oſerent frapper ſur luy, & il s'en revint à Paris.

En cet an 1436. environ le premier jour de May, il fut adviſé de mettre le ſiege à Creil, & aſſembla le Conneſtable à cet effet ce qu'il peut de gens d'armes, & y vint mettre le ſiege luy meſme: il avoit avec luy le Baſtard d'Orleans, de Roſtrenen, de l'Iſle-adam, Poton, & la Hire, & pluſieurs autres Capitaines: toutesfois mondit Seigneur avoit charge du Roy d'aller devers le Duc de Bourgongne, pour le fait du Roy de Sicile, lequel eſtoit compagnon d'armes d'iceluy Conneſtable: & pour ſolliciter ſa delivrance, laiſſa le ſiege; & mit M. le Baſtard ſon Lieutenant, & ſe haſta de tirer devers M. de Bourgongne, pour ce qu'il dreſſoit ſon armée, pour aller mettre le ſiege devant Calais. Et s'en alla en Picardie, où il trouva mondit Seigneur de Bourgongne à S. Omer; où il fit tout ce qu'il peut pour le Roy de

(*) C'eſt à dire les gens de guerre.

Sicile. Puis après il prit congé de M. de Bourgongne, & s'offroit à luy pour aller audit lieu de Calais, de le servir avec trois mille combatans, qui pour lors estoient en Caux, & il le refusa : & puis il vint conduire le Connestable aux champs, & luy monstra ses tentes, & pavillons, puis il le mena voir les Flamans, qui estoient logez au Val-de-Cassel : & Dieu sçait en quelles pompes ils estoient quand mondit Seigneur parla à eux, en leur recommandant le fait de leur Seigneur, & les remerciant de leur bon vouloir. Puis il s'en vint par Agincourt, & devisa avec ceux qui là estoient, comment la bataille avoit esté, & leur monstra en quel endroit il estoit, & sa banniere, & tous les grands Seigneurs, & où estoient leurs bannieres, & où le Roy d'Angleterre estoit logé : puis il s'en vint à Hesdin, & de là à Abbeville; là où il sceut que ceux qu'il avoit laissez à Creil, s'estoient levez de leur siege; puis il s'en alla à Eu, & de là à Dieppe, pour mettre ordre aux gens d'armes qui gastoient tout.

Or tandis qu'il y fut, le Senefchal de Ponthieu manda la garnison d'Eu, où estoient Olivier de Coitivy, le Bastard Chappelle,

& Mathurin Lefcouet, qui firent une entreprife fur les Anglois du Crotoy, & eſtoient en embufque prés la Blanchetaque; ils avoient un bateau fur la riviere de Somme, & adviferent bien comme la mer fe retiroit; ils avoient mis des gens de guerre dedans ce bateau, lefquels eſtoient couchez en telle maniere qu'on ne les vid point; puis quand ils furent prés du Crotoy, & que la marée commença à leur faillir, ils feigneirent de mettre peine de recouvrer la mer : & lors quand les Anglois les virent en cette neceſſité, ils creurent que ce fuſt tout à bon eſcient, & faillirent du Crotoy à toute puiſſance, & vinrent à pied & à cheval à ce bateau ; mais quand ils les trouverent ainſi (*) garnis, ils furent bien esbahis ; & ceux qui eſtoient en embufche faillirent de tous coſtez ; & en effet il n'en efchappa rien, & furent tous tuez & pris ; & les chaſſerent en telle maniere qu'ils gagnerent ladite ville du Crotoy ; car il n'eſtoit demeuré comme rien dedans. Donc nofdits gens tinrent la ville, & le firent fçavoir au Conneſtable ; lequel vint voir la place, & puis s'en vint à Abbeville, là où vint le Baillif d'Amiens & le Senefchal de Ponthieu, aufquels mondit Sei-

(*) Ainſi forts.

gneur dit, que fi le Duc de Bourgongne vouloit, il mettroit le fiege au chafteau du Crotoy, & y feroit venir trois mille combatans, qui eftoient dans le pays de Caux ; comme auffi fi le pays vouloit ayder à ce faire. Sur ces entrefaites il envoya devers ledit Duc de Bourgongne à S. Omer, pour fçavoir fi c'eftoit fon plaifir; & il refpondit, qu'il ne le feroit point à cefte heure, jufques aprés le fiege de Calais : fur quoy mondit Seigneur s'en vint à Amiens, d'où il tira à Paris. Or Mondoc de Lanfac & bien trois cent Anglois eftoient en embufcade, & l'attendoient en un chemin, & bien fçavoient fa venuë, & s'y n'avoit mondit Seigneur que trente Lances & les Archers de fon corps, & lefdits Anglois croyoient que ce fuft l'avant garde de mondit Seigneur, & les laifferent paffer fans leur mot dire.

Bien-toft aprés le Conneftable fe difpofa pour aller devers le Roy, & partit à ce fujet de Paris, & laiffa le Seigneur de Roftrenen fon Lieutenant, & s'en vint à Orleans; de là il tira à Loches devers le Roy, & en eut bonne chere : & luy dit le Roy, qu'il falloit bien-toft retourner à Paris, & qu'il y meneroit Madame de Guyenne, afin d'y faire plus grande (*) refidence : & fur cela mondit

(*) Longue.

Seigneur luy promit, qu'il le feroit; & prit congé du Roy, & s'en alla à Partenay voir Madame de Guyenne. Bien-toſt aprés le Duc Iean de Bretagne le manda pour aller devers luy, & luy fit ſçavoir que M. du Maine venoit devers luy à Ancenis: & incontinent mondit Seigneur y vint, & y trouva le Duc, & le Comte, & Madame la Comteſſe, & M. du Maine, qui vint les voir juſques à Ancenis: puis aprés le Conneſtable s'en retourna à Partenay pour ſe diſpoſer à s'en aller à Paris. Donc entre la Touſſainɛ̌ts & la Sainɛ̌t-Martin mondit Seigneur en partit, & tira devers le Roy, & fit venir Madame de Guyenne à Orleans, qui l'attendit en ladite ville: & là ſe rendirent les Preſident & Seigneurs de Parlement, qui s'eſtoient tenus à Poiɛ̌tiers, avec leurs femmes & tout leur meſnage, pour paſſer quand & mondit Seigneur; lequel bien-toſt aprés s'en vint & partit d'Orleans, & tira à Ianville, & de là à Eſtampes: là vinrent au devant de luy M. de Roſtrenen, Antoine de Chabannes, Iean Fouquault, Mahé Morillon, avec belle compagnée de gens; de là il tira à Corbeil, puis à Paris, & y ſejourna cét hyver, juſques à Paſques.

L'an 1437. le jour de Paſques, vinrent nouvelles au Conneſtable qu'un nommé Migler de Saux (9) fortifioit une place en Brie nommée Beauvoir, à quatre lieuës de Meaux, qui pour lors eſtoit (*) Anglois; incontinent que mondit Seigneur le ſceut, il fit monter à cheval Iean de Maleſtroit, & partie des gens de ſa maiſon, avec les archers de ſon corps, qui allerent coucher à Lagny ſur Marne, là où ils trouverent la garniſon de cette place, où eſtoient Mahé Morillon & Iean Fouquault, puis ils tirerent audit lieu de Beauvoir en Brie; & s'y rendit le commandeur de Gireſme, avec Denys de Chaily, & arriverent nos gens environ ſur les huit heures; puis incontinent ils donnerent l'aſſaut, lequel dura tout le jour juſques à la nuit bien tard; & croyez qu'il y eut belle attaque, car à la fin il n'y avoit plus de trait ny dehors ny dedans, & ſe deſarmoient nos gens pour jetter des pierres. Enfin, le lendemain au matin fut faite la compoſition, par laquelle ceux de ladite place ſe rendirent, la vie ſauve, en payant chacun un marc d'argent; & baillerent en oſtages le ſuſdit Migler de Saux, & trois autres Anglois, qui furent amenez à Paris, où le Conneſtable fit couper la teſte à ce Migler de Saux; & partant furent les autres qui eſtoient en oſtages de-

(*) C'eſt à dire, detenu par les Anglois.

livrez & quittes de leur marc d'argent.

L'an que dessus, environ le premier jour de May, le Connestable alla devant le Bois-de-Malherbes (*); il logea assez prés en une petite place, & y envoya les gens de sa maison, & les archers de son corps, & y eut belle escarmouche, car ceux de la place firent une sortie; mais il fut chargé sur eux en telle maniere qu'on entra quant & eux en la basse cour; mais pour la force du trait, & parce qu'il n'y avoit rien ou se cacher, ny pour se mettre à couvert, il se fallut retirer, & y en eut bien quatre ou cinq de tuez. Le lendemain y vint le Seigneur de la Suse, & d'autres Capitaines; puis se rendit ladite place du Bois-de-Malherbes, & le Connestable s'en revint à Paris, de là il tira vers le Roy, & fit ses diligences à ce que le Roy vint mettre le siege à Monstreau-faut-Yonne. Or cependant que le Roy faisoit son armée, mondit Seigneur, M. de la Marche, & le Bastard d'Orleans s'en vinrent les premiers, & fut fait à sçavoir audit Connestable qu'il y avoit une entreprise sur ledit Monstreau-faut-Yonne, laquelle demenoit (**) le Chancelier : & afin que la

(*) Ou Malesherbes.
(**) Estoit conduite par le Chancelier.

chose se fit plus seurement, ils le manderent à Monseigneur, & aux autres Seigneurs, qui vinrent tous avec luy; & en effet, c'estoit une trahison mauvaise : mais quand ils sceurent que mondit Seigneur y estoit, ils n'oserent laisser entrer nos gens, & ne perdismes qu'un homme, & cinq prisonniers, qui furent delivrez dés le jour. De là s'en retourna mondit Seigneur mettre le siege à Chasteau-Landon, avec toute sa compagnée, & ne tint gueres qu'il ne fust pris d'assaut. De là vint mettre le siege à Nemours, qui ne tint gueres qu'il ne fust pris par composition : puis il s'en vint à Paris pour faire les diligences, tant de gens d'artillerie & d'armures, que d'autres habillemens, pour le susdit siege, & aussi pour avoir de l'argent (10), afin de soudoyer les gens d'armes; & fut de necessité que mondit Seigneur y vint, car un autre n'eust pas fait ce qu'il fit : là il apprit des nouvelles de la Reyne d'Angleterre sa mere, qui estoit trespassée. Le Roy se rendit à Bray-sur-Seine, & vint du costé devers le chasteau faire mettre une bastille à une petite montagne qui y est, & se logea bien : & mondit Seigneur, & M. de la Marche se vinrent loger devers la ville en un beau pré : alors ordonna mondit Seigneur

feste.

son guet à cheval & à pied, & aucun homme ne se desarma : cette nuit il y avoit bien cinq cens manœuvres employez à travailler, & avant que le jour fust grand, il avoit fait faire un large fossé bien long, & plusieurs taudis (*) posez sur treteaux, pour garder les gens d'armes du trait; car cette place estoit bien artillée.

Le lendemain chacun commença à se loger; puis y arriva M. le Bastard d'Orleans, & plusieurs autres Capitaines. Le second jour fut fait un autre fossé prés de la place, puis on commença à faire de grandes approches, & bien-tost aprés on vint se loger sur les fossez : ensuite furent faites des mines couvertes & descouvertes, & fut partie de la riviere d'Yonne destournée, laquelle passoit par les fossez; un pont fut dressé sur la Seine & sur l'Yonne, & fut la ville bien batuë d'artillerie; il y avoit des boulevers & moineaux qui furent batus (**) auparavant que on peust assaillir : il y eut un assaut fait, pour essayer si l'eauë estoit profonde; cela commença pour une fusée, qui fut tirée d'un des gens d'armes de Monseigneur; le feu s'en mit dans la ville tres-fort, qui brusla plusieurs maisons, & croyoit-on assaillir à bon escient; mais la

(*) Gabions.   (**) Abbatus.

riviere eftoit encores trop grande, & n'y eut gueres de gens qui paffaffent jufques au pied du mur : toutesfois le Seigneur de Roftrenen y paffa, & Euftache Gruel, avec un homme d'armes de M. de la Marche, qui y mourut, & fallut fe retirer. Bien huit jours aprés fut conclu l'affaut à un Ieudy; & y vint le Roy & la plus grande partie de fes gens, qui avoient grande peur (*) que les Bretons priffent cette place fans eux : On avoit preparé un bateau armé pour paffer le foffé, où fe mit le Bourgeois, & des gens du Conneftable bien largement, dont fut noyée une partie; d'autant que quand l'affaut commença, tout le monde alla promptement fe jetter dans ce bateau, tant qu'il enfondra; Bourgeois eftoit le premier, lequel trouva maniere de lever une efchelle, avec l'ayde des autres compagnons, & monta tout le premier dedans : mais comme il eftoit à combattre ceux de la place, il vint un coup de bombarde frapper au mur, qui abbatit ledit Bourgeois, & le penfa tuer, & tua ceux qui combatoient contre luy : bien-toft aprés, tout le monde commença à monter, & fut la ville ainfi prife d'affaut, où plufieurs Anglois furent tuez ou pris; & ceux de la langue

(*) Jaloufie.

de France, qui tenoient le party des Anglois, furent pendus. Audit assaut plusieurs furent faits Chevaliers, entre-autres, de la maison du Connestable, le furent Iean de Malestroit, Geoffroy de Couvran, Simon de Lorgeri, Iean de Bron, Olivier Giffart, & Guillaume de Vandel. Bientost aprés fut pris le chasteau de Monstreau par composition; puis s'en vint le Roy à Melun, & tous les Seigneurs avec luy; le Connestable vint à Paris, afin d'y faire preparer toutes choses, pource que le Roy luy avoit promis de venir en ladite ville, & y faire son entrée.

L'an 1438 en Octobre, le Roy fit son entrée à Paris; luy & tous ses gens estoient armez, & y fut tres-bien receu, & à grande joye, & luy fit-on grande chere: il y fit la feste de la Toussaincts; avec le Roy estoient le Dauphin, le Connestable, les Seigneurs du Maine, de la Marche, de Vendosme, le Bastard d'Orleans, & grand nombre d'autres Seigneurs & de Capitaines. M. de la Marche y fit lors faire le service funebre fort solemnel du Comte d'Armagnac son pere, ce fut à Sainct Martin des Champs, & y fut (*) le Roy & le Dauphin, avec tous les Seigneurs dessus nommez; puis on fit porter le corps

(*) Assisterent.

de fondit pere dans le pays d'Armagnac, en grande folemnité. Bientoft aprés le Roy partit de Paris, & tira à Orleans, de là à Tours; & le Conneftable demeura à Paris, & peu aprés il tira en Champagne, jufques à Troyes dont il avoit le Gouvernement; & luy furent faites plufieurs plaintes d'un Capitaine nommé Boufon de Failles, qui avoit fait des maux en grand nombre, qu'il leur continuoit de jour en jour : pour cette caufe mondit Seigneur le voulut faire arrefter dans la ville de Troyes, mais ledit Boufon en fut adverty, lequel monta à cheval haftivement, pour penfer recouvrer la place de Nogent; mais mondit Seigneur le fit chaffer (*) de fi prés par le Prevoft des Marefchaux, & autres de fa maifon, qu'il fut pris & amené à Troyes, où incontinent luy fut fait fon procés par les gens de la Iuftice & ledit Prevoft des Marefchaux, & incontinent il fut executé & jetté dans la riviere. Pareillement un Capitaine Efcoffois nommé Bouays-Glavy, qui commettoit tous les maux qu'on pourroit dire, fut auffi pris & pendu; dequoy les Gafcons & Efcoffois firent grande plainte & grand bruit envers le Roy, & donnerent à mondit Seigneur de grandes menaces en fon abfence;

(*) Pourfuivre.

mais quand il fut arrivé devers le Roy, ceux qui l'avoient menacé furent les plus humbles envers luy que tous les autres, & s'agenoüilloient bien, & plus n'en oferent parler: puis s'en vint mondit Seigneur à Paris, où il fut une partie de cet hyver, & y eut grande famine, puis l'efté d'aprés grande mortalité.

Environ le mois d'Aouft de l'an 1439, mondit Seigneur voulut aller loger au Bois-de-Vincennes, pour fuir & éviter ladite mortalité: mais le Lieutenant du Bois-de-Vincennes, nommé Roger de Pierre-frite ne voulut le mettre dedans, & tenoit ladite place pour M. de Bourbon; pareillement ceux de Beauté luy firent refus dudit lieu de Beauté: fur quoy mondit Seigneur y envoya fes gens d'armes, & voulut y faire mener de l'artillerie; mais incontinent ils fe rendirent à fa volonté, & furent ammenez à Paris tous liez en un chariot, & le cordel (*) au col; mais Madame de Guyenne leur fauva la vie par fa priere. Puis s'en allerent M. & Madame de Guyenne loger à Saint Maur, & aprés au Pont-de-Charenton, où ils furent un efpace de temps, tant que la maladie fe mit parmy les gens mefmes de fa maifon,

(*) La corde.

de sorte qu'il en fallut auſſi deſloger. Et s'en alla mondit Seigneur à Sainte Manehould (*), & ladite Dame aprés juſques à Bray-ſur-Seine, & mourut ſa niepce Madamoiſelle Yſabeau, fille de M. d'Eſtampes : puis s'en revint mondit Seigneur environ le temps de Noël, & eſtoit la mortalité lors ceſſée, & la veille de Noël arriva ladite Dame de Guyenne à Paris.

Bientoſt aprés le Duc Iean envoya Iean de Vennes devers le Conneſtable, qu'il prioit de vouloir venir devers luy, à cauſe d'aucuns ſoupçons & imaginations qu'il avoit ſur M. de Laval, ſans cauſe. Donc le Conneſtable vint devers luy au chaſteau d'Auray, & fit incontinent l'appointement; puis il s'en revint à Paris, & y ſejourna un eſpace de temps: aprés le Roy de Sicile le fit prier qu'il voulut aller devers M. de Bourgongne pour ſa délivrance. Auſſi avoit-il charge de par le Roy de ce faire, & il le fit de bon cœur; car ils eſtoient freres d'armes : & il tira devers M. de Bourgongne à l'Iſle, où il fut long-temps : puis il s'en revint à Paris, & quand il fut à Senlis, il ſceut que les Anglois avoient pris Pontoiſe d'eſchele (**), ſur le Seigneur de l'Iſle-Adam, ce fut le Mardy

(*) Menehould. (**) Par eſcalade.

gras, & en estoit le susdit de l'Isle-Adam Capitaine, & y estoit le Seigneur de Varambon, & beaucoup de gens de bien; croyez que mondit Seigneur fut bien déplaisant de cette adventure. Or les Anglois sçavoient bien sa venuë, & le guetoient sur le chemin; il s'en vint par devers Lagny-sur-Marne, & incontinent qu'il fut revenu, il reconforta ceux de Paris, qui desja murmuroient fort, & mit bonne garnison dans Saint Denys.

En ce temps, Guillaume Chambrelan & la garnison de Meaux prirent Orville, par le moyen des gens du Galois d'Aulnay qui le trahirent, & eschappa ledit Galois; puis Guillaume Chambrelan emmena Madame d'Orville, & trois ou quatre de ses femmes, & la tint prisonniere, & fut forcée une de ses femmes, & il mit ladite Dame à finance de quatorze cent escus, & ne la voulut rendre. Aussi plusieurs entreprises se firent sur Pontoise & sur Orville, qui ne vinrent à aucun effet: enfin les Anglois eurent argent de ceux de Paris, & fut Orville abbatuë & démolie.

L'an 1440, nos gens d'armes estoient allez vivre en Champagne, pour ce qu'ils n'estoient point payez: les uns avec le Sanglier d'Ardenne, pour affieger Chavancy, c'eſt à ſçavoir Iean de Maleſtroit, & Geoffroy de Couvran, leſquels avoient une belle compagnie. Et Geoffroy Morillon, Alain Giron & Pierre d'Augy eſtoient és marches de Barrois, où le Damoiſeau de Commercy les vint trouver & ſurprendre en un logis, ſans qu'ils y fiſſent le guet, & il les déconfit, & en tua la plus part.

En cette meſme année, le Conneſtable aſſembla grand nombre de gens, pour faire le degaſt à Meaux, & y alla auſſi en perſonne, & deſiroit ſur toutes choſes que le Roy luy baillaſt gens & artillerie, pour mettre le ſiege audit lieu de Meaux : à ce ſujet il avoit envoyé de par luy & de par ceux de Paris, devers le Roy, luy ſupplier qu'il y vouluſt pourvoir, ou que la bonne ville de Paris & tout le pays d'autour auroient trop à ſouffrir : aſſez toſt après le Roy luy envoya Matelin de la Tour & Olivier Fretart, qui luy vinrent dire que le Roy vouloit qu'il mit le ſiege devant Meaux, & mandoit aux Capitaines qu'ils tiraſſent à Paris devers mondit Seigneur. Les deſſus nommez venoient pour faire les monſtres. Ie (*) croy

(*) Cet Auteur teſmoigne icy qu'il eſtoit à la ſuite de ce Conneſtable.

que ce fut une des grandes joyes que je luy visse oncques avoir. Aussi tost il partit pour aller à Corbeil, où les Capitaines se rendirent ; & prirent jour de se rendre vers Monseigneur, entre Paris & Meaux : il partit donc de Paris avec les gens de sa maison, entre lesquels estoient les Seigneurs de Chastillon, de Rostrenen, de Troissy, Ambroise de Lore, Prevost de Paris, & autres Chevaliers & Escuyers, & alla loger à Chaultconin, là où se rendirent la Hire, Floquet, le bastard Chappelle, Denys de Chailly, le Commandeur de Giresme, & Courbanton.

Or environ le vingtiesme jour de Iuillet, vint loger mondit Seigneur devant la ville, en une vigne, & mit ses gens en trois parties : il envoya le Seigneur de Rostrenen, le Bastard Chappelle, & autres loger en l'Abbaye de Saint-Faron, & envoya la Hire & Floquet loger és Cordeliers ; deux jours aprés il envoya Denys de Chailly, & Courbanton, Micheau Durant, & Denys Laurougle du costé devers Brie, faire une bastille, puis il en fit une là où il estoit, aprés il fit faire des approches, & fit asseoir l'artillerie, & faire grand diligence à maistre Iean Bureau : cependant Bourgeois & Boessiere ne dormoient pas tousjours. Quand le siege y eut esté environ vingt jours, le Conneſtable ſceut au certain que les Anglois le venoient combattre : croyez qu'il ſçavoit bien toutes les nouvelles de leur depart de Rouën; car il avoit de bonnes eſpies, & les payoit bien; il ſceut donc qu'ils eſtoient paſſez à Pontoiſe, & qu'ils eſtoient dans l'Iſle de France: incontinent il manda les Capitaines auſquels il en dit des nouvelles, & delibera dés le lendemain d'aſſaillir la ville, ordonnant que chacun archer porteroit à l'aſſaut la moitié de ſa trouſſe, & l'autre moitié ſeroit pour combattre : il avoit en volonté, au cas qu'il ne prendroit pas la ville, d'aller au devant des Anglois à Nantoüillet, & de leur garder (*) le paſſage.

Le Mercredy environ Prime fut donné l'aſſaut, qui ne dura pas une demie heure : Ie croy fermement que Dieu y fit plus pour l'amour de mondit Seigneur & du peuple, que ne firent les gens d'armes, car il ne couſtoit rien à monter ſur la muraille : & Dieu ſçait en quelle neceſſité eſtoient ceux de Paris, & tout le pays d'environ auparavant cela; auſſi ledit Conneſtable, pour les maux qui ſe faiſoient tant par les gens meſmes du Roy que par les Anglois, y voulut

(*) Empeſcher.

remedier; car les gens de M. de Bourbon qui estoient au Bois-de-Vincennes & à Corbeil, faisoient autant de maux que les Anglois, & estoit la pillerie par toute la Champagne, & la Brie, & en la Beausse, en telle maniere que homme n'y pouvoit mettre remede: le Roy mesme, avec tous les Seigneurs, chacun en son endroit, soustenoit ces pilleries, & mondit Seigneur n'y pouvoit plus pourvoir, nonobstant que tousjours il en faisoit justice à sa puissance: tellement qu'une fois il assembla le Conseil, & fut deliberé de se deffaire & descharger du gouvernement de France, & d'entre les rivieres, & d'aller ou envoyer devers le Roy pour cette cause.

Or le lendemain au matin vint le Prieur des Chartreux de Paris par devers luy, & le trouva tout seul en la Chappelle de son hostel; sur quoy il demanda audit Prieur, *Beau pere, que vous faut-il?* Et le Prieur luy dit qu'il vouloit parler à M. le Connestable, & Monseigneur luy dit que c'estoit-il. Et ce Prieur luy dit: *Pardonnez-moy, Monseigneur, je ne vous connoissois pas, je veux parler à vous, s'il vous plaist,* & il luy repartit que volontiers. Alors il commença à luy dire: *Monseigneur, vous tinstes hier Con-*

seil, & deliberaftes de vous defcharger du gouvernement & de la charge qu'avez par deçà. Et lors Monfeigneur s'efchauffa, & luy demanda: *Comment le fçavez-vous ? qui le vous a dit ?* & creut Monfeigneur que aucun du Confeil luy euft dit: mais le Prieur luy refpondit: *Monfeigneur, je ne le fçay point par homme de voftre Confeil, je le fçay par homme bien certain, & ne vous donnez point de malaife, qui me l'a dit; car ç'a eftè un de mes freres:* & il y adjoufta, *Monfeigneur, ne le faites point, car Dieu vous aydera, & ne vous fouciez.* Et Monfeigneur luy dit, *Ha, beau Pere, comment fe pourroit-il faire, le Roy ne me veut ayder, ny me bailler gens & argent, & les gens d'armes me hayffent, pource que j'en fais juftice, & ne me veulent obeïr.* Et lors le Prieur luy dit: *Monfeigneur, ils feront ce que vous voudrez, & le Roy vous mandera que alliez mettre le fiege à Meaux, & vous envoyera gens & argent:* & mondit Seigneur luy repliqua: *Ha, beau Pere, Meaux eft fi fort, comment fe pourroit-il faire ? le Roy d'Angleterre y fut neuf mois devant:* fur quoy le Prieur luy dit: *Monfeigneur, ne vous fouciez, vous n'y ferez pas tant, ayez tousjours bonne efperance en Dieu, & il vous aydera: foyez tousjours humble,*

& ne vous enorgueillissez point, vous la prendrez bien-tost, vos gens s'enorgueilleront, puis ils auront un peu à souffrir; mais vous en viendrez à vostre honneur.

Puis aprés Monseigneur le pria qu'il luy monstrast le Chartreux; & il luy dit que si feroit-il. Le lendemain Monseigneur alla oüyr Messe aux Chartreux, & le Prieur fit venir tous les Freres devant luy; puis aprés mondit Seigneur dit au Prieur : *Vous m'aviez promis de me monstrer celuy qui vous dit ce que m'avez dit;* & le Prieur luy respondit : *Vous l'avez veu, autrement ne le verrez-vous.* Depuis, mais long-temps aprés, mondit Seigneur fit tant, que les Chartreux de Nantes furent fondez par le Duc François, & par mondit Seigneur. Puis y vint Frere Hervé du Pont, qui fut le premier Prieur, & fut celuy qui eut cette revelation, comme depuis il a esté sceu au certain, & est enterré aux Chartreux. Pour revenir au propos de la ville de Meaux, qui fut prise ainsi legerement, à cet assaut furent tuez & pris beaucoup des Anglois; ce jour mesme ceux du Marché offrirent de le rendre à mondit Seigneur, par ainsi qu'il delivreroit trois hommes qu'ils demandoient, qui estoient prisonniers de ce jour, c'est à sçavoir le Baſtard de Thien Baillif de Meaux, Pierre Carré & un autre; mais le ſujet de Blanchefort qui eſtoit là, rompit ce traité, car la Hire & Antoine de Chabannes, qui eſtoient arrivez le jour de l'aſſaut, dirent qu'il falloit que les Anglois rendiſſent le petit Blanchefort, qui eſtoit priſonnier; par ainſi fut rompu ce traité.

De plus auſſi un traiſtre Gaſcon nommé Iean de la Fuite, rapporta aux Anglois qu'ils ne ſe rendiſſent point, & que leur ſecours venoit : depuis, Monſeigneur l'en paya bien, quand il ſceut ſon faict au vray; car il luy fit trancher la teſte; & de meſme fit-il au Baillif de Meaux, à Pierre Carré, & à un autre, dont aprés il ſe repentit. Le Samedy enſuivant, veille de la Noſtre-Dame de la my-Aouſt, arriverent les Anglois au nombre de bien ſept mille combatans ou plus, dont les chefs s'enſuivent; le Comte de Sombreſſet, Lieutenant du Roy d'Angleterre, le Comte d'Orſet, les Sires de Talbot, de Scales, & Richard Dondeville, avec pluſieurs autres Capitaines & Baillifs : Monſeigneur n'avoit lors que neuf cent payes, & vinrent loger leſdits Anglois ſur la riviere de Marne; ils avoient des bateaux de cuir, & vinrent paſſer en l'Iſle du Marché, &

ceux du Marché fortirent, & vinrent fur le bord de la riviere, & mirent des gens dedans ledit Marché, & ceux du Marché en mirent dehors; & n'y fçavoit-on apporter remede. Cette nuit Monfeigneur affembla les Capitaines, qui furent d'opinion qu'on mettroit des gens dedans l'Ifle, & Monfeigneur debatoit le contraire, toutesfois il fe tint à l'advis des autres : cette nuit donc on y mit les gens d'Olivier de Coitivy, & des manœuvres pour fe fortifier (*), à caufe du traict de ceux de dehors; & auffi ils y menerent des pipes.

Le Dimanche au matin la Hire eftoit preft avec beaucoup de gens de bien, pour aller à l'efcarmouche contre les Anglois; lefquels cependant mirent fur la riviere bien deux mille archers, qui tous tiroient à la fois fur nos gens; & ceux du Marché faillirent en mefme temps fur nofdits gens; nous avions deux foncets (**) armez, qui vinrent pour penfer les fecourir, mais ils furent tellement chargez de coups de traict, qu'ils tuerent tous ceux qui les gouvernoient, & menerent les Mariniers, avec tous ceux qui eftoient dedans les foncets, en telle forte, que les Anglois gagnerent lefdits foncets; puis ils vin-

(*) Mettre à couvert.   (**) Vaiffeaux.

rent paffer fur nos gens en ladite Ifle; & là deffus ceux du Marché faillirent à toute puiffance, tellement que tous nos gens y furent tuez & noyez: en ces entrefaites, beaucoup de gens de guerre qui eftoient dans la ville penferent s'en aller, feignans de vouloir aller à l'efcarmouche, fi ce n'euft efté le Conneftable qui s'en apperceut, & fit clorre à ce fujet les deux portes, où il mit des gens de fa maifon, fçavoir M. de Chaftillon à l'une, & à l'autre M. de Roftrenen, & cela pour empefcher qu'il ne fortit rien; & au pont devers le Marché, il mit Bourgeois, Mahé Morillon, Iean Budes, de la Barre, & Guillaume Gruel: puis s'en vinrent les deffus nommez à la porte vers Paris, dont ledit Seigneur de Roftrenen, & les gens de l'hoftel de Monfeigneur avoient la garde, où il y eut belle efcarmouche à pied, & y fut bleffé Olivier de Coitivy. Les Anglois furent logez à ces environs trois jours devant Meaux, & changerent la garnifon du Marché, & y mirent Guillaume Chambrelan, avec bien quatre cens Anglois, pour frapper; & leur promirent d'aller prendre Crefpy en Valois, & leur apporter tous les vivres, & de contr'affieger le Conneftable, lequel fceut leur entreprife, & envoya dedans

Crefpy

Crespy Olivier de Bron, avec d'autres Capitaines; tellement que leur entreprise fut rompuë: si leur convint-il changer de propos, car ils n'avoient plus aucuns vivres, & leur convint de s'en aller vers la Normandie.

Aussi-tost qu'ils furent partis, on commença à faire grande guerre, & grande diligence, & bien tost ceux de dedans firent leur composition; tellement qu'au bout de quinze jours le Marché fut rendu au Connestable, lequel s'en vint aprés à Paris devers le Roy qui luy fit grande chere. Avec le Roy estoient lors le Dauphin, les Seigneurs de Bourbon, du Maine, de la Marche, d'Eu, & plusieurs autres Seigneurs, & fut faite lors grande chere à Paris. En ces entrefaites il y eut quatre Anglois qui firent armes contre quatre François. Assez tost aprés le Roy partit de Paris, & s'en alla à Bourges, où il fit une assemblée des Seigneurs de son sang, & des Prelats du Royaume; les uns pour debattre la pragmatique sanction, & les autres pour debattre la guerre, ou la paix, en la maniere que les Anglois le demandoient.

Or durant ce conseil il envoya le Connestable en Normandie pour faire la guerre,

& grand nombre de gens tenans les champs, qui n'eſtoient point ſouldoyez, & s'y rendit M. d'Alençon : puis par le conſeil de beaucoup de gens, ils mirent le ſiege à Avranches, ſans eſtre pourveus d'artillerie, & ſans avoir manœuvres ny argent, & cependant c'eſtoit la ſaiſon de Noël : & y vint la puiſſance des Anglois eſtans en Normandie, & furent par trois jours les uns devant les autres : il y avoit entre les François & les Anglois une riviere bien petite qui les ſeparoit, & tous les jours nos gens croyoient de combattre, & y furent faits pluſieurs Chevaliers : entr'autres de la maiſon du Conneſtable y furent faits en iceluy jour Chevaliers, le Baſtard de Bretagne, Raoul Gruel, & Bertrand Millon.

Or comme nos gens creurent pouvoir paſſer cette riviere, il s'y noya deux ou trois gens de bien, & pour concluſion on ne peut paſſer outre. Cependant leſdits Anglois demeurerent en bataille d'un coſté, & nos gens de l'autre ; puis quand ſe venoit au ſoir, tout le monde s'en alloit coucher és villages, & faire loger ſes chevaux. Ie vous certifie qu'il eſtoit des nuits qu'il ne demeuroit pas audit Conneſtable quatre cent combatans, & Dieu ſçait les peines qu'il y endura, leſquelles il supporta avec une conftance merveilleufe. Les Anglois là deffus vinrent gangner un gué, qu'ils trouverent à l'endroit de la ville d'Avranches, ce qui jamais n'avoit efté trouvé, & par là ils vinrent gangner la ville, & prirent Auffroy, Prevoft, avec aucuns de nos gens qui faifoient le guet devant ladite ville d'Avranches, & les autres fe retirerent vers le corps de la bataille, qui eftoit loing de là.

Or quand nos gens fceurent que les Anglois eftoient en la ville, tout le monde commença à tirer (*) en Bretagne fans ordonnance; le Conneftable demeura avec bien peu de gens : & luy vinrent dire Antoine de Chabannes, & Blanchefort, que s'il ne s'en alloit, il demeureroit tout feul, & que de tous leurs gens ils n'en avoient pas dix, & que pour leurs perfonnes ils demeureroient avec luy : pareillement y vinrent plufieurs Capitaines; à la fin, malgré luy il luy convint s'en venir à Dol; il n'eftoit pas demeuré avec luy cent lances; de là il tira à Angers devers le Roy, là où il trouva M. le Comte, qui eftoit venu devers le Roy; puis il en partit affez toft pour aller en

(*) Fuir en confufion.

France (*) dont il avoit le gouvernement. Desja commençoit la Praguerie, & ainsi mondit Seigneur prit congé du Roy, & s'en alla à Paris. Cependant le Dauphin estoit à Niort, & M. de la Marche avec luy, de la part du Roy, & y arriva M. d'Alençon; & lors fut mis ledit de la Marche hors de l'hostel d'iceluy Dauphin, & y demeura le susdit d'Alençon: dés que le Roy sceut ces nouvelles, il envoya hastivement aprés le Connestable; M. de Gaucourt, & Poton qui le trouverent à Baugency: car il avoit desja passé par Blois, où il avoit esté fort attaqué de paroles par les Seigneurs de Bourbon, de Vendosme, & le Bastard d'Orleans, qui fort pensa prendre paroles avec ledit Connestable, pour trouver (**) maniere de mettre la main sur luy, toutesfois il dissimula; & si ce n'eust esté Antoine de Chabannes qui leur dit qu'ils feroient mal de le prendre, & que le pays de France, dont il avoit le gouvernement, en seroit perdu par les Anglois, ils l'eussent pris.

Or en icelle nuit le Seigneur de Gaucourt & Poton, comme dit est, arriverent devers

(*) C'est à dire, l'Isle de France.
(**) Avoir occasion.

le Conneſtable, & luy dirent que le Roy le prioit, & non pas commandoit, qu'il vint haſtivement, toutes choſes ceſſées devers luy, & luy dirent les nouvelles telles qu'elles eſtoient: ſur quoy incontinent fit mondit Seigneur habiller (*) un bateau, qu'il fit bien équiper de mariniers & d'archers; il vint paſſer cette nuit par deſſous le pont de Blois, & tant fit que bien-toſt il arriva à Amboiſe devers le Roy, qui ne dormoit pas. Quand on luy dit que c'eſtoit le Conneſtable qui eſtoit venu, il fit grande chere, & dit que, puiſqu'il avoit le Conneſtable, il ne craignoit plus rien: il avoit fait prendre le petit Blanchefort, & desja il avoit fait dreſſer un eſchaffaut pour luy faire couper la teſte, mais à la priere du Conneſtable il luy pardonna; & depuis il le ſervit bien.

Or ledit Conneſtable, incontinent qu'il fut arrivé, dit au Roy qu'il prit les champs, & qu'il luy ſouvint du Roy Richard, & qu'il ne s'enfermaſt point en ville ny en place. Donc (11) incontinent le Roy ſe mit ſur les champs, & tout le monde tira devers luy, & s'en alla à Poictiers, là où luy vinrent nouvelles que M. d'Alençon & Iean de la Roche eſtoient entrez par trahiſon dedans Sainct-

(*) Preparer.

Maixant, mais qu'un portail de la ville tenoit encor pour le Roy ; lequel incontinent, & mondit Seigneur auſſi, envoyerent Yvon de Beaulieu leur dire, que bien-toſt auroient ſecours ceux qui tenoient pour le Roy; & monterent à cet effet à cheval le plutoſt qu'ils peurent, & amenerent ce qu'ils avoient de gens : auſſi-toſt que M. d'Alençon & Iean de la Roche le ſceurent, ils deſlogerent bien à la haſte, & laiſſerent des gens au chaſteau, qui bien-toſt ſe rendirent ; & eurent ceux qui eſtoient à Iean de la Roche les teſtes tranchées ; mais ledit Conneſtable ſauva, à ſa priere, la vie à ceux de M. d'Alençon.

Bien-toſt aprés le Baſtard d'Orleans vint crier mercy au Roy de ce qu'il voulut mettre la main ſur le Conneſtable ; & eut ſon pardon (*) en laiſſant les autres. Puis le Dauphin & M. d'Alençon tirerent en Bourbonnois, & leur vint au devant le Seneſchal de Bourbonnois, Antoine de Chabannes & autres, à belle compagnée : aprés quoy le Roy laiſſa les (**) frontieres contre Niort, là où eſtoit Iean de la Roche, qui avoit avec luy des Anglois : quoy fait, le Roy, le Conneſtable, les Seigneurs du Maine, de la Marche, & pluſieurs Capitaines tirerent

(*) Son abolition.   (**) Des garniſons.

en Bourbonnois & en Auvergne; cependant mourut le Seigneur de Roſtrenen à Paris, qui eſtoit au Conneſtable, Lieutenant (*) en France. Et tout cet eſté dura la guerre juſques en Septembre; puis fut fait l'appointement, & tira le Conneſtable à Paris, où fut ordonné certain nombre de gens pour aller ſecourir Harfleur, là où le ſiege eſtoit, & y eſtoient les Seigneurs d'Eu, le Baſtard d'Orleans, de Gaucourt, & pluſieurs autres Capitaines; & pour conduire les gens du Conneſtable, fut eſtably Gilles de Sainct-Symon.

Or pour ce voyage ils ne firent rien, que de faire la compoſition de ceux qui eſtoient dans Harfleur. En ce temps-là nos gens fortifierent Louviers & Conches, & cet hyver ſe paſſa ainſi; excepté que mondit Seigneur mit le ſiege à Sainct-Germain-en-Laye, que les Anglois avoient auparavant pris par eſcalade, mais qui bien-toſt ſe rendit audit Seigneur; lequel aprés fut requis d'aller en Champagne, dont il avoit le gouvernement, en laquelle province le Roy tira en cette ſaiſon, & le Conneſtable vint devers luy, pour oſter les pilleries qui s'y faiſoient, & pour mettre ordre ſur les gens d'armes : ils

(*) En l'Iſle de France.

furent jufques à Vaucouleur, à Monteclere, & à Langres, & par toutes les marches de Champagne; ils ofterent des Capitaines, & en mirent d'autres : de là ils vinrent à Bar-fur-Aulbe, où vint par devers le Roy le Baftard de Bourbon, lequel avoit fait beaucoup de maux, & fouftenu (*) à fes gens d'en faire; entre autres chofes il faifoit une affemblée de routiers, & les vouloit mener hors du Royaume, fans le congé du Roy, qui en fut mal content. En outre, un homme & fa femme fe vinrent plaindre au Roy & au Conneftable d'un grand outrage que ce Baftard leur avoit fait; car il avoit forcé la femme fur l'homme (12), & puis l'avoit fait battre & decouper (**), tant que c'eftoit pitié à voir. Sur quoy le Roy dit au Conneftable qu'il le fit prendre; & ainfi le fit-il par le Prevoft des Marefchaux : aprés quoy, incontinent il luy fut fait fon procés, fuivant lequel il fut jetté en la riviere. Puis s'en vinrent le Roy & le Conneftable à Laon, où vint Madame de Bourgongne devers le Roy, & y demeura bien huit jours, puis le Conneftable la conduifit. En cette façon fut mis le fiege à Montagu & à Marle, où fut parlé & traité du mariage de M. du Maine & de

(*) Permis.   (**) Meurtrir.

Mademoiſelle de Sainct Paul; puis le Roy & le Conneſtable s'en vinrent pour mettre le ſiege à Creil.

L'an 1441 environ le mois de May, le Roy & le Conneſtable mirent le ſiege à Creil, qui gueres ne dura qu'il ne fut pris par compoſition. Aprés il s'en vinrent à Paris, & ſe diſpoſerent de mettre le ſiege à Pontoiſe; ils partirent de Paris la veille de la Pentecoſte, & s'en alla mondit Seigneur loger à Argenteüil, le Roy logea à Sainct-Denis; & le Mardy des feries de la Pentecoſte ils vinrent loger devant Pontoiſe, & ſe camperent à Maubuiſſon; puis environ ſur les quatre heures aprés midy le Roy s'en retourna loger à Sainct-Denys avec le Dauphin, les Seigneurs du Maine, de la Marche & d'Eu, & tous les autres Seigneurs; & ne demeurerent que le Conneſtable, le Mareſchal de Ialongnes, Ioachim Roüaut, Pregent de Coitivi, Poton, la Hire & le Seigneur de Moüy. Ce meſme jour, environ ſur les cinq heures aprés midy, les Anglois firent une ſortie ſur le chemin de la chauſſée, en laquelle ils penſerent gangner des coulevrines & ribaudequins, qui eſtoient rangez ſur ladite chauſſée; mais ils furent tellement chargez, qu'on en vint juſques à prendre les chaiſnes du pont:

l'effet en fut tel, qu'ils ne firent plus gueres de sorties : dedans cette ville estoient bien renfermez deux mille bons combattans, sçavoir toute l'eslite de la Normandie; & y estoit le Sire de Scales leur Chef.

Or cette nuit le Connestable fit le guet, il avoit sous son Enseigne quatre cent Lances; & outre cela, estoient à son guet le Seigneur de Coitivi, Poton, la Hire, & le Seigneur de Moüy : en effet, mondit Seigneur avoit bien six cent Lances & les Archers, & des gens de pied à son guet; je croy, en verité, qu'il avoit bien prés de deux mille combattans, ce fut le plus beau guet que je veis (*) oncques : Dieu sçait comment mondit Seigneur travailla cette nuit, avant qu'il fust jour clair, car il avoit mis ses gens en seureté du traict de la ville, & avoit fait faire des taudis & fossez : bref je vous certifie que c'estoit belle chose que de voir venir au matin le guet qui venoit lever l'autre guet, car tous les champs estoient couverts de gens d'armes qui alloient & venoient : bien-tost aprés le Connestable fit asseoir l'artillerie pour battre le boulevart & le pont : le Dimanche il fut donné un assaut au boulevart, pour voir (**) la contenance des Anglois, qui se

(*) L'Auteur a desja dit semblable chose.
(**) Esprouver.

deffendirent tres-bien ; auſſi n'avoient-ils à deffendre que ce boulevart : de plus ils avoient fait des ponts de bateaux des deux coſtez du pont, de ſorte qu'ils venoient par un coſté rafraiſchir leurs gens, & par l'autre coſté ils retiroient les bleſſez.

Or ce jour ne fut point pris ledit boulevart, & au contraire, il convint de ſe retirer; nous y perdiſmes beaucoup de gens tuez ou bleſſez. Les Anglois firent (*) ce jour deux bannieres, & pluſieurs Chevaliers ; puis fut la batterie ſi grande, que le Mardy d'aprés il leur fallut abandonner ledit boulevart : mais enfin ce Mardy nos gens entrerent dedans ; & quand ledit boulevart fut pris, le Roy, le Dauphin, & tous les autres Seigneurs vinrent loger à Maubuiſſon : puis M. du Maine, qui avoit belle compagnée, y vint, & y eſtoit Ioachim Roüault Lieutenant, qui aſſembla les Seigneurs de Coitivy, Poton, la Hire, Pierre de Brezé, Flocquet, Penenſac & Olivier de Coitivy, qui eſtoit Lieutenant du Conneſtable, & eſtoient douze cent Lances ; puis fut fait un pont ſur la riviere d'Oiſe & deux boulevarts és deux bouts du pont ; aprés quoy l'Abbaye fut tres-bien fortifiée, & fut faite une baſtille ; puis ne

(*) Dreſſerent, ou eſleverent.

demeura gueres que Talbot ne vint pour penser secourir la ville; pour quel dessein il vint du costé de la bastille. On sçavoit bien qu'il y venoit, & le Connestable ordonna incontinent que tous ses gens fussent prests en bataille, & vint pour passer au pont; mais le Roy vint defendre que homme n'y passast, & à grande peine y peut passer mondit Seigneur tout seul, exceptez les Seigneurs de Coitivy, Iamet de Tiglay, & Bourgeois.

Quand mondit Seigneur fut passé, il dit au Roy, qu'il laissast passer ses gens, & qu'il les laissast faire; car il ne faisoit point de doute que les Anglois, en la maniere qu'ils s'estoient mis, ne fussent deffaits. Et le Roy luy dit qu'il avoit conclu, que point ils ne seroient combatus; & ainsi ne le furent-ils point: & si s'estoient-ils mis au plus beau(*) gibier que jamais furent, mais oncques puis ne s'y mirent-ils, & si ils y furent par deux ou trois fois. Une autre fois ils revinrent, & apporterent des vivres, mais ils ne retournerent pas par le mesme chemin qu'ils estoient venus l'autre fois, & tromperent ainsi les compagnons (**): puis ils vinrent à grosse

(*) En la plus favorable rencontre pour estre taillez en pieces.

(**) Nos gens.

puissance, & y vint le Duc d'Yorc, & toute la puissance de Normandie, au nombre bien de neuf mille combattans, & vinrent entrer en la ville ; le lendemain ils nous dirent, qu'ils passeroient la riviere en despit de nous, & prirent les champs, & devant nous menoient quatre ou cinq bateaux en charettes.

Quand le Roy vid cela, il ordonna ses gardes, & bailla au Connestable la garde de tout le siege : au dessous du siege jusques à Conflans, il en bailla la garde à M. de la Marche ; & depuis le siege jusques à l'Isle-adam, à M. de Sainct-Paul, & de l'Isle-adam jusques à Creil à M. d'Eu qui avoit en sa compagnie tous les gens le mieux à cheval qui fussent en la compagnée, c'est à sçavoir Poton, la Hire, Antoine de Chabannes, Penensac, Flocquet, Pierre de Brezé, Iean de Brezé, & Guillaume du Chastel ; & n'y eut homme qui frapast dedans les Anglois, exceptez Antoine de Chabannes & Guillaume du Chastel, qui y fut tué ; ils n'estoient pas quarante Anglois qui eussent passé la riviere ; ce fut un Vendredy.

Quand le Connestable en sceut les nouvelles, il monta à cheval, & mena tout ce qu'il peut trouver de gens de cheval ; & quand il fut à l'Isle-adam, il sceut au certain que tous les Anglois estoient passez; puis il s'en revint au siege: le Roy & le Dauphin s'en allerent coucher à la bastille & le Connestable demeura au siege: le lendemain le Roy revint, & fit du vaillant, & voulut demeurer le dernier, & Monseigneur cuida demeurer à la bastille avec M. du Maine; mais le Roy ne le voulut, & les emmena quant & luy à Poissy le Samedy au soir. En ce mesme jour les Anglois vinrent loger à Montbuisson; le Dimanche au matin le Connestable envoya cent Lances porter des vivres à la bastille; le Mardy ensuivant, luy & M. de S. Paul vinrent à la bastille pour y faire apporter des vivres, mais Poton luy donna d'un tour; car comme il faisoit l'Avant-garde, & au retour l'Arriere-garde, il manda audit Connestable, qu'il luy sembloit que c'estoit le meilleur de s'en aller par le pont de Meulan; & Monseigneur sur cet advis, prit son chemin par là, croyant que tousjours il tirast aprés luy.

Or quand Poton vid que Monseigneur estoit passé, & qu'il estoit bien loin de luy, il retourna devers le Pont-de-Poissy; & quand il fut arrivé devers le Roy, il luy dit, que le Connestable n'avoit ozé passer par là: mais lors que Monseigneur fut venu devers le Roy, il sceut ce qu'il avoit dit de luy, & le tour qu'il luy avoit joué, dont penſez qu'il fut bien mal-content, & parla bien à luy devant le Roy. Ce meſme jour les Anglois firent un pont ſur la riviere d'Oiſe, entre Pontoiſe & Conflans, & vinrent faire paſſer toute leur armée aſſez prés de Poiſſy ; le lendemain ils vinrent preſenter la bataille au Roy, & y eut belle eſcarmouche : mais pour ce que la ſaillie (*) du pont eſtoit mauvaiſe & dangereuſe, on ne laiſſa ſortir aucunes gens, exceptez ceux qui furent ordonnez à cet effet, c'eſt à ſçavoir Olivier de Bron, avec bien trente Lances qui s'y gouvernerent ſi bien, qu'il n'y manqua rien, puiſque les Anglois tirerent à Mantes ; le lendemain le Roy paſſa la riviere & s'en alla à Conflans, & fit venir à Paris le Conneſtable, avec beaucoup d'autres gens de guerre, pour paſſer par ladite ville de Paris ; puis ſe retira ledit Conneſtable à Conflans devers le Roy, & revinrent les Anglois une autre fois, pour avitailler encore la ville de Pontoiſe : ſur quoy partit iceluy Conneſtable, & aſſembla tout ce qu'il peut de gens pour aller au devant d'iceux Anglois, & s'y rendit M. du Maine, & tous les autres Seigneurs, quand ils ſceurent qu'il y alloit.

(*) Deſcente.

Or il se vint loger en pleins champs, au chemin par où les Anglois avoient accoustumé de venir; lesquels Anglois arriverent devers le vespre, & se vinrent loger à bien demie lieuë de distance de nostre avantgarde, en un bois, où ils firent des feux largement; nous (*) pensions estre certains de les combattre le lendemain, mais ils joüerent d'un tour, car cette nuit ils s'en retournerent bien une lieuë en arriere, & passerent sur une petite riviere, & la mirent entre eux & nous. Le lendemain au poinct du jour que nous nous allions mettre en bataille, nous les vismes passer de l'autre costé, dont nous fusmes esbahis & desplaisans; car nous ne leur pouvions plus nuire, ny passer la riviere sur (**) eux, ny eux sur nous, & ils s'en allerent ainsi à la ville, & nous retournasmes à Conflans. Aussi-tost que les Anglois s'en furent allez, les gens du Connestable qui estoient bien quatre cent Lances, vinrent donner l'assaut à Nostre-Dame de Pontoise, lequel dura bien deux heures, & ceux qui estoient dedans furent tuez ou pris: ce fut un Samedy que cela arriva; le Dimanche & le Lundy on commença à battre les mu-

(*) L'Auteur present à cette action.
(**) Pour aller contre eux.

railles

railles de la ville, & le Mardy on donna l'affaut, qui dura bien longuement, & retirerent toutes les Enfeignes de contre la muraille, excepté celle du Conneftable; là furent fait de belles armes, & y eut des gens bien batus : enfin, la ville fut emportée d'affaut, & y eut bien huit cent Anglois de tuez & pris : mefme y fût pris le Comte de Clifieton, & Henry Fetandir, & y fut tué Iean Ripelay, avec beaucoup d'autres gens de grand façon; ce fut la veille de Noftre-Dame de Septembre l'an 1441. Puis demeura Guillaume Chenu Capitaine de Pontoife, fous M. du Maine.

Le Roy s'en vint aprés à Orleans, & de là en Touraine, & mondit Seigneur tira à Paris où il fût environ quinze jours; puis il s'en vint aprés le Roy, laiffant Madame de Guyenne bien malade; toutesfois il luy eftoit amendé, & croyoit qu'elle fe guerit : il fit donc fon voyage en Touraine, où il fut long-temps devers le Roy; puis il s'en alla devant Partenay, & y fut certain temps; aprés devers le Duc Iean, où il fut jufques aprés la Chandeleur; auquel jour de la Chandeleur Madame de Guyenne trefpaffa, dont luy furent mandées les nouvelles; le Duc le fçavoit bien, & tous les gens de mondit

Seigneur, mais il ne luy en fut rien dit tant qu'il fut arrivé à Partenay, ou l'on luy dit; dont il fit tres-grand deüil, puis il fut certain temps audit lieu de Partenay: aprés il fit faire un Service à Saincte-Croix dudit lieu; puis le Roy le manda pour le voyage de Tartas, & fallut qu'il tirast devers le Roy, qui fut en volonté de le laisser encores pour le Gouvernement de France, mais depuis il se ravisa, & resolut qu'il le meneroit avec luy.

L'an 1442 à la fin d'Avril, le Roy commença son voyage, & dit au Connestable, qu'il falloit qu'il allast par un chemin, & luy par un autre, pour faire tirer en avant les gens d'armes, ou qu'autrement il n'iroit (*) point. Et ainsi fut fait, le Roy alla donc par Limoges, d'où il tira à Toulouse, & fit avancer tous les gens d'armes qni tenoient les champs; & le Connestable tira par Clermont, & amena tout audit lieu de Toulouse: ils furent bien quinze jours, pour faire passer les gens d'armes, & pour attendre ceux qui n'estoient pas encore venus: puis ils partirent, & tirerent par deux chemins, pour les vivres, le Roy par un, & mondit Seigneur par l'autre: alors fut refusée l'en-

(*) Ils n'iroient point.

trée d'aucunes places au Roy & au Connestable, en tirant leur chemin, dont par aprés en furent punis aucuns, & tout se rendit au Mont-de-Marsan. Cette nuit ils allerent coucher aux champs, à une petite place à deux lienës de Tartas; le lendemain se rendirent en la lande (*) de Tartas, le Roy, le Dauphin, & le Connestable, avec tous les Seigneurs, & gens d'armes; là où fut rendu audit Connestable le fils de M. d'Albret, qui estoit ostage : puis s'en alla loger le Roy en un petit village, & le Connestable alla loger à Sombroce; ce fut un Samedy, veille de Saint Iean-Baptiste. Et estoient lors avec mondit Seigneur les Seigneurs de la Marche, de Lomaigne, de Foix, de Comminges, & un grand nombre de Capitaines : là ils sejournerent le lendemain, qui estoit un Dimanche, puis ils en deslogerent le Lundy au matin, & vinrent mettre le siege devant Saint-Sever, où le Mercredy ensuivant le Roy fit donner l'assaut de son costé, & manda au Connestable, qu'il ne fit point assaillir (*) ses gens, & le croyoit prendre sans luy, dont mondit Seigneur fut fort deplaisant.

Puis aprés quand il vid que ses gens estoient

(*) Plaine.
(**) C'est à dire, faire attaque par ses gens.

fort battus, le Roy luy manda qu'il laissa aller ses gens à l'assaut, & fut en volonté mondit Seigneur de n'en rien faire; toutesfois il fit à la fin assaillir : & je vous certifie qu'ils ne tinrent pas un quart-d'heure qu'ils ne fussent pris d'assaut, & encores combattoient-ils contre les gens du Roy, que nos gens les venoient prendre, & les tuer sur la muraille : & disoit lors le Dauphin, que les Bretons avoient tiré les mains aux gens du Roy, ou qu'ils n'y fussent ja (*) entrez. Et y eussent esté fait de grands maux plus qu'il ne fut, si ce n'eust esté le Connestable; car par luy furent gardées maintes femmes d'estre forcées, & pour ce qu'il ouyt crier *la force*, luy, & M. de la Marche coururent soudainement de nuit, & penserent y estre tuez par de meschantes gens qui point ne les connoissoient, si Dieu ne les eut preservez : là mesme mondit Seigneur fit nourrir plus de cent enfans que les meres avoient laissez, les unes prises, & les autres enfuyes, & fit amener des chevres, pour les allaiter; & ne vistes jamais telle pitié

Puis en partit le Roy, & le Connestable, avec toute l'armée, quand ils y eurent sejourné quatre ou cinq jours, pour tirer de-

(*) Jamais.

vant Dacs; & Monfeigneur coucha aux champs, & fut fon charroy deftrouffé : je vous certifie qu'il n'avoit gueres de vivres, & qu'il n'avoit pour luy qu'une petite bouteille de vin, qui ne tenoit pas un pot : il foupa fur une fontaine, qui bien y fervit. Le lendemain, qui eftoit Vendredy, ils mirent le fiege à Dacs, où il y eut belle efcarmouche, & bien petit à manger : car il n'avoit que des oignons, & du pourpier, & bien peu de pain, & de vin : toutesfois il luy vint le lendemain une pipe de vin, qui luy coufta bon prix, & luy dura plus que jamais vin ne luy avoit duré; car tout homme qui en envoyoit querir, avoit fa bouteille remplie, pourveu qu'il apportaft une bouteille d'eau pour mettre par la bonde. Pour le certains les gens de guerre eurent là fort à fouffrir, & dura le fiege bien trois femaines, ou plus : & firent ceux de la ville de grandes faillies fur nos gens, & nous firent de grands dommages; car ils avoient de bons arbaleftriers, & nous venoient tirer jufques à la pointe de la lance; car nous n'avions aucun Archer, fors bien peu, & n'avions point de traict, & eftoient les plus orgueilleufes gens que l'on peut trouver. Mais par aprés ils furent reduits en telle neceffité qu'ils fe fussent laissez prendre d'assaut, sans coup ferir, & desja se rendoient par les tours, & par les gardes où ils estoient : mais ledit Connestable, & M. de la Marche les en garderent (*), pour les grands maux qui se font quand on prend une place d'assaut, ou d'emblée : enfin la place fut renduë au Roy, qui y demeura avec lesdits Seigneurs six ou sept jours : puis il s'en vint à Saint-Sever, & laissa Regnaud Guillaume Capitaine. De là il tira sur la riviere de Garonne, à la ville d'Agen, & le Connestable, & M. de la Marche tirerent au Mont-de-Marsan.

Ledit Seigneur de la Marche avoit parlé plusieurs fois au Connestable du mariage de luy, & de sa niepce, fille de M. d'Albret ; or en ce voyage fut conclu ledit mariage : & tira le Connestable, du Mont-de-Marsan à Nerac, où estoient M. d'Albret, & Madame, & M. de la Marche. Quand il fut à quatre lieuës de là, il envoya Raoul Gruel, & Guillaume de Vandel, & les attendit deux jours ; puis il s'en vint audit lieu de Nerac, là où il trouva M. de la Marche, & cette nuit soupa avec les Dames, & les vid à son aise, & danserent : puis furent bien-tost faites les fiançailles, & les espousailles : ce fut le jour

(*) Empescherent.

de la decolation de S. Iean-Baptiste que mondit Seigneur l'espousa, l'an 1442.

Alors estoient avec luy, de sa maison, le Seigneur de Chastillon, Guion de Molac, Gilles de S. Simon, Iean de Bron, Raoul Gruel, Geoffroy de Couvran, Guillaume de Vandel, Charles de Montmorency, Olivier de Quelen, Iean de la Houssaye, Pierre du Pan, Guillaume de Launay, Olivier de Naël, Robert de Quedillac, Langourlay, Iean de la Haye, le Capitaine Olivier de Bron, Mahé Morillon, Iean Budes, Iean de la Boëssiere, Malefchet, Iacquet, & Darionet, & celuy qui a dicté cette Chronique, nommé Guillaume Gruel (*) avec plusieurs autres. Il fut bien huit jours ou plus à Nerac ; puis s'en alla mondit Seigneur devers le Roy à Agen, où il fut deux ou trois jours ; aprés quoy il en partit, & s'en alla à Castel-jaloux, & à Saincte-Baseille, & de là à Marmande. Là se rendit le Roy, & y furent bien quinze jours, en attendant les gens d'armes : ce fut là que le Roy dit au Connestable, qu'il convenoit que l'un d'eux allast faire venir les gens d'armes qui estoient vers Toulouse & vers Bearn, & qui tenoient les champs, pource qu'ils n'estoient point payez en ce temps là, &

(*) L'Auteur de ces Mémoires se nomme ici.

qu'il mouroient de faim eux & leurs chevaux ; & fut dit, que si le Roy, ou le Connestable n'y alloient, que point ils ne reviendroient.

Alors il fut advisé que mondit Seigneur iroit ; & ainsi il prit son chemin, & vint par Nerac, pour faire partir Madame, afin de s'en aller à Partenay ; il l'emmena quant & luy, & tirant à Toulouze il rencontra à une ville, qui a nom Guavre, Maistre Robert de la Riviere, qui depuis fut fait Evesque de Rennes, lequel venoit devers le Roy, de par le Duc François, pour avoir le congé du Connestable son oncle, afin de venir devers iceluy Duc François, à sa feste ; & ledit Maistre Robert fit tant qu'il eut congé de mondit Seigneur, lequel il trouva à Touloufe. De là partit mondit Seigneur, & tira à Partenay, ayant Madame quant & luy : de là mondit Seigneur tira vers le Duc son neveu, & ainsi fut à la feste à Rennes, où ils firent grande chere, & y fut bien un mois, ou plus ; puis il s'en vint à Fontenay-le-Comte devers Madame, où il fut une piece (*), pource qu'on (**) s'estoit mort à Partenay ; puis quand ladite mortalité fut cessée, il s'en

(*) Espace de temps.
(**) Que la mortalité estoit à, &c.

revint à Partenay, où il sejourna en cette saison, excepté qu'il fit un voyage devers le Roy à Tours, & à Chinon.

L'esté d'aprés 1443, les Anglois vinrent en grande puissance & bien soudainement devant Angers, & logerent une nuit à Saint-Nicolas : leur Chef estoit le Duc de Sombresset, avec le Comte d'Orset, & Mathago, & estoient bien sept ou huit mille combatans; de là ils allerent loger devant Povancé, & prirent la Guerche, & furent plus de quinze jours devant Povancé, croyans qu'il se deust rendre. Quand le Connestable le sceut, il fit grande diligence, & tira à Angers, où il manda ce qu'il peut de gens-darmes ; de là il tira à Chasteaugontier, où il trouva M. d'Alençon ; puis y arriverent le Mareschal de Loheac, le Seigneur de Bueil, & Louys son frere, & plusieurs gens de bien, qui avoient fait une entreprise d'aller courir (*) sur le siege ; ce qu'ils vinrent dire au Connestable, qui leur dit : *Si vous voulez attendre jusques à demain, j'auray deux cent Lances de mes gens, qui seront cette nuit icy, & ainsi nous pourrons faire nostre entreprise seurement, en telle maniere que les Anglois*

(*) C'est à dire, d'aller attaquer les assiegeans.

ne nous pourront grever. Mais ils ne le voulurent croire, & luy dirent qu'ils iroient eſſayer le chemin : puis, aprés eux, s'en allerent aſſez d'autres, & partirent environ ſur les quatre heures aprés midy ; ils eſtoient allez repaiſtre en un village : or cette nuit Mathago bien accompagné de mille cinq cent Anglois, vint courir devant Chaſteaugontier, & les trouva & ſurprit de nuit dedans le logis, & les mit en deſordre tellement, qu'il y en eut de tuez & de pris ; meſme y fut fait priſonnier Louys de Bueil, & d'autres: quant au Mareſchal de Loheac, & au Seigneur de Bueil, ils ſe ſauverent ; puis demeura un eſpace de temps le Conneſtable à Chaſteaugontier ; aprés il vint parler au Roy à Saumur, pour conclure ce qu'il avoit à faire. Cependant les Anglois s'en allerent de devant Povancé, & tirerent en Normandie. Et à cette heure l'Admiral de Coitivy fut éloigné de la Cour, ſans perdre aucuns de ſes Offices, & entra Pierre de Brezé au gouvernement, avec Iamet du Tillay, & le Petit-Meſnil. L'hyver d'aprés, le Conneſtable envoya ſes gens en garniſon à Grandville, ſous Geoffroy de Couvran, & Olivier de Bron, puis il s'en vint à Partenay.

L'an 1444 en efté, vint le Comte de Suffolc, & le Privefel (*) d'Angleterre par devers le Roy, à Tours, où il y eut une grande affemblée : & fut traitté que le Duc François y viendroit, lequel le Conneftable alla querir à Nantes, & l'ammena devers le Roy à Tours : il partit de Nantes, pour faire ce voyage, le Mardy des Feries de Pafques; Dieu fçait comment il eftoit accompagné : c'eftoit belle chofe que de voir les Seigneurs, Chevaliers, & Efcuyers ; car quand il alloit devers le Roy és Monftils, fa compagnie duroit depuis lefdits Monftils, jufques à la porte de Tours : il y eut là une grande affemblée : & y fut conclu le mariage du Roy d'Angleterre, & de Madame Marguerite, fille du Roy de Sicile, & furent prifes Treves jufques à deux ans : puis ils fe departirent, & s'en alla le Duc en Bretagne, & le Conneftable à Partenay.

Par aprés, l'an que deffus 1444, il fut advifé que le Dauphin meneroit les Routiers, & plufieurs autres en Allemagne, le Roy de Sicile, & le Conneftable allerent en Loraine, & devant Metz furent logez plufieurs de leurs gens d'armes : lequel Conneftable partit, pour faire ledit voyage environ la

(*) Garde des Seaux.

my-Aouſt, & laiſſa Madame Ieanne d'Albret malade, toutesfois il ne croyoit pas qu'elle fut en danger, neantmoins elle treſpaſſa environ vers la fin de Septembre, dont mondit Seigneur fit grand deuil, & paſſa tout l'hyver enſuivant en Lorraine, à Nancy, & ailleurs.

Puis au commencement de l'eſté, de l'an 1445, il fut parlé de ſon mariage, qui fut traitté par les Seigneurs du Maine, & de Saint Paul, & autres, tant qu'il fut conclu, avec Madame Catherine de Luxembourg, & le dernier jour de Iuin ils furent accordez, & bien-toſt aprés, ſçavoir au mois de Iuillet ſuivant, ils furent eſpouſez: puis il y eut un broüillis que (*) le grand Seneſchal de Poitou mit ſus, pource qu'il ſe doutoit que le Roy de Sicile, le Conneſtable, les Seigneurs du Maine, & de Saint Paul eſtoient alliez enſemble, & faiſoient une Praguerie, ce qui fut mal (**) trouvé; car ils n'y penſoient point: puis de là ils vinrent à Chaalons.

En ce temps le Conneſtable fit paſſer les (***) Gens-darmes par la Bourgongne, malgré que le Mareſchal de Bourgongne en eut, c'eſtoit pour aller requerir les gens du

——————
(*) Dont fut cauſe le, &c.
**) Fut trouvé n'eſtre vray. (***) Des gens.

Roy, qui eftoient à Mont-Beliart : quand ils furent venus, mondit Seigneur fit les monftres, & caffa ceux qui eftoient à caffer, & mit les gens de bien en ordonnance, & les mefchans (*), & tout le bagage furent renvoyez, & eurent lettres de paffage (**) de mondit Seigneur : & fut ainfi trouvée à cette heure l'Ordonnance (14) (***) de vivre aux gens d'armes de France : ce qui fut me femble, grande grace de Dieu, car oncques homme de ceux qui furent caffez ne luy dit que ce fut mal fait. Et furent ordonnez les Capitaines : ce qui tousjours a duré depuis : & ainfi fut oftée la pillerie de deffus le peuple, laquelle long-temps avoit duré, dont mondit Seigneur fut bien joyeux ; car c'eftoit l'une des chofes que plus il defiroit, & que tousjours il avoit tafché de faire ; mais le Roy n'y avoit voulu entendre jufques à cette heure.

Puis s'en vint mondit Seigneur à Partenay, & en fit amener Madame : & bien-toft après il vint devers le Duc François, qu'il trouva à Rieux, Dieu fçait s'il luy fit grande chere : or il y avoit entre ledit Duc, & M. Gilles fon frere aucun different, & n'ef-

(*) C'eft à dire, les moindres foldats.
(**) Saufconduit.   (***) La Police.

toient pas bien contens l'un de l'autre : Mais incontinent que le Conneſtable le ſçeut, il envoya querir le ſuſdit Gilles, & fit l'appointement : puis le Duc requit le Conneſtable qu'il fit venir Madame de Richemont à Nantes, pour ce qu'il la vouloit voir en Bretagne, & auſſi afin qu'elle vid la Ducheſſe : & Monſeigneur l'envoya querir, & vint à Nantes, où elle fut bien tres - bien feſtoyée. Là eſtoient lors le Conneſtable, ledit Gilles, & M. Pierre ; puis s'en retourna le Conneſtable avec Madame à Partenay, où ils paſſerent partie de l'hyver : aprés Monſeigneur alla devers le Roy à Tours, où fut conclu de mettre le ſiege devant la ville du Mans, au cas que les Anglois ne la rendiſſent, & ce qu'ils tenoient de places en icelle Comté ; & y envoya le Roy grand nombre de gens d'armes, dont eſtoient Chefs le grand Seneſchal, l'Admiral, le Seigneur de Bueil, & pluſieurs Capitaines ; & ne vouloit le Roy aucunement que le Conneſtable y allaſt ; toutesfois il y fut mandé, car les Officiers en ſon abſence ne vouloient rien faire les uns pour les autres ; & fallut à la fin (15) que mondit Seigneur y allaſt : bientoſt aprés les Anglois rendirent le Mans, & tinrent ce qu'ils avoient promis ; ce fut la veille de Pafques-flories, l'an 1446.

Puis s'en vint le Conneftable à Tours devers le Roy, & de là à Partenay, où il fut un efpace de temps. Bien-toft aprés fut entrepris l'appointement du Duc François & de M. de Laigle, lequel ne voulut point venir en Bretagne, fi le Conneftable n'y eftoit : & l'ammena mondit Seigneur à Nantes devers le Duc, où il fut longuement ; enfin fe fit cet appointement ainfi comme on peut fçavoir : M. Gilles dit aucunes paroles à Iean Hingant, qui eftoient fort rigoureufes, dont il fit le rapport au Duc François ; & en cette faifon ce Duc vint devers le Roy, comme auffi fit le Conneftable ; & fut lors (16) pourchaffée auprés du Roy la prife du fufdit Gilles, fans le fceu du Conneftable ; & fut là deffus donné à entendre beaucoup de chofes au Roy, & au fufdit Duc François : enfin il fut conclu que Regnault de Denefay iroit pour en faire l'execution, & qu'il meneroit les cent Lances du grand Senefchal.

Or quand ledit Duc fut party, & les gens d'armes auffi, le Roy le dit au Conneftable, lequel parla bien à luy, en difant, qu'il ne faifoit pas bien, de vouloir ainfi deftruire la maifon de Bretagne, & que par autre moyen il pouvoit bien appaifer la chofe, fans mettre le Duc & son frere par telle maniere en guerre & dissension, & en fut mondit Seigneur tres mal content : alors le Roy luy dit : *Beau cousin, pourvoyez-y, & faites diligence, ou autrement la chose ira mal; car le Duc & les autres vont tous deliberez de le prendre, & mettre en la main du Duc.* Et ainsi partit le Connestable tres-mal content, & s'en vint en Bretagne aprés le Duc; mais il ne le peut atteindre que la chose ne fust parfaite, & arriva à Dinan avant que M. Gilles fust amené, lequel avoit esté pris par Regnauld de Denesay; car quand le susdit Gilles sceut que c'estoient les gens du Roy, il leur fit ouvrir la porte du Guildon, & ainsi estoit bien aisé à prendre; puis il fut amené à Dinan, comme dit est, lors le Connestable requist au Duc, qu'il luy pleust voir (*) son frere; & fut amené Gilles au chasteau de Dinan, où vint le Duc, le Connestable, & M. Pierre; Gilles se mit à genoüils, comme fit le Connestable, & Pierre, suppliants au Duc, qu'il luy pleust avoir mercy de son frere, en pleurant tous trois en toute humilité; mais le Duc ne s'en fit que rire, & n'en tint conte, pour quelque chose qu'ils luy peussent dire, ny faire.

(*) Luy laisser voir.

Quand

Quand le Conneſtable vid cela, il en partit, & s'en vint à Rennes, puis à Nantes, & à Partenay, où il ſejourna juſques à ce qu'il ſceut au certain que le Duc avoit aſſigné ſes Eſtats à Rhedon (*) : & la croyoient faire condamner M. Gilles, par les Eſtats; mais le Conneſtable s'y rendit, & parla privément avec aucuns des Seigneurs de Bretagne, & autres, tant que la choſe fut rompuë, & fut le Duc mal-content de luy; puis il s'en revint à Partenay, & de là il tira à Chinon devers le Roy.

L'an 1447, il y eut à Chinon une belle aſſemblée de Seigneurs devers le Roy, & y vint le Duc François; de plus y eſtoient le Dauphin, le Roy de Sicile, les Seigneurs d'Orleans, de Bourbon, d'Alençon, & du Maine : de là le Conneſtable alla voir Madame à Partenay; cependant M. de Nevers prit le logis d'iceluy Conneſtable, bien qu'il euſt un autre logis dans la ville, & mondit Seigneur n'avoit que celuy-là; de ſorte que quand il arrriva il voulut venir à ſon logis; mais on luy dit que M. de Nevers y eſtoit, & qu'il n'en vouloit partir; mondit Seigneur vint là-deſſus tout droit deſcendre audit logis, où il trouva M. de Nevers, auquel il

(*) Eſtats de Bretagne convoquez à Redon.

dit que c'eſtoit ſon logis, & qu'il falloit luy laiſſer, & qu'il avoit un autre logis, & qu'il s'y en allaſt ; & l'autre repliqua, qu'il n'en bougeroit ; & mondit Seigneur luy repartit, que ſi feroit : a la fin il fallut que M. de Nevers s'en allaſt aſſez toſt. Depuis ils en furent en grandes paroles devant le Roy, & s'y rendit toute la Seigneurie : & dit lors M. de Nevers, que le logis luy eſtoit demeuré pour l'amour (*) de l'Office : & Monſeigneur luy reſpondit, que quand il ne ſeroit que Artus de Bretagne, qu'il le garderoit (**) bien de le deſloger : & furent enſuite les Seigneurs de Bourbon & d'Eu pour accompagner le ſuſdit de Nevers, & Monſeigneur n'y mena que luy & ſes gens ; dont le Roy de Sicile & les Seigneurs d'Alençon & du Maine furent mal contens, de ce qu'ils n'y avoient eſté pour l'accompagner : mondit Seigneur fut en cette rencontre mal-content du Duc François, car il eſtoit en la preſence du Roy lors que cela ſe paſſa ; & toutesfois il ne dit lors aucun mot, dont beaucoup de gens furent fort deſplaiſans ; mais aſſez toſt aprés il furent derechef bons amis ; & en

---

(*) Le ſujet de la charge de Conneſtable.

(**) L'empeſcheroit.

fuite le Conneftable s'en vint à Partenay, où il paffa la plufpart de cette faifon.

L'an 1448, la veille de Noftre-Dame de Mars, furent pris la ville & le chafteau de Fougeres, d'efcalade, par les Anglois, dont eftoit Chef François de Surienne, dit l'Arragonnois; ce qui fit que Trefves furent rompuës: lefquelles nouvelles vint dire au Conneftable, à Partenay, Michel Machefer, & pareillement le Roy l'efcrivit à mondit Seigneur, lequel tout le pluftoft qu'il peut partit de Partenay, & ayant mandé tous fes gens, il tira à Nantes, & de là à Rennes, où il trouva le Duc, qui fut bien aife de fa venuë, ainfi que le fut tout le monde de ce pays-là. Alors ils commencerent à conclure ce qu'ils avoient à faire, le tout par le bon advis & confeil de mondit Seigneur. Or en attendant que l'armée fuft prefte, il confeilla de fortifier la ville de Saint-Aubin, & luy-mefme partit le dernier jour d'Avril, & alla coucher audit lieu: là vinrent le Marefchal de Loheac, Ioachim Roüant, Odet d'Aidie, & Denifot, qui par le congé du Roy vinrent fervir le Duc. Il y avoit une belle compagnie tant de Bretagne (*), que de France, & bien-toft ledit Saint-Aubin fut fortifié:

(*) Tant de Bretons que François.

puis tira mondit Seigneur à Rennes, devers le Duc, & bien-toſt aprés vinrent le Duc & mondit Seigneur à Saint-Aubin, & furent faites des courſes devant Fougeres, & à l'une des fois faillirent les Anglois, dont il y eut de pris & de tuez.

Cependant arriverent les cent lances du Conneſtable, que Geoffroy de Couvran, & Olivier de Bron ammenerent, & dura la choſe un eſpace de temps, & y furent faites des ſommations tant du Roy, que du Duc, & Ambaſſades d'un coſté & d'autre : puis quand on vit que ce n'eſtoient que diſſimulations, on commença à faire la guerre en Normandie, & furent pris le Pont-de-l'Arche, & Conches par le grand Seneſchal, & Flocquet, & crierent Bretagne. Puis le jour de S. Pierre fut pris Beuveron, & y eſtoit Iacques de S. Paul, Lieutenant de Monſeigneur, & avec luy les Seigneurs de Loheac, & de Dolval ; & y vint mondit Seigneur, qui retourna aprés devers le Duc à Rennes. Puis ils firent une entrepriſe, à la requeſte du Seigneur de Touteville, ſur Tombelaine, où fut donné un aſſaut ; mais par faute d'eſchelles ſuffiſantes fut faillie cette entrepriſe, & en devoit le ſuſdit de Touteville autrement fournir. Puis ils firent une autre entrepriſe ſur

DE RICHEMONT. 389

Mortaing, & y allerent, pour faire l'execution, le Marefchal de Loheac, Iacques de S. Paul, Lieutenant dudit Conneftable, les Seigneurs de Montauban, Marefchal de Bretagne, de la Hunaudaye, de Dorval, & Ioachim Roüaut, avec plufieurs autres; & y fut donné un affaut, qui dura depuis fept heures au matin jufques à la nuit. Ie vous certifie que ceux de dedans fe defendirent tres-bien; mais le lendemain ils fe rendirent, car il n'y avoit plus d'hommes fains en la place, que cinq feulement, qu'ils ne fuffent tous bleffez, outre beaucoup de tuez; & y furent faites de belles armes. Puis s'en retourna l'armée à Saint-Iame-de-Beuveron, & de là à Saint-Aubin; & demeura pour M. de Loheac, M. de la Mervoille, avec quinze lances; & pour Ioachim (*), Micheau Guarangier, avec autres quinze lances.

Aprés cela le Duc, & mondit Seigneur (**) firent leur armée, & fit tant Monfeigneur, que le Duc entra en Normandie, malgré tout fon Confeil, & qu'ils vinrent mettre le fiege à Couftances, où arriva l'avant-garde dés le foir de devant, en laquelle eftoit le Marefchal de Loheac, Iacques de S. Paul, Lieutenant du Conneftable, les Seigneurs de Boffac, &

(*) Ioachim Roüault. (**) Affemblerent.

de Briquebec, avec cent Lances d'iceluy Conneſtable, & partie des gens de ſa Maiſon, & Ioachim Roüaut, Odet d'Aidie, Deniſot, & pluſieurs autres. Le lendemain arriverent le Duc, & le Conneſtable, accompagnez des Seigneurs de Laval, de Dorval, de la Hunaudaye, de Maleſtroit, de Coetquen, du Pont, & de la pluſpart des Seigneurs Chevaliers, & Eſcuyers de Bretagne. L'autre partie eſtoit avec M. Pierre pour mettre le ſiege à Fougeres : & ce meſme ſoir fut faite la compoſition de Couſtances, & le lendemain la place fut renduë ; & partit l'avant-garde, pour aller à Saint Lo, où ils vinrent gagner le logis.

Le lendemain arriverent le Duc, & le Conneſtable avec toute la bataille, devant cette place, & dans deux jours fut faite la compoſition, & ſe rendit Saint Lo. Bien-toſt aprés on alla devant Carentan, qui gueres ne dura, & fut pris par compoſition, & auſſi le Pont-de-Douë, avec la Baſtille de Beuſiville, la Haye-du-Puis, Briquebec, le Hommet, & Lauſné : aprés quoy le ſiege fut mis à Valongnes, qui gueres ne dura. Puis le Duc & ſon Conſeil taſcherent à s'en revenir au ſiege qu'il avoit fait mettre devant Fougeres, qui luy tenoit au cœur ; car c'eſtoit en son pays, & s'en voulut revenir. Or en s'en retournant, par le conseil du Connestable, il fit mettre le siege devant Gauray, & y vint Iacques de Luxembourg, accompagné de gens de bien; il y fut deux jours: puis le Seigneur de Blot alla querir le Connestable, lequel le lendemain y vint.

A sa venuë fut pris le boulevart par Iacques de Luxembourg, & ceux qui estoient avec luy, & le jour d'aprés la place fut renduë par composition, & demeura en la main d'iceluy Iacques de Luxembourg. Puis le Duc & le Connestable tirerent au siege de Fougeres, où ils trouverent M. Pierre, & plusieurs autres Seigneurs de Bretagne, qui là tenoient le siege, & se logea le Duc devant une des portes, le Connestable devant l'autre; puis ils firent assortir l'artillerie, & y faire les approches; bref, tout ce qui s'y pouvoit faire: sur quoy les Anglois firent une saillie, mais ils furent bien reboutez. Puis aprés fut pris un des boulevarts, où (*) fut perdu des gens d'un costé & d'autre; puis au long (**) aller en fut faite la composition, & se rendirent les Anglois de dedans, leurs vies sauves avec leurs biens, & encores eurent-ils de l'argent. Puis s'en

(*) Où demeurent. (**) A la longueur du temps.

revint le Duc à Rennes, & le Conneſtable à Partenay où il ſejourna cet hyver. Cependant les gens de mondit Seigneur, qui eſtoient en garniſon à Gauray, & ceux de Sainct-Lo & de Couſtances firent une deſtrouſſe ſur les Anglois de Vire & de Donfront, en laquelle il y eut des gens de tuez de tous les coſtez; mais le champ demeura à nos gens, & y furent tuez, ou pris, ou mis en fuite tous les Anglois, & fut la choſe bien combatuë.

L'an 1449 le Conneſtable, environ la Chandeleur, partit de Partenay pour venir devers le Duc, & pour tirer en Normandie il vint à Nantes; les eauës furent en ce temps ſi grandes que ce fut merveilles, tellement qu'il fut contraint d'y arreſter & ſejourner huit ou dix jours : la cauſe de ce voyage eſtoit, pource que Roland de Coiſic luy dit, qu'il y avoit un ſorcier; & ſur toutes choſes il deſiroit de faire juſtice de tous ſorciers, & d'erreurs contre la foy; & dés l'heure il l'euſt fait bruſler, ſi ce n'euſt eſté l'Eveſque Guillaume de Maleſtroit; car lors y eut grande queſtion & different entre eux au ſujet de ce ſorcier; puis aprés il partit, & tira à Dinan devers le Duc, où vinrent nouvelles que les Anglois eſtoient deſcendus à Cherbourg, & qu'ils avoient aſſiegé Valongnes;

& y furent le Carefme, jufques à la Semaine-fainéte; puis partit le Conneftable, & à fon depart M. de Montauban luy vint dire : *Monfeigneur, je vous avertis qu'on veut faire mauvaife compagnée à M. Gilles voftre neveu, & je m'en defcharge;* & incontinent Monfeigneur le vint dire au Duc; fur quoy il y eut grande altercation, & luy demanda qui le luy avoit dit; & il refpondit; que ç'avoit efté M. de Montauban, mefme il luy voulut courir fus, qui ne l'en euft deftourné : le Conneftable avoit penfée lors de mener le Duc en Normandie, lequel avoit auffi grande envie d'y aller, fi ce n'euft efté fon Confeil, par qui il en fut deftourné; mais quand Monfeigneur vid cela il prit congé de luy, & s'en alla faire fes Pafques à Dol ; & au depart le Duc luy fit promettre, qu'il l'attendroit à Dol jufques au Lundy d'aprés Pafques, & ainfi le fit mondit Seigneur. Or le Duc fe voulut bien rendre à Dol ainfi qu'il l'avoit promis, mais les gens de fon Confeil l'en empefcherent, & demeurerent beaucoup de gens, qui avoient grande envie d'aller avec mondit Seigneur, lefquels dirent au Duc, qu'il les laiffa aller, & que fi mondit Seigneur avoit grand nombre de gens, qu'il combatroit les Anglois, & mettroit tout à l'adventure. Ainſi demeurerent-ils, mais depuis ils s'en repentirent.

Quand mondit Seigneur vid cela il prit congé du Duc, & s'en alla accompagné des Seigneurs de Laval, du Mareſchal de Loheac, de Iacques de Sainct-Paul, de Boſſac, de Dorval, & de pluſieurs gens de ſa maiſon, qui compoſoient belle & bonne compagnée: pluſieurs vinrent le conduire, & entre les autres le Bourgeois, auquel il dit: *Iamais je ne te tins demeuré* (*) *de bonne beſongne juſques à cette fois.* Et Bourgeois luy reſpondit tout en larmoyant: *Ie ſçay, Monſeigneur, que vous ne combatrez point.* Et lors Monſeigneur leur repliqua: *Ie vouë à Dieu que je les verray, avec ſa grace, avant que de retourner.* Et ainſi il tira ſon chemin, & alla coucher à Grandville (**), puis le lendemain à Couſtances, où il receut des lettres des Seigneurs de Clermont, de Caſtres, de l'Admiral de Coitivy, & du grand Seneſchal, qui luy eſcrivoient, qu'en effect les Anglois avoient pris Valongnes, & qu'encores eſtoient-ils audit lieu, & qu'il leur ſembloit qu'il devoit tirer à Sainct-Lo, dont Monſeigneur fut bien mal-content; mais toutes-

(*) Manquer une belle occaſion.
(**) Graville.

fois il le fit, pource qu'ils luy avoient ainsi mandé, & tira à Sainct-Lo; de plus, cette nuit ils luy envoyerent un (16) pourfuivant, qui arriva à Sainct-Lo au poinct du jour, lequel luy vint dire, que les Anglois eftoient paffé le Vez, & qu'ils tiroient à Bayeux, & qu'il fe rendift à Trivieres, & que là ils fe rendroient à luy, & qu'ils chargeroient toufjours lefdits Anglois, en l'attendant. Donc au poinct du jour, mondit Seigneur fut le premier qui oüyt appeller le guet, & fit lever des gens pour ouvrir la porte; & incontinent il fit fonner fes trompettes à cheval, & s'arma bien diligemment, puis oüyt la Meffe.

Le quinziefme jour d'Avril l'an 1450, aprés que le (16) Conneftable eut oüy la Meffe à Sainct-Lo, il alla à la porte de l'Eglife, & monta à cheval, il n'avoit pas lors fix hommes avec luy au partir; puis il chevaucha environ une lieuë, & s'arrefta pour mettre fes gens en bataille; aprés il fit fes ordonnances, & mit le Baftard de la Trimoüille avec bien quinze ou vingt lances devant: enfuite il envoya fon avant-garde, en laquelle eftoient Iacques de Sainct-Paul, le Marefchal de Loheac, le Seigneur de Boffac, & leurs archers; puis il ordonna pour gouverner fes archers Gilles de Sainct Symon, Iean de Malestroit, & Philippes de Malestroit. Aprés il ordonna pour la garde de son corps de certains Gentilshommes, dont les noms s'ensuivent: premierement Regnaud de Voluire, Pierre du Pan, Yvon de Tréenna, Iean Budes, Hector Meriadec, Iean du Bois, Colinet de Lignieres, & Guillaume Gruel. Puis il ordonna des gens pour l'arriere-garde, & chevaucha en bonne ordonnance, & le plus diligemment que faire se pouvoit, tant que les premiers de ses gens arriverent à Trivieres, où bien-tôt aprés il arriva; & à l'heure qu'il s'y rendit, les Anglois saillirent (*) de leur bataille environ quatre cent, qui mirent en fuite bien treize cent archers de ceux qui estoient du costé de M. de Clermont, & gangnerent des couleuvrines dont on leur faisoit guerre; & si ce n'eut esté les gens d'armes qui tinrent lors bon, je croy qu'ils eussent fait un grand outrage à nos gens.

Or comme le Connestable arriva à un moulin à vent qui y est, tout estoit meslé; sur quoy, le plutost qu'il peut, il fit partir une partie de son avant-garde avec ceux qui gouvernoient ses archers; & les archers allerent passer au bout de la bataille des Anglois, &

(*) Se separerent de.

de ceux qui avoient fait ladite faillie fur nos gens: nofdits archers en tuerent bien fix vingt. Puis après mondit Seigneur vint paffer aprés fes archers au plus prés de la bataille des Anglois. Enfuite s'approcherent la bataille & les archers de nos gens, & vinrent vers le Conneftable les Seigneurs de Clermont, de Caftres, l'Admiral de Coitivy, le grand Senefchal, Iacques de Chabannes, Ioachim Roüault, Geoffroy de Couvran, Olivier de Bron, Odet d'Aidie, Iean de Rouffevinen, & toute leur bataille, & fe joignirent ainfi nos batailles enfemble. Puis le Conneftable dit à l'Admiral: *Allons vous & moy voir leurs contenances*; & mena mondit Seigneur cet Admiral entre les deux batailles, & luy demanda: *Que vous femble M. l'Admiral, comment nous les devons prendre, ou par les bouts, ou par le milieu?* Et lors l'Admiral refpondit à mondit Seigneur qu'il faifoit grand doute qu'ils demeureroient en leur fortification(*). Et le Conneftable luy dit: *Ie voüe à Dieu, ils n'y demeureront pas, avec la grace de Dieu.* Et à cette heure le grand Senefchal luy vint demander congé de faire defcendre fon enfeigne à un (**) taudis que

(*) Leur fort. (**) Vers un retranchement, que, &c.

les Anglois avoient fait. Sur quoy Monseigneur pensa un peu, puis il luy dit qu'il en estoit content; & bien-tost aprés, ces gens furent à ce taudis. Puis incontinent, sans plus rien dire, tout le monde s'assembla pour donner dedans, & ainsi fut fait; & n'arresterent point les Anglois, ains furent defaits, tuez, ou pris en fuite au nombre d'environ bien six mille : & y fut pris Thomas Kyriel, qui estoit Lieutenant du Roy d'Angleterre, Henry de Norbery, & Iennequin Baquier, qui demeura prisonnier d'Eustache de l'Espinay, & Mathago s'enfuit.

Ainsi furent les Anglois taillez en pieces; & coucherent Monseigneur, & les autres Seigneurs & Capitaines sur le champ, les uns à Formigny, & les autres à Trivieres : puis le Connestable fit bailler de l'argent pour enterrer les morts, aussi fit M. de Clermont. Le lendemain ils allerent coucher à Sainct-Lo, où ils menerent leurs prisonniers, & y allerent se rafraischir, & faire penser les blessez. Ensuite ils envoyerent devers le Roy, pour sçavoir où ils iroient mettre le siege, sçavoir, ou à Vire, ou à Bayeux; le Roy leur manda qu'ils missent le siege à Vire, & ainsi le firent; & y vinrent tous ceux qui avoient esté à Formigny, & bien-tost se rendirent ceux de Vire, & leur fut ordonné (*) quatre mille efcus pour la rançon de leur Capitaine Henry de Norbery : ce fut pour fe hafter d'aller devers le Duc François, qui venoit mettre le fiege à Avranches. Aprés que le Conneftable eut eu la poffeffion de Vire, il en partit, ayant avec luy les Seigneurs de Laval, Iacques de Chabannes, le Marefchal de Loheac, de Bouffac, de Dorval, & tous les autres gens de fa maifon. Et d'autre cofté Geoffroy de Couvran, Olivier de Bron, & Iean de Rofinbinen, avec leur charge (**); & M. de Clermont & fon autre bande, s'en allerent fe joindre avec les autres gens du Roy, pour mettre le fiege à Bayeux.

Le dernier jour d'Avril de l'an que deffus 1450, arriva le Conneftable à Avranches, où il trouva le Duc, & les Seigneurs de Bretagne, & eftoit mondit Seigneur grandement accompagné. Cette nuit il logea à Pons-foubs-Avranches, pour ce qu'il n'avoit point encores de logis. Puis le lendemain premier jour de May, il vint au fiege, & bien-toft luy vinrent les nouvelles (18) que Gilles fon neveu eftoit mort, dont il fut bien courroucé, puis le Duc le luy dit, & eurent

(*) Demandé.   (**) Bagage.

grandes paroles enfemble; toutefois la chofe fe diffimula pour l'heure, de peur de plus grand fcandale. Aprés fut affife l'artillerie, tant bombardes que engins volans & autres pieces, & fut fort battuë ladite ville d'Avranches, tant qu'elle eftoit renduë prenable par affaut; mais fut faite compofition, & la rendirent les Anglois, leur vie fauve, & perdirent tous leurs biens. De là s'en vint le Duc au Mont de S. Michel, & desja il eftoit malade, & le Conneftable le vint conduire jufques là. Puis il fe difpofa de s'en aller à Bayeux, où eftoit le fiege, & mena avec luy ceux qui avoient efté à Formigny, & le Duc s'en retourna en Bretaigne : puis il envoya aprés mondit Seigneur, le Seigneur de Montauban Marefchal de Bretagne, qui ammena cent lances, & les archers. Aprés mondit Seigneur tira vers Bayeux; mais avant qu'il y fut arrivé, il eftoit rendu.

Cependant Iacques de S. Paul alla devant Saint-Sauveur-le-Vicomte. Puis aprés y alla le Marefchal de Loheac, & celuy de Bretagne, avec d'autres gens le Conneftable, & fut ladite place renduë, aprés ils s'en vinrent devers Monfeigneur. Et la vigile du Sacre partit ce Conneftable de Bayeux pour aller mettre le fiege devant Caën, il alla
loger

table à faire des approches couvertes & descouvertes, dont le Bourgeois conduisoit une, & Jacques de Chabannes l'autre; mais celle du Bourgeois fut la premiere avancée jusques à la muraille, & puis l'autre arriva, & fut minée la muraille en l'endroit (*); en telle maniere que la ville eût esté prise d'assaut, si ce n'eust esté le Roy, qui ne le voulut pas permettre, & ne voulut bailler aucunes bombardes de ce costé là, de peur que les Bretons n'assaillissent; & si estoit dedans la ville le Duc de Sombresset, qui avoit bien avec luy trois mille Anglois, sans ceux d'icelle ville. Puis en fut faite la composition, suivant laquelle s'en allerent ce Duc de Sombresset, les Dames & tous les Anglois, eux & leur bagage saufs, & en furent emmenez les ostages au Connestable, entre lesquels estoit un nommé Ver, lequel estoit parent du Roy d'Angleterre, Hue Spencier, & Charles de Hennenville, jusques au nombre de douze, dont avoient la garde Gilles de Saint Symon, Guillaume Gruel, & Jean de Denis. Puis fut rendue la ville & le chasteau, & furent apportées les clefs au Connestable, qui alla ensuite conduire le Duc & la Duchesse de Sombresset.

(*) En cet endroit-là.

Bien-tost après il fut conclu que Monseigneur iroit mettre le siege devant Cherbourg; & le Roy avec son autre armée alla mettre le siege devant Falaise. Ainsi partit mondit Seigneur ayant avec luy M. de Clermont; & l'armée qu'il avoit à Formigny, avec le Mareschal de Bretagne tira à Carentan & à Valongnes, & de là à Cherbourg, où fut mis le siege. Là se logea mondit Seigneur d'un costé, & M. de Clermont de l'autre : & l'Admiral de Coitivy, avec le Mareschal & Ioachim (*) de l'autre costé, devant une porte. Le siege y dura bien un mois, & y furent rompues & empirées neuf ou dix bombardes, tant grandes que petites ; & y vinrent des Anglois par la mer pour renforcer la garnison, entre autres une grosse nef, nommée la nef-Henry ; & y commença un peu de mortalité, qui fit que le Connestable y eut beaucoup à souffrir, car il avoit toute la charge de ce siege ; puis il fit mettre quatre bombardes devers la mer, pour servir sur la greve quand la mer estoit retirée. Or quand la mer venoit, toutes ces bombardes estoient promptement couvertes ; sçavoir manteaux & tout, & estoient incontinent toutes chargées, & en telle maniere habillées, que dés

(*) Ioachim Roüault.

que la mer estoit retirée, on ne faisoit que mettre le feu dedans, & faisoient lors aussi bonne (*) passée, comme si elles eussent esté placées en terre ferme; de quoy les Anglois furent plus esmerveillez que d'aucune autre chose. Là fut tué l'Admiral de Coitivy d'un coup de canon, dont Monseigneur fut tres courroucé, car ce fut grand dommage. Puis environ huit ou dix jours aprés, fut tué le Bourgeois, d'une coulevrine, duquel ce fut une autre grande perte, & furent tous deux tuez dans une tranchée qu'ils faisoient faire.

Aprés cela les Anglois firent leur composition, par laquelle ils baillerent des ostages au Connestable, lequel les bailla en garde à Gilles de Sainct-Symon, Guillaume Gruel, & Iean de Benais. En ce mesme temps furent apportées les nouvelles de la mort du Duc François; puis aprés la ville & le chasteau de Cherbourg furent rendus & mis és mains de mondit Seigneur, lequel les bailla à garder à l'Admiral de Bueil & à ses gens; ce fut l'an 1450, la surveille de la my-Aoust. Ce jour partit ledit Connestable, & vint disner à Valongnes; de là il tira à Carentan, à Caën, ensuite à Falaise, à Alençon, au Mans & au chasteau du Loir, où le Roy estoit, qui

(*) Bon effet.

l'avoit attendu trois jours, & vouloit parler à luy pour aucunes choses, comme aussi touchant le gouvernement de Normandie. Aprés que mondit Seigneur eut parlé au Roy, & conclu ce qu'ils avoient à faire, le Roy en partit, & alla à Vaniours, & mondit Seigneur à Partenay devers Madame, où il fut bien peu de temps ; car le Duc Pierre l'envoya querir pour estre à sa feste à Rennes, là où ils furent huit jours ; puis ils s'en vinrent à Nantes faire l'entrée du Duc.

En l'an que dessus, environ la Toussaincts, ce Duc Pierre & le Connestable allerent devers le Roy, qu'ils trouverent à Montbason, & là fit le nouveau Duc au Roy telle redevance comme il devoit, à cause de la Duché, & hommage à cause de la Comté de Montfort. Ils sejournerent environ quinze jours à Montbason devers le Roy ; puis ils s'en vinrent à Tours, & de là à Nantes par la riviere ; & deslogerent dudit lieu de Tours au poinct du jour, pource que le Connestable avoit fait prendre Olivier de Mes à Marcoussis prés Paris, par Eustache de l'Espinay & Olivier de Quelen, avec certain nombre d'archers, & l'avoit fait tirer (*) par la riviere jusques à Nantes, nonobstant quelconque

(*) Conduire.

opposition ou appellation, & pour en faire justice, & pour venger la mort de Mr. Gilles son neveu, de laquelle action le Roy & ceux de son Conseil furent très-courroucez, mais il fallut ainsi l'endurer. Puis se passa cet hyver, & s'en vint mondit Seigneur à Partenay, où il fut jusques au temps nouveau, après alla devers le Roy au Loches, & ce fut l'an 1451. Le Roy luy bailla toute la charge (*) de la Basse Normandie, où il s'en alla, & y fut toute cette saison, puis il s'en revint à Partenay, & de là alla devers le Roy à Tours, où il fut certain temps, puis le Roy le renvoya en Normandie, ce fut l'an 1452. & luy bailla charge de voir toutes les monstres de tous les gens d'armes qui étoient dans la Normandie, & de sçavoir comme tout le pays estoit gouverné, & de y donner la provision & l'ordre necessaires. Alors mondit Seigneur alla à cet effet à Caen, & en toutes les autres bonnes villes de Normandie, y fut toute celle saison, après quoy il retourna à Partenay, où Madame Dieu mercy après il alla encore devers le Roy, lequel vouloit qu'il retournast en Normandie, & qu'il y menast Madame sa femme. Et en cet instant mondit Seigneur s'en vint vers

(*) Le Gouvernement.

le Duc Pierre son neveu, puis il s'en retourna en Normandie à Vire, où se rendit Madame sa compagne, & y demeura certain temps; de là il s'en alla demeurer à Falaise, où ils furent un bon espace de temps; mais comme il ne s'y trouva pas bien à son aise, il s'en revint à Partenay.

L'an 1454 ladite Dame retourna en Normandie, & logea pendant une saison à Sées; cependant Monseigneur alloit par le pays, puis ils s'en revinrent à Partenay, & y furent jusques au (*) temps nouveau.

L'an 1455 le Connestable alla devers le Roy à Bourges, où il fut long-temps; puis il fit venir Madame auprés de Bourges, à Yssouldun (**): aprés vint le Duc Pierre devers le Roy; & là vint aussi le Cardinal de Touteville. Bien-tost aprés, le Roy envoya M. le Connestable & M. de Dunois devers le Duc de Savoye à Geneve, où ce Duc les receut grandement, & y furent bien un mois; puis ils s'en revinrent devers le Roy, & amenerent quant & eux M. de Savoye & Madame, M. de Piemont & Madame la Princesse, & s'en vinrent par eauë jusques à Lyon sur le Rhosne, de là ils vinrent à S. Poursain; & vinrent devers le Roy à une petite place

(*) Au printemps.   (**) Issoudun.

prés Sauvigny, où ils furent plusieurs fois, & audit lieu de Sainct-Poursain tout l'hyver. Là vint le Cardinal d'Avignon, qui venoit en Bretagne pour lever (*) Sainct-Vincent; puis en Caresme, le Connestable prit son congé, & s'en vint voir Madame à Partenay, où il fut certain temps. Aprés le Roy l'envoya à Paris, où il voulut qu'il demeurast un espace de temps pour aucunes choses; & cependant qu'il estoit en ladite ville, il y fit l'appointement de ceux de l'Université & des Mendians; toutesfois le Roy avoit bien failly à le faire, & manqué d'en venir à bout, ainsi que tous les Seigneurs de Parlement; & neantmoins ils furent contens, & deliberez d'en tenir ce que mondit Seigneur en ordonneroit. Puis luy vinrent nouvelles de la maladie de son neveu le Duc Pierre; de sorte qu'il partit de Paris, & s'en vint à Orleans, où il arriva la veille de Pasques-flories.

L'an 1456 le Lundy de la Semaine-sainte, il partit d'Orleans, & s'en vint à Tours, où il sceut que Madame sa compagne estoit fort malade; & malgré tout son Conseil, il laissa (**) à tirer devers le Duc Pierre, qui estoit aussi fort malade; & s'en alla à Partenay de-

(*) C'est à dire, le mettre en Chasse.

(**) Interrompit son voyage vers, &c.

vers Madame, où il arriva le Vendredy-saint, & y fut longuement pour le sujet de sa maladie. Puis il s'en vint à Nantes devers son neveu, & ammena quant & luy Madame; il y fut longuement jusques au deceds de sondit neveu : cependant deux jours avant la mort de sondit neveu, il fit prendre & arrester Henry de Ville-blanche, Michel de Partenay, Bogier & Coethlogon, pource que tousjours il avoit soupçon que ledit Henry eut esté coupable de la mort de M. Gilles son neveu, & cuidoit atteindre la chose pour laquelle il les avoit fait prendre, dans l'esperance d'en pouvoir par ce moyen sçavoir la verité. Donc le Duc Pierre son neveu trespassa le Ieudy 22 jour de Septembre l'an que dessus 1456.

Le 29 jour du mois d'Octobre de la mesme année 1456, partit le Connestable de Nantes pour aller à Rennes faire son entrée & sa nouvelle feste, & là fit la feste de la Toussaints. Il y avoit belle compagnée de Seigneurs, Barons, Chevaliers & Escuyers, entre lesquels estoient les Seigneurs d'Estampes, de Maillé, de Laval, de Rohan, Iacques de Saint-Paul, de Guaure, de la Roche, de Guemené, de Malestroit, d'Orval, de Quintin, de la Hunaudaye, de Coëtquen, du Pont, l'Admiral, & tous les autres Seigneurs qui n'estoient morts ny malades, ou qui n'estoient enfans. Bien-tost aprés il s'en vint à Nantes faire aussi son entrée: il y fut jusques aprés la feste des Roys. Puis le Roy luy fit sçavoir qu'il vint devers luy à Tours bien accompagné, tant d'Evesques que d'autres Seigneurs de son pays, Chevaliers, & Escuyers, pour la cause d'une grande ambassade du Roy de Hongrie qui estoit venuë devers luy au sujet du mariage proposé de Madame Magdelaine sa fille. Mais cependant qu'ils estoient à Tours, vinrent les nouvelles que ledit Roy de Hongrie estoit mort. Au reste, il n'y mena pas tant de gens qu'il eust pensé, nonobstant qu'il alla bien accompagné. Ce fut l'an 1457.

En venant il passa par Angers, où il fut bien receu, & y sejourna huit jours: il y fut malade d'une atteinte de colique: puis il continua son chemin à Tours, où il arriva devers le Roy; & vinrent au devant de luy tous les Seigneurs & gens de la Maison du Roy, au logis duquel il vint descendre. Il faisoit porter devant luy deux espées à Philippes de Malestroit son Escuyer d'escuyerie, l'une à cause de la Duché de Bretagne, & l'autre à cause de l'office de Connestable. Il eut bonne chere de tout le monde, & y demeura bien environ un mois; puis il voulut s'en revenir en son pays, & offrit auparavant au Roy de luy faire telle redevance qu'il demandoit, à cause de la Duché de Bretagne. Sur quoy luy fut dit que le lendemain, qui estoit Dimanche, il y seroit receu. Il y vint donc, croyant y estre receu; mais quand il fut venu, le Roy & ceux de son Conseil vouloient qu'il fist hommage lige, à cause de la Duché de Bretagne; & mondit Seigneur respondit qu'il n'en feroit rien. Mais pource qu'il n'estoit pas le plus fort, il dissimula, & dit qu'il ne le feroit pas tant qu'il en eust parlé aux Estats de son pays; & sur ces termes il s'en revint en son pays de Bretagne.

Ie vous certifie bien que jamais il ne fut retourné devers le Roy, & qu'il ne luy eust fait aucune redevance, si ce n'eust esté que pour sauver la vie à M. d'Alençon son neveu; il alla à Vendosme, là où il fit la redevance au Roy telle que ses predecesseurs avoient fait, & non autrement; lequel luy tint lors, & auparavant luy avoit tenu de plus estranges & rudes termes, qu'à aucun autre de ses predecesseurs. Sur quoi me semble que c'estoit mal recognoistre les grands, bons & loyaux services qu'il avoit fait à luy & au Royaume;

car oncques bien ne luy fit-il. Et pour ce qu'aucuns disent qu'il luy donna Partenay, je le croy bien, mais ce fut malgré luy; car s'il l'eust eu en ses mains, jamais il ne luy eust donné. Mais M. de Partenay le fit son heritier, luy en bailla la possession, & fit faire par tous ses gens le serment à mondit Seigneur de luy estre bons, loyaux & vrais obeyssans apres sa mort; & aussi furent ils, & luy furent bons & loyaux.

Puis apres la condemnation de M. d'Alençon, le Duc s'en revint en son pays, & s'en vinrent ensemble luy & M. d'Orleans, jusques à Frontevaux pour voir Madame de Frontevaux (*), leur niepce; apres ils prirent congé l'un de l'autre. Pleust à Dieu que jamais il n'eust esté à Vendosme, car oncques depuis il ne fut sain jusques à la mort; & plusieurs font grand doute qu'elle luy fut (19) advancée; Dieu en sçait la verité. le bon Prince s'en revint donc à Nantes, où il fut bien receu, & y retrouva la Duchesse, & fit grande chere. Bien-tost apres il eut question & different contre l'Evesque de Nantes, nommé Guillaume de Malestroit, lequel luy fit du pis qu'il peut, en quoy il faisoit comme mauvais & desloyal homme; car le Duc l'avoit fait Evesque, & son oncle

(*) Fontevrauld.

le Chancelier s'eſtoit démis en (*) luy, à la requeſte du Duc : & ſur ces entrefaites ledit Chancelier dit au Duc : *Ie ferois plus pour vous, que pour homme qui vive ; mais par le corps de Noſtre-Dame vous vous en repentirez : car c'eſt le plus mauvais ribaud traiſtre que vous viſtes oncques, & ſi vous le connoiſſiez comme moy, vous n'en parleriez jamais.*

Or depuis la conception de Noſtre-Dame ce Prince fut toujours malade, juſques à Noël ; nonobſtant que tousjours il eſtoit ſur pieds, & que point il ne ſe couchoit : il jeuſna meſmes les Quatre-Temps, & la veille de Noël il ſe confeſſa, & le jour auſſi ; & fut à Matines, à la Meſſe de minuit, & à la grande Meſſe du jour, & à Veſpres : le lendemain feſte de Saint-Eſtienne, il oüyt la Meſſe, & dit ſes heures à genoux bien dévotement, comme bon & loyal Chreſtien ; car je croy qu'en ſon temps il n'y avoit meilleur Catholique que luy, ny qui plus aymaſt Dieu & l'Egliſe qu'il faiſoit, & eſtoit le plus patient homme qui fuſt en ſon temps ; car pour quelque reproche ou vilennie qu'on dit de luy, il ne vouloit point en prendre de vengeance, & du tout s'en ſouſmettoit à

(*) En ſa faveur.

Dieu, [...] qui buffa [...] vne vision [...] gages du
bonne [...] c'est à [...] de [...] plus [...] sa
mort, [...] de [...] & [...] que [...]
& [...] (a) [...] que le [...] vint de Roy
Charles, son maistre, [...] que s'adressant, [...]
de [...] ne [...] laissast [...] pour cela, il est
bien [...] qu'il [...] Je sçay bien qu'il estoit
[...] toutes bontez, et [...] bien quelques
[...] on blasphemoit le nom de Dieu, il
ne [...] non von [...] en [...] que [...]
pris ceux qui le blasphemoient, & les punis-
soit, s'il se [...] faire.

Oncques homme [...] ne fut plus
humain, [...] ne fut qui [...] plus se [...] de
in [...] au [...] que [...] que [...] des
hommes que [...] plus [...] les [...] et toutes [...] de [...] qu'il les [...] fi [...]
parmi [...] à [...] fut plus cruel, [...] en France,
en Poictou, & en Bretaigne, que [...] suistre
de [...]. J'en pourrois [...] bien dire les
[...] & frenetiques, quand
il [...] que [...] leur [...] mort, elle estoit
[...] Oncques Prince, en son temps, ne
fut plus humble, ny plus charitable, plus
misericordieux, plus liberal, & plus sage,
ny plus [...] (b) en bonne maniere,

(a) Comme au secours d'Orleans.

sans prodigalité. Par sa douceur, & benignité, son bon recueil, il a esté plus obeyr, & plus fait de choses qu'il n'eust fait par cruauté, ou par grands dons. Outre cela, il a esté le moins avaricieux Prince qui fust en son temps, & bien y a paru en plusieurs manieres: car dés l'heure qu'il accepta & prit l'espée, le Roy luy offrit la Duché de Touraine. Mais pource qu'il voyoit le Roy avoir fort à besongner, & que le Royaume estoit lors en très-grande necessité, il refusa pour l'heure ladite Duché, disant qu'il ne la prendroit point jusques à ce qu'il eust fait quelque grand service au Roy, & au Royaume, & que le Roy fust au dessus de ses besongnes, nonobstant que le Roy Charles VI. de ce nom, la luy avoit donnée, & que par aucun temps je veis qu'il s'en appelloit Duc.

Je suis certain, que s'il eust voulu croire aucuns de son conseil, à la prise de Paris, & exceder les termes de raison, qu'il y eust gaigné deux cent mille escus, mais il ne l'eust, pour rien, fait, & n'y gaigna rien que bonne renommée, & l'amour des gens: il estoit preud'homme, chaste, & vaillant, autant comme Prince peut estre, & me semble que homme ne devoit rien craindre en sa compagnie: car homme en son temps

eſpouſe en a fait parachever les cloiſtres, y a fait faire les chaires & ſieges du Chœur, donné des calices, livres, chappes, chaſubles, avec leurs appartenances, & fait beaucoup d'autres biens.

Pour finir, tous ceux & celles qui liront ce Livre & le oiront lire, vueillent prier pour l'ame du ſuſdit bon Prince, à ce que Dieu luy vueille pardonner ſes meſfaits; & auſſi pardonner à celuy qui a dicté (*) ce Livre, & qui a mis en eſcrit partie des faicts du bon Duc Artus; car il ne ſçauroit ſi bien faire comme il le ſçait & qu'il le penſe, & qu'il en a veu la pluſpart, au moins depuis qu'il fut fait Conneſtable de France (20). Et ce qui en eſtoit auparavant, il l'a oüy dire de la bouche meſme d'iceluy bon Prince, ou à ceux qui eſtoient avec luy, ou en ſa compagnée avant qu'il fuſt fait Conneſtable, & n'y a rien mis de ce qu'il a peu ſçavoir, qui ne ſoit dans la verité.

(*) Compoſé, ou eſcrit.
Cet Auteur, nommé Guillaume Gruel, en finiſſant declare qu'il n'a icy rien eſcrit que dans la verité, & comme fidele teſmoin.

Fin des Mémoires du Connétable de Richemont.

OBSERVATIONS
SUR LES MÉMOIRES
D'ARTUS III,
DUC DE BRETAGNE,
COMTE DE RICHEMONT,
ET CONNÉTABLE DE FRANCE.

(1) Le Mercredy (aprés Pâques 1435) les Damoiselles & bourgeoises de Paris allerent moult piteusement à la Duchesse (de Bourgogne) qu'elle eut la paix du royaulme pour recommandée, laquelle leur fist response moult douce & moult benigne en disant..... Mes bonnes amies, c'est une des choses de ce monde dont j'ai plus grant desir, & dont je prie plus Monseigneur jour & nuyt pour le tres-grant besoing que je crois qu'il en est ; & pour certain je sçay bien que Monsieur en a tres-grant voulenté d'y exposer corps & chevance... Si la remercierent moult.. Le 21 Avril se despartit de Paris le Duc & sa femme, pour estre le premier jour de Juillet à Arras au Conseil. (Journal de Paris, pag. 161.)

OBSERVATIONS SUR LES MÉM. 419

(2) Aux conférences qui se tinrent pour la paix à Arras, assisterent pour Charles VII. le Duc de Bourbon, le Connétable, le Chancellier, le Comte de Vendofme, Christofle de Harcourt, le Marefchal de la Fayette, le Sieur de Mory, Gilles de St. Simon, Galchant de St. Savin, le Sieur de Montenay, le Sieur de Chauvry, Rogier d'Hollande, Paillart d'Urphé, Theaude de Valleperge, Louis de Saucourt, le Sire de St. Prieft, Pepin de la Mothe, Jean du Chafteau, le Sieur de Montigny, le Sieur de Geac, le Sieur de Mangny, &c..... Pour le Duc de Bretagne... les Sieurs de la Clairtiere & de Boifgarnier; pour le Duc d'Alençon... le Sieur de St. Pierre, & maiftre Raoul le Bouvier, Secrétaire du Duc... Pour le Duc de Bourgogne... l'Evefque de Liege, celui de Cambray, celui d'Arras, Nicolas Rollin Chancelier du Duc, le Duc de Guéldres, le Comte d'Eftampes, le Comte de St. Paul, l'Efcuyer de Cleves, le Comte de Ligny, le Comte de Vaudemont, le Comte de Nevers, le Comte de Naffaw, le Comte de Montfort, le Comte de Fauquembergue, le Comte de Mégue, Daniel fils du Prince d'Orange, les Sieurs de Châtillon, de Troicy, d'Antoing, de Croy, de Charny, de Roye,

de Canay, de Crevecœur, d'Armentieres, de Saveufe, de Humieres, de Ormoy, de Hamande, Jean de Foffex, de Lex, de Lives, de Philippemont, de Morancourt, Jean de Hornes, de Hubertcourt, Danville, de Mailly, de Henchin, de Seuffelle, de Bray, de Lorle Sire de Deurs, Jean de Charderonne, de Croifilles, Charles de Noyers, le Vadame d'Amiens, Jacques de Craen, Jean de Cray, le Sieur d'Auxi, le Grand Prieur de France, Guillaume de Lalan, les Sieurs Vandrin, de St. Simon, de Tournam, de Baumanoir, de Flavy, David de Roys, les Sieurs Darfy, de Neuville, de Barras, Jean de Boncourt, de Moreul, & autres... Pour les Flamands... les Sieurs de Guiftelles, de Haluyn, &c... (Hift. de Charles VII, par Chartier, p. 73 & 74.)

(3) Le premier jour de Juing aprés mynuit, fut prinfe la ville de St. Denis par les Arminaz; dont tant mal s'enfuivi que la ville de Paris fut fi affiegée que de nulle part n'y povait venir nuls biens par riviere, ne par autre part; & venoient tous les jours jufqu'aux portes de Paris; & à tous ceulx qu'ils trouvoient en allant ou en venant qui eftoient de Paris ils les tuoient, & femmes

& filles prenoient à force, & faifoient fayer les blés auprés de Paris; ne nul n'y mettoit contredit..... Vers la fin d'Août vint grant foyfon d'Angloys... Ils affiegerent ceulx qui dedens St. Denys eftoient... convint à eulx traiter par ainfi qu'ils s'en iroient & pourroient emporter ce qu'ils vouldroient... Si partirent le 4 Octobre tout moquant des Anglois en difant..... recommandez-nous aux Roys qui font enterrés en l'Abbaye... Deux jours aprés vinrent devant Paris pillant, robant, prenant hommes, femmes & enffants; car il n'eftoit perfonne qui aux champs ofat yffir; & les Angloys eftoient dedans St. Denys qui pilloient la ville fans y rien laiffer à leur povair : ainfi fut la ville de St. Denys détruite; & quant ils eurent tout pillé à leur povair, fi firent abbatre les portes & les murs, & en firent ville champeftre..... (Journal de Paris, p. 161, 162 & 163.)

(4) La Royne de France Yfabel, femme de feu Charles VI, trefpaffa en l'oftel St. Paul le Samedy 24ᵉ. jour de Septembre l'an 1435; & fut trois jours que chafcun la veoit qui vouloit; & aprés fut ordonnée comme il appartenoit à telle Dame, & fut gardée jufqu'au 13ᵉ. jour d'Octobre, qu'elle fut ap-

portée à Noſtre-Dame à quatre heures aprés difner; & y avoit quatorze ſonneurs devant le corps & cent torches; & n'y avoit compaignie de femme d'eſtat que la Dame de Baviere, & ne ſay quantes Damoiſelles aprés le corps qui eſtoit en hault levé ſur les eſpaulles de ſeize hommes veſtus de noir; & eſtoit ſa repréſentation moult bien faite; car elle eſtoit couchée ſi proprement qu'il ſembloit qu'elle dormit, tenoit un ceptre royal en ſa main dextre... Le lendemain fut miſe en la riviere de Saine aprés ſa meſſe en ung baſtel, & fut portée enterrer à St. Denys en France; car on ne l'oſa porter par terre, pour les Arminaz, dont les champs eſtoient toujours pleins, & tous les villaiges d'entour Paris... (Journal de Paris, p. 163.)

(5) Le Mardy des feſtes de Paſques les Gouverneurs de Paris firent partir de Paris environ mynuit ſix ou huit cent Anglois pour aller bouter le feu en tous les petis villaiges & grants qui ſont entre Paris & Pontoiſe ſur la riviere de Seine; & quant ils furent à St. Denys, ils pillerent l'abbaye; & vray eſt qu'en l'Abbaye aucuns prenoient les reliques pour l'argent avoir qui autour eſtoit; l'ung regarda un Preſtre qui chantoit la meſſe;

& pour ce qu'elle luy fembloit trop longue, quant le Preftre eut dit.. Agnus Dei.., & qu'il ufoit le précieux fang, ung grant Ribault faute avant, & tantoft print le calice & les corporaux, & s'en va; les aultres prindrent nappes de tous les autels, & tout ce qu'ils porent trouver dans l'Eglife St. Denys, & s'en alloient à tout faire les douleurs que nos Evefques & les Gouverneurs leur avoient donné à faire : mais le Seigneur de l'Ifle-Adam qui eftoit yffu de Pontoife, & eftoit fur les champs, vinlt contre eulx, & les mit prefque tous à mort; & les chaffa, tuant & occiant par de là Efpinel jufqu'aux portes de Paris, c'eft affavoir la baftide de St. Denys; mais celluy jour environ deux cent s'eftoient efpartis és bailliage; car ils forent la chofe comment elle alloit, ils fe mirent dedans St. Denys en une tour qu'on nomme la Tour du Velin : quant le Sire de l'Ifle-Adam vift qu'ils furent là, fi dift qu'il n'en partiroit point tant qu'il les euft mors ou vifs; fi laiffa de fes gens; & firent tant qu'ils les prindrent, & tantoft furent tous mis à mort fans rançon... (Journal de Paris, p. 165 & 166.)

(6) Environ 15 jours aprés la défaite des Anglois prés St. Denys, ... le Connétable

duëment informé que les meilleurs bourgeois de Paris avoient bon vouloir & amour pour le Roy, que volontiers ils se mettroient sous son obeïssance, même que longtemps auparavant ils l'eussent fait, s'ils eussent eu ayde & secours du Connétable; car ils craignoient fort, comme ils le disoient, les Anglois qui étoient encore audit lieu de Paris avec le Sire de Wilby leur Capitaine, de plus Louis de Luxembourg, Evêque de Theroüenne, soy disant Chancelier de France pour le Roy d'Angleterre, & un Chevalier nommé Simon Morhier (a) lors Prévoft de Paris... Sur cela le Connétable, le Bastard d'Orléans & les autres vinrent devant Paris avant le poinct du jour, & se mirent en embuscade prés des Chartreux du côté de la porte St. Jacques. (Histoire de Charles VII, par Chartier, p. 88.)

En celluy Vendredy d'aprés Pasques vin-

_____

(a) Ce Simon Morhier étoit natif d'auprès Nogent-le-Roi. Son neveu, nommé Brisanteau, étoit celui qui défendoit la tour du Velin. Après la reddition de Paris, on amena devant la tour la mule de son oncle. Brichanteau désespéré se jetta dans les fossés de l'Abbaye : mais il fut tué par les paysans, dont il avoit tant de fois dévasté les possessions. (Extrait de l'Hist. de Charles VII par Chartier, p. 90.).

rent devant Paris... le Comte de Richemont, qui eſtoit Conneſtable de France de par le Roy Charles, le Baſtard d'Orléans, le Seigneur de l'Iſle-Adam, & pluſieurs autres Seigneurs droit à la porte St. Jacques, & parlerent aux portiers, diſant... laiſſez-nous entrer dedens Paris paiſiblement, ou vous ſerez tous morts par famine, par cher tems ou autrement... Les gardes de la porte regarderent par deſſus les murs, & virent tant de peuple armé, qu'ils ne cuidoient mie que toute la puiſſance du Roy Charles puſt finer de la moitié d'autant de gens d'armes, comme ils povaient veoir : ſi orent paour, & doubterent moult la fureur : ſi ſe conſentirent à les bouter dedens la ville; & entra le premier le Seigneur de l'Iſle-Adam par une grant eſchelle qu'on lui avalla, & miſt la banniere de France deſſus la porte, criant... Ville gaignée !... Le peuple en ſceut parmy Paris la nouvelle..... L'Eveſque de Therouanne, quand il viſt la beſoigne ainſi tournée, ſi manda le Prevoſt & le Seigneur de Huillebit & tous les Anglois, & furent tous armés au mieulx qu'ils porent : d'aultre part ceux de Paris prindrent cueur par ung bon bourgeois nommé Michel de Lalier; & aultres pluſieurs qui eſtoient cauſe de la dite entrée, si firent armer le peuple, & allerent droit à la porte St. Denys; & furent tantost trois à quatre mille hommes de Paris & des villaiges qui tant avoient grant hayne aux Angloys & aux Gouverneurs qui autre chose ne desiroient que les destruire : comme ils estoient à garder ladite porte, & les Gouverneurs devant ditz orent assemblez leurs Anglois, si firent trois batailles, en l'une le Sire de Huillebit, en l'autre le Chancelier & le Prevost, & en l'autre Jehan l'Archer, un des plus crueulx Chrestien du monde; & estoit Lieutenant du Prevost un gros villain comme un *Cagoux*; & pour ce qu'ils craignoient moult le quartier des halles, y fust envoyé le Prevost à toute son armée : en allant il trouva un sien compere, un trésbon marchand nommé le *Vavasseur* qui lui dit... Monsieur, mon compere ayez pitié de vous; car je vous promets qu'il convient à cette fois faire la paix, ou nous sommes tous destruits..... Comment, dit-il, traître, es-tu tourné ?.. Et sans plus rien dire, le fiert de son espée par le travers du visaige dont il cheut, & aprés le fist tuer par ses gens.

Le Chancelier & ses gens alloient par la grant ruë St. Denys, Jehan l'Archer alloit par la ruë St. Martin... & crioient le plus

orriblement que oncques on vift crier gens...
St. George, St. George, traiftres François
vous tous morts !... L'Archer crioit qu'on
tuaft tout : mais ils ne trouverent hommes
parmi les rues : ce ne fut qu'en la rue St.
Martin qu'ils trouverent devant St. Méry un
nommé Jehan le Preftre, & un nommé
Jehan des Crouftés, lefquels étoient hommes
d'honneur, qu'ils tuerent plus de dix fois...
Ainfi allerent à la porte St. Denys, où ils
furent bien reçus ; car quant virent tant de
peuple, & qu'ils virent qu'on leur getta quatre ou cinq canons, furent moult esbahis...
s'enfuirent tous vers la porte St. Anthoine,
& fe bouterent dans la forterefle. Tantoft
aprés vinrent parmy Paris le Conneftable &
les autres Seigneurs, auffi doulcement comme fi toute leur vie ne fe fuffent point meüs
hors de Paris ; ce qui eftoit ung bien grant
miracle ; car deux heures devant qu'ils entraflent, leur intention eftoit & à ceulx de
leur compaignie, de piller Paris, & de
mettre tous ceulx qui les contrediroient à
mort, & par le recort d'eulx bien cent charretiers & plus qui venoient aprés l'oft, amenoient blés & autres vitailles, difant... on
pillera Paris, & quant nous aurons vendu
notre vitaille à ces villains de Paris, nous

chargerons nos charettes du pillage, dont nous ferons riches toute noſtre vie... Mais les gens de Paris aucuns bons Chreſtiens & Chreſtiennes ſe mirent dans les Egliſes..... & vrayment bien fut apparent que Monſieur Saint-Denys avoit été advocat de la cité... car quant ils furent entrés dedens... ils furent ſi mûs de pitié & de joye, qu'ils ne ſe purent tenir de larmoier; & diſoit le Conneſtable aux habitans..... Mes bons amys, le Roy Charles vous remercie cent mille foys, & moy de par luy de ce que ſi doulcement vous luy avez rendu ſa maîtreſſe cité de ſon Royaulme; & ſi aucun de quelque eſtat qu'il ſoit a meſprins par devers Monſieur le Roy, ſoit abſent ou autrement, il luy eſt tout pardonné.....

Et tantoſt ſans deſcendre fit crier à ſon de trompe que nul ne fuſt ſi hardy, ſur peine d'eſtre pendu par la gorge, de ſoy loger en l'oſtel des bourgeois, ne deſmenaiger oultre ſa voulenté, ni de reprocher, ni de faire quelque deſplaiſir, ou piller perſonne de quelque eſtat, non s'il n'eſtoit natif d'Angleterre & ſouldoyer; dont le peuple de Paris le print en ſi grant amour, que avant qu'il fut lendemain, n'y avoit celuy qui n'eut mis ſon corps & ſa chevance pour deſtruire les Angloys.....

Ceulx qui fe bouterent en la porte St. Anthoine, ... vuiderent la place le Mardy 17 Avril 1436; & pour certain oncques gens ne furent autant moqués & huez comme ils le furent, efpecialement le Chancelier (a), le Lieutenant du Prevoft, le Maiftre des bouchers, & tous ceulx qui avoient été coupables de l'oppreffion qu'on faifoit au pouvre commun... (*Journal de Paris*, p. 166, 167, 168...)

(7) Michau de Laigler eft Michel de Lalier un des bourgeois de Paris, qui avoient fecondé l'entreprife du Connétable. Le Rédacteur des Mémoires fe trompe en difant qu'il étoit Prévôt des Marchands. De La-

si leur fust dit... Il faut faire ung emprunt ; & ainsi fut fait especiallement trés-grief sur eulx qu'on cuidoit qu'ils aimassent mieulx les Angloys que les François; & fut l'emprunt trés-grant... car ils furent pou à Paris de Mesnaigers qui n'en payassent pou ou grant... (Journal de Paris, p. 170.)

(9) Le Journal de Paris page 174 nomme cette ville Beauvais en Brie. Là y est-il dit, fnt prins un nommé Maistre Milles de Saulx lequel estoit Procureur au Parlement, qui avoit esté autrefois prins & avoit promis d'estre loyal, & avoit baillé sa foy, & mis sa femme & deux filx qu'il avoit en ostaige : mais de tout ce ne tint compte de foy, ne de femme, ne d'enffants, mais devint le plus fort larron, bouteux de feux & de tout autre maléfice qui fust en France ni en Normandie; & pour ce il ot la teste coppée & son varlet le 10 Avril 1438.

Cettuy Milles enseigna plusieurs grants caves & anciennes touchans à carrieres, desquelles on ne sçavoit rien, & parmi lesquelles on devoit bouter les Angloys dedans Paris. Mais Dieu qui tout scet ne le volt consentir.

(10) En celluy mois de Septembre 1438

on fist derechief à Paris la plus estrange taille qui oncques mais eust esté faite ; car nul en tout Paris n'en fust excepté de quelque estat qu'il fust, ne Evesque, ne Abbé, Prieur, Moine, Nonnains, Chanoine, Prestre bénéficié ou sans bénéfice, Sergents, Menestriers, &c. & fut premierement faite une grosse taille sur les gens d'Eglise, & aprés sur les gros marchands & marchandes ; & payoient l'un quatre mille frans, l'autre trois mille, ou deux mille, chacun selon son estat... tretout le moindre paya vingt frans ou au dessus... & autres plus petits nuls ne passoient cent sols... aprés cette douloureuse taille firent une autre trés-dehonneste : car les Gouverneurs prindrent aux Eglises les joyaulx d'argent comme encensiers, plats, burettes, &c. & la grigneur partie de tout l'argent monnoyé qui estoit au trésor des confréries... le tout sous l'ombre de prendre le chastel de Montereau & la ville... (Journal de Paris p. 175 & 176.)

(11) En ce tems (1440) avoit moult cruelle guerre entre le Roy & (a) son filx, & estoit

(a) Le Dauphin, qui fut le Roi Louis XI, se retira en Dauphiné. Il avoit si peu d'argent, qu'il fut contraint d'emprunter cent écus aux habitans de la ville de

le Duc de Bourbon à l'aide du filx contre le pere ; & se tenoit en fortes villes au pays de Bourbonnois accompaigné de foyson de gens d'armes qui tout destruisoient son pays ; & d'autre part le Roy estoit au pays de Berry : car pour certain on alloit bien dix ou douze lieuës que on n'eust trouvé que boire ne que manger, ne fruit, ne autre chose, & si estoit-on au cueur d'Aoust ; & tuoient & coppoient les gorges les uns aux autres... Brief il n'estoit homme qui osast se mettre en chemin... Corbeil fut prins au nom du Duc de Bourbon ; Beauté, le Boys de Vincennes estoient de par le Roy... En ce tems le Roy & son filx furent accordez... & la paix fut criée parmy Paris du Roy & de son filx... (Journal de Paris p. 184 & 185.)

(12) Ce que rapporte le Journal de Paris p. 187 rend vraisemblables les crimes reprochés à ce bâtard de Bourbon...

Quand un preudhomme avoit une jeune femme & qu'ils le povaient prendre, s'il ne povait payer la rançon qu'on luy demandoit, ils le tourmentoient & le tirannoient moult

---

Romans. Il en fit son billet, qui existe encore dans les archives de cette ville.

grievement; & les aucuns mettoient en grants huches, & puis prenoient les femmes, & les mettoient par force fur le couvercle de la huche où le bonhomme eſtoit... & quant ils avoient fait leur malle œuvre, ils laiſſoient le pouvre périr là dedans, s'il ne payoit la rançon qu'ils luy demandoient; & ſi n'eſtoit Roy ne nul Prince qui pour ce s'avançat de faire aucune aide au pouvre peuple; mais diſoient à ceulx qui s'en plaignoient... il faut qu'ils vivent; ſi ce fuſſent les Angloys, vous n'en parlaſſiés pas; vous avez trop de biens...

(13) Le Roy de France... fit pluſieurs fois aſſembler les gens de ſon Conſeil... pour avoir avis & délibération ſpécialement touchant le fait de ſa guerre & de ſes gens d'armes. Il deſiroit de tout ſon cœur qu'une bonne maniere fut trouvée par laquelle les gens de guerre qui étoient à luy fuſſent payés & ſoudoyés & mis en foretereſſes de ſon Royaume, que tous les pillards & coureurs fuſſent chaſſés ou ſe remiſſent à labourer & faire un meſtier... ſi ſe trouvoient fort ſouvent avec le Roy auxdits Conſeils ſon fils le Dauphin, le Roy de Sicile, le Duc de Calabre ſon fils, Meſſire Charles d'Anjou,

le Comte de Richemont Connestable de France, les Comtes de Clermont, de Foix, de Saint Paul, de Tancarville, de Dunois, & avec eux grand nombre de Conseillers tant Ecclésiastiques que séculiers... Alors il fut ordonné tant par le Roy comme par les dessus dits du Conseil qu'il y auroit quinze Capitaines lesquels auroient chacun sous eux cent Lances, & que chacune Lance seroit comptée à gages pour six personnes, dont les trois seroient archers, le quatrieme (a) Coustillier avec l'homme d'arme & son page... qu'ils seroient mis & distribués par les bonnes villes... si sauroit chacun des Capitaines son lieu & sa retraite... il fut ordonné qu'ils seroient payés de leurs gages tant sur les bonnes villes comme sur le plat pays... furent établis des Comissaires des guerres... quand les Capitaines se furent fournis de ce qu'il leur falloit de gens, il fut ordonné que les autres se retirassent sans piller le peuple, sinon on y pourvoiroit par justice... (Cette ordonnance ayant été exécutée) en plusieurs endroits du Royaume commencerent les marchands des divers lieux à faire leur négoce, les laboureurs à labourer... bien des villes

(a) Coustillier, ou Coustellier se prend ici pour Écuyer.

& pays qui long-tems auparavant avoient été comme non habités furent remis sus & repeuplez assez abondamment ; & nonobstant qu'iceux eussent grande peine & endurassent beaucoup de travail en ce faisant, si se tenoient-ils pour bienheureux quand Dieu leur faisoit cette grace, qu'ils demeuroient paisibles en leurs lieux, ce que faire n'avoient pu la plus grande partie de leur vie... (Extrait de l'Histoire de Charles VII par Mathieu de Coucy p. p. 544, 545, 546 & 547.)

(14) Mathieu de Coucy dans son Histoire de Charles VII. p. 564 place le siege & la prise de la ville du Mans à la fin de l'année 1447. Cet Historien met à la tête de l'armée Françoise le Comte de Dunois, & le Seigneur de la Varenne Senéchal de Poitou : il ne parle en aucune maniere du Connétable. L'Auteur de l'Histoire Chronologique de Charles VII p. 430 s'accorde avec Mathieu de Coucy sur la date de cet évenement ; & & il garde le même silence par rapport au Connétable. Selon luy les Chefs de l'armée Françoise à ce siége étoient le Comte de Dunois, Prégent de Coitivy Amiral de France ; Pierre de Brezay Senéchal de Poitou,

Messire de Culant, les Maréchaux de Loheac & de Jalognes.

(15) En 1446 s'esmeut grand discord & débat entre François Duc de Bretagne d'une part & son frere Messire Gilles. La cause fut, pour ce que ledit Gilles (qui estoit un fort beau Chevalier bien formé & puissant de corps) avoit été elevé & nourry durant sa jeunesse avec son cousin germain le Roy Henry d'Angleterre, lequel Roy l'avoit fait son Connétable ; & à cette occasion, comme il en étoit commune renommée, il avoit du tout mis son affection à tenir le party de ce Roy Henry & des Anglois, & tendoit à cette fin de séduire & attirer plusieurs grands Seigneurs de la Duché de Bretagne... ce qui fut rapporté au Duc son frere... si eut conseil d'y pourvoir ; & pour ce faire il envoya quelqu'un devers le Roy de France son oncle...si fut advisé qu'on se tint tout d'abord seur de sa personne, aprés quoy on auroit avisur le surplus ; pour laquelle chose mettre à exécution fut envoyé en Bretagne de la part du Roy le Seigneur de Coitivi Admiral de France, lequel accompagné de gens d'armes le prit au chasteau du Guildo... il fut interrogé sur les choses dessus dites, desquelles ou de la plus

grande partie il dit la verité ; & lors fut commune renommée que pour ces caufes iceluy Gilles fut depuis mis en tel lieu où oncques depuis peu de gens eurent-ils liberté de pouvoir parler à luy ; dont le Duc fon frere fut depuis defplaifant en foy-mefme, en confidérant que par fon moien & à fa pourfuite il avoit été ainfi traité... (Hiftoire de Charles VII par Mathieu de Coucy p. p. 556 & 557.)

(16) On appelloit ainfi un Bachelier de l'Ordre & Collège des Hérauts. (Note des Edit.)

(17) Les deux armées du Comte de Clairmont & du Connétable s'étoient jointes enfemble ... ils s'avancerent tous le plus près qu'ils purent des Anglois, & combattirent là très-vaillamment les uns contre les autres, par l'efpace de trois heures ou environ, pendant lequel tems y furent faites de grandes vaillances tant d'un côté comme de l'autre ; entre les autres s'y gouverna bien vaillamment le Seigneur de la Varenne Sénéchal de Poitou ; à la fin duquel combat les Anglois furent défaits par force d'armes. Les François, dit l'Hiftorien, n'y perdirent que cinq ou fix

hommes d'armes... Quant au Comte de Clermont, il demeura cette nuit à Formigny sur le champ de bataille; & voulut bien y consentir iceluy Conneftable pource que c'étoit la premiere befogne qu'il avoit encore eu en la guerre, attendu fa jeuneffe & fon âge. Or il faut ici dire & déclarer (a) une partie des Seigneurs qui à cette befogne furent faits Chevaliers; car à les tous nommer ce feroit chofe trop longue : premierement y fut fait Chevalier ledit Comte de Clermont, le Seigneur de Caftres, Meffire Godefroy de la Tour, Monfieur de Vaubar, Meffire Olivier de Coitivy, Meffire Antoine Deullant, le Seigneur d'Anglure & autres... (Hiftoire de Charles VII p. p. 599 & 600.)

En cette journée fe porterent trés-vaillamment & trés-chevaleureufement, fans autruy blafmer, M. de Montgafcon, M. de Saincte Severe, comme auffi fit Mre Pierre de Brezé Senefchal de Poictou... Là furent faits Che-

(a) Dans ces occafions, on fufpendoit l'épée au cou du jeune Guerrier : on lui donnoit un coup de la paume de la main fur la joue, ou trois coups de plat d'épée nue fur l'épaule ou fur le cou; c'eft ce qu'on nommoit l'accolade. Le nouveau Chevalier montoit à cheval, caracoloit, faifoit flamboyer fa lance dans la plaine, & alloit fe montrer en public. (Note des Edit.).

valiers (outre ceux nommés cy deffus) le Sire de Vauvert fils du Comte de Villars, le Sire de Sainɥe Severe, le Sire de Chalençon, &c. (Hiſtoire de Charles VII par Chartier p. 198.)

(18) On avoit vu plus haut que Gilles de Bretagne fut enfermé dans un chateau... pendant quoi ledit Gilles étoit fouventfois exhorté & admoneſté par le Duc de Bretagne fon frere, fes parents, fujets & autres bien-veillants du Royavme de France de laiſſer la querelle & abandonner le parti des Anglois... Après qu'il eut été traicté inutilement par douces paroles, on agit avec luy par d'autres qui étoient rigoureufes. Mais oncques pour chofe qu'on lui fceut, ou peuſt dire, il ne fe voulut jamais retirer & départir de fon mauvais courage & malheureux propos; parquoy ledit Duc de Bretagne en conceut haine mortelle contre luy... & la commune renommée eſtoit qu'il fut par l'ordre dudit Duc eſtranglé une nuit par deux compagnons avec deux toüailles torfes..... On imputa fa mort au Sire de Montauban qui le gardoit... (Hiſtoire de Charles VII par Chartier p. 212 & 213.

(19) Jean Chartier, l'Auteur de l'Hiſtoire

Chronologique de Charles VII & Mathieu de Coucy ne difent rien fur ce prétendu empoifonnement d'Artus. (Note des Edit.)

(20) Il fe peut adjoufter à la memoire de ce renommé Prince du Sang (a), qu'eftant après la mort de fon frere & de fes neveux parvenu à la fucceffion de ce grand Duché de Bretagne; comme quelques-uns luy reprefentoïent, que dorefnavant ladite Charge de Conneftable paroiftroit eftre au deffous de cette nouvelle dignité fi relevée, qui le rendoit maiftre d'une belle Province; il fit cette genereufe refponfe : *Que fi ce premier Office de la Couronne l'avoit honoré durant trente-trois années, il eftoit bien jufte & raifonnable qu'il l'honoraft dorefnavant à fon tour*, tefmoignant par cette refponfe, qu'il defiroit en faire la fonction, comme il fit, le refte de fes jours, & en conferver le titre conjointement avec cette haute qualité de Duc. Voicy comme Meffieurs de Saincte-Marthe en parlent, pag. 604, liv. 35 du Tome II de la derniere impreffion de leur Hiftoire de la Maifon de France. Bien que les principaux Seigneurs de fon Pays l'euffent

(a) Il ne voulut quitter la charge de Conneftable, quoy que devenu Duc de Bretagne.

prié de laisser l'Estat de Connestable, disans, qu'estant venu au degré de Duc de Bretagne, ce luy estoit chose mal seante de se porter Officier d'autruy, quelque grand qu'il fust; si est-ce qu'il ne le voulut faire, pource, disoit-il, qu'il vouloit honorer en sa vieillesse ce qui l'avoit honoré en sa jeunesse. On adjouste, pour autre marque de son grand courage, qu'il avoit un secret dessein de passer en Angleterre, afin s'il luy estoit possible, d'entreprendre la conqueste de ce Royaume, à l'ayde des forces du Roy de France, & des siennes, sçachant qu'en retenant ce premier Office de la Couronne, & ayant à se servir des forces du Roy, il en seroit mieux obey & suivy par les François, proposant aux Seigneurs, qu'il avoit desja incité de l'accompagner en cette grande enrreprise, l'exemple de la conqueste de ce mesme Royaume, laquelle avoit autrefois esté faite par Guillaume le Bastard Duc de Normandie.

Au reste, ce Duc Artus estoit Prince petit de corps, mais de grand entendement, vaillant & hardy de sa personne, des plus experimenté au faict des armes, liberal, & severe à l'endroit des malfaicteurs ; car en allant par le pays, s'il rencontroit des soldats sans adveu, sur la plainte de leurs desordres, il les faisoit mourir; ce qui vray-semblablement luy acquit le surnom de Iusticier, ainsi qu'il est nommé par l'Historien de Bretagne. Bref, il a remporté cette autre louange, d'avoir esté l'un ce ceux qui delivrerent la France du joug des Anglois, & d'avoir fait paroistre sa prudence à l'égard de sa valeur aux batailles & journées qu'il gangna, & en la reprise de plusieurs villes & places fortes, par luy remises en l'obeyssance du Roy. (Extrait de l'Histoire de Charles VII, p. 795).

Fin des Observations sur les Mémoires du Connétable de Richemont.

MÉMOIRES

DE FLORENT SIRE D'ILLIERS,

CAPITAINE AU SERVICE

DE CHARLES VII.

XVe SIÈCLE.

NOTICE
DES ÉDITEURS
SUR LES MÉMOIRES
RELATIFS
A FLORENT, SIRE D'ILLIERS.

CES Mémoires rédigés par Denys Godefroy sont tirés des Historiens contemporains & de manuscrits qu'il cite comme existans de son tems. Les faits curieux que contiennent ces Mémoires, malgré leur brièveté, nous ont paru mériter une place dans la Collection. Nous avons présumé qu'on ne seroit pas fâché d'avoir sous les yeux une Notice qui rappellât les exploits d'un des meilleur Officiers de Charles VII. Il fut le compagnon de Richemont, des Dunois, des la Hire; & il leur aida à remettre sur le front de Charles VII une couronne qu'on vouloit lui arracher.

Fin de la Notice des Éditeurs.

MÉMOIRES

DE FLORENT, SIRE D'ILLIERS,

CAPITAINE AU SERVICE

DE CHARLES VII.

Avant que de parler de Florent d'Illiers, qui fut l'un des principaux Chefs qui ayderent, en plufieurs occafions d'importance, à chaffer les Anglois hors du Royaume, & qui contribuerent le plus à reftablir l'authorité, & la puiffance du Roy Charles VII, il eft à propos de remarquer, que les Seigneurs de ce nom d'Illiers font fortis d'une maifon fi noble, & fi ancienne, que pour n'en fçavoir la premiere origine, aucuns la rapportent au temps de ces anciens Gaulois, qui felon la Couftume de leur pays (de laquelle Cefar fait mention en fes commentaires) prenoient le nom du lieu dont ils eftoient Seigneurs; & conformément à cet ufage, tiennent que ceux-cy ont emprunté leur nom de l'ancienne Seigneurie d'Illiers, qui eft une petite ville fituée fur les confins du pays Chartrain & du Perche, où il y a un chafteau tres-ancien, mouvant de la groffe tour de Chartres : quoy qu'il y ait plus d'apparence de croire, que cette terre a pluſtoſt eſté ainſi appellée d'eux, parce qu'ils l'ont poſſedée de tout temps immemorial; ce que le vieil mot Gaulois, Sire, dont ils furent autresfois qualifiez, ſemble deſigner aſſez vray-ſemblablement.

Mais ſoit qu'ils ayent ainſi appellé cette petite ville de leur nom, ou bien qu'eux-meſmes s'en ſoient ſurnommez, il eſt conſtant, que du temps de Thibaud premier Comte de Chartres, qui vivoit environ l'an 600, les Sires ou Seigneurs d'Illiers eſtoient desja en poſſeſſion des premiers rangs parmy l'ancienne Chevalerie de France; & qu'il ſe trouve encore aujourd'huy des titres tres-anciens, où ils ont ſigné avec Ebrard du Puiſet, Hugues de Gallardon, & autres Seigneurs du pays de Beauſſe, immediatement aprés les Comtes de Chartres, dont on tient auſſi qu'ils ſont ſortis des puiſnez. De plus, il eſt certain (& cela ſe voit bien clairement dans les Archives du chaſteau de Chantemeſle en Dunois, par le vieil Martyrologe de l'Egliſe de Chartres, les Chartulaires des Abbayes de Sainct-Cheron, Sainct-Iean, & Sainct-Pere en Vallée, au meſme Dioceſe) qu'en

la pluſpart

DE FLORENT D'ILLIERS. 449

la plufpart des anciens titres de ces Eglifes, il eft fait mention de plufieurs Seigneurs & Dames de la maifon d'Illiers; les noms defquels n'eftoient en ufage, que fous la premiere & la feconde Lignée de nos Roys, comme des Avefgauds, des Bodards, Hildegrandis, Elciundis, & autres qui prouvent affez, quelle eft l'antiquité de cette fouche, qui depuis tant de fiecles a pouffé fes branches & fes rameaux jufques à nos jours, fans aucune interruption, que l'on fçache.

On n'ignore pas toutesfois, ce qu'un Autheur (*) moderne, des mieux verfez dans l'hiftoire & dans l'antiquité des Familles de France, a mis au jour depuis peu; fçavoir, qu'un puifné de la maifon de Vendofme avoit efpoufé l'heritiere d'Illiers, à condition d'en porter le nom & les armes qui font d'or à fix anneaux de gueules; mais outre que cet Autheur (d'ailleurs fort exact) ne marque point le temps de cette inftitution, qui doit preceder abfolument le Sire d'Illiers, duquel nous avons à parler (& dont les defcendans font fort bien prouvez par Memoires irreprochables), il eft vray de dire, que la naiffance de ce Seigneur tire fon ori-

(*) Le fieur le Laboureur dans les additions aux Mémoires de Caftelnau, p. 472 du Tome I.

gine des plus nobles & premieres maiſons du Royaume, ſoit qu'il prenne ſon extraction de ces anciens Sires d'Illiers, ou bien qu'on le faſſe deſcendre des Seigneurs de Vendoſme ; puiſque les Princes de la maiſon de Bourbon, par le mariage de Catherine heritiere de Vendoſme avec Iean II du nom Comte de la Marche, ont honoré de leur Alliance cette maiſon illuſtre, de laquelle eſt ſortie la Branche Royale, qui eſt enfin montée ſur le Throſne des Fleurs-de-lys, & qui regne aujourd'huy avec tant de bonheur.

Cela preſuppoſé, l'on peut dire avec verité de Florent d'Illiers (nommé dans une Hiſtoire du ſiege d'Orleans, & par quelques autres Meſſire Florentin) qu'il a eſté l'un des plus illuſtres rejettons de cette ancienne Famille ; que c'eſt en luy que prennent leur ſource ceux de ce nom qui vivent encore aujourd'huy ; qu'il fut fils aiſné de Pierre, & petit fils de Geoffroy, que d'anciens monumens nomment haut & puiſſant Chevalier Geoffroy Sire d'Illiers; lequel vivoit en l'an mil trois cent cinquante.

Noſtre Florent commença de paroiſtre au meſme temps que Charles VII devint heritier de la Couronne, c'eſt à dire, environ le temps que le Roy d'Angleterre Henry VI ligué avec le Duc de Bourgongne, gouvernoit l'Eſtat, ſous le nom de ſon oncle Regent, qui taſchoit de ravir le Sceptre & la couronne audit Roy Charles.

Ce Prince ſe voyant privé de ſon droict, oublié de partie de ceux qu'il avoit de plus proches, & abandonné de la pluſpart des ſiens, eut recours à l'ancienne Chevalerie, comme à la principale force du Royaume, & la plus intereſſée à la conſervation des Loix fondamentales de la monarchie. Il choiſit pour cet effet parmy les Chefs & Capitaines qui ſuivirent ſa fortune, les plus fidelles & les plus experimentez qu'il peut, les uns pour les jetter dans les places qui le reconnoiſſoient encore pour leur Seigneur, les autres pour les mettre à la teſte de la plus leſte Nobleſſe, qu'il ordonna d'enrôller dans les terres qui reſtoient en ſon obeïſſance, dont les bandes victorieuſes ont tousjours retenu depuis le nom de compagnées des ordonnances du Roy, par excellence. Entre ceux-là Florent fut des premiers qu'il honora de cette charge, laquelle ne ſe donnoit qu'à des Seigneurs d'un merite extraordinaire; meſme à des Officiers de la couronne, & à des Princes. La naiſſance de ce Seigneur, ſa valeur, & ſa reputation eſtans bien cognuës de ce Roy, il le fit encore Capitaine (comme on parloit alors) c'eſt à dire Gouverneur de Chaſteaudun, place des plus conſiderables en ces temps, que les poudres, les canons, & les mines n'eſtoient encores gueres en uſage dans la France. Ce Prince conſideroit cette place comme un boulevart & un donjon tres-aſſeuré pour maintenir ſon pouvoir, non ſeulement dans le Dunois dont elle eſt capitale, mais dans tout le pays circonvoiſin, parce que ſon chaſteau conſtruit ſur un rocher preſque inacceſſible, & naturellement eſcarpé, la rendoit comme imprenable.

Ce Roy avoit jetté les yeux ſur ce brave Chef, comme ſur une perſonne tres-propre à ſes deſſeins, & à l'employ auquel il le deſtinoit, tant à cauſe du rang qu'il tenoit dans la Province, où la pluſpart de ſon bien eſtoit aſſis, que parce qu'en le mettant dans cette forthereſſe, il pouvoit aiſément tenir les mal-intentionnez en leur devoir, & les ennemis en crainte, en deſcouvrant & traverſant les menées des Anglois, & de leurs adherans, qui occupoient desja tout le Perche, la Beauſſe, & le pays Chartrain. L'experience fit voir depuis que Charles ne s'eſtoit pas meſpris en ſon choix, ny en ſon esperance; car les Anglois se voyans lors le vent favorable, prirent resolution d'assieger Orleans, aprés avoir reduit sous leur obeïssance toutes les places voisines, qui pouvoient nuire ou favoriser à leur dessein; lequel alloit principalement à resserrer les troupes du Roy, & à le repousser au delà de la riviere de Loire, en luy retranchant les nerfs de la guerre, qui sont les contributions des peuples, & en luy enlevant cette ville importante, laquelle estant du Domaine du Duc d'Orleans leur prisonnier, aussi bien que celle de Chasteaudun, ils croyoient assez vray-semblablement, qu'elles contribuoient beaucoup à la subsistance de leurs adversaires. Voilà donc les Anglois campez devant Orleans, & bien occupez à commencer leurs travaux & leurs bastilles, que ce brave d'Illiers (lequel avoit bonne correspondance avec Iean d'Orleans Comte de Dunois, qui estoit renfermé dans cette ville, qu'il defendoit) alloit souvent reconnoistre, donnant de temps en temps d'importans advis au Roy, de l'estat auquel se trouvoient les uns & les autres, en surprenant tantost quelqu'un des assiegeans, & tantost leur ostant la communication avec les Chartrains & les Percherons, defquels il tiroient la plufpart de leurs rafraifchiffemens.

Six mois & plus fe pafferent de la forte; pendant lefquels Charles affembla quelques cinq à fix mille hommes, ne fçachant pourtant encor à quoy fe determiner; mais enfin, ce Prince animé par la prefence & par les confeils preffans d'une jeune fille que Dieu luy fufcita, des confins de la baffe Champagne, renommée & connuë depuis par toute la France, fous le nom de Ieanne la Pucelle, refolut, par l'advis de fon Confeil, de luy mettre les armes à la main, & de luy confier & laiffer la conduite de toute l'entreprife, avec ordre à fes Generaux de ne rien hazarder, fans la participation de cette fameufe Pucelle. Florent d'Illiers eut charge en mefme temps de joindre à cette armée fort petite en nombre, mais groffe de courage, & de l'efperance de la protection qu'elle attendoit du Ciel, le plus d'hommes d'armes & de traict qu'il pourroit raffembler, pour luy fervir de renfort. A ce fujet, il pratiqua fi adroitement la nobleffe du pays, qu'en ayant attiré avec luy une troupe affez confiderable, il fe rendit au camp du Roy avec ce fecours, & donna fi bien à entendre l'estat de toutes choses, par la cognoissance parfaite qu'il avoit du dedans & du dehors de la ville d'Orleans, afin d'y introduire avec facilité le secours dont elle avoit besoin, qu'on luy defera l'honneur d'en faire la premiere tentative, avec l'eslite de ceux qu'il avoit amenez avec luy; parmy lesquels il y avoit mesmes quelques citoyens ou originaires d'Orleans : en un mot, tous ces braves, à l'exemple de leur chef, s'acquitterent si bien de cette commission & de leur devoir, qu'ils entrerent heureusement dans ladite ville (*). Et bien que la pluspart des Historiens attribuent toute la gloire de ce secours à Ieanne, qui de là fut surnommée la Pucelle d'Orleans; neantmoins il est constant, & prouvé par de bons Memoires du temps, qu'aprés les exploits tout-à-fait prodigieux de cette genereuse fille, le Seigneur d'Illiers contribua autant que pas un des autres Chefs, à la conservation de cette ville, qui estoit de la derniere importance, pour restablir la domination françoise, & pour chasser ces dangereux ennemis hors du Royaume.

(*) Cette entrée se fit le Mardy 3 jour de May 1429, & celle de Ieanne la Pucelle le lendemain 4, selon les Mémoires de Chantemesle.

Le nom de ce grand Capitaine se rencontre souvent dans les relations particulieres de ce siege, & nommément en l'Histoire qui en a esté imprimée à Orleans l'an 1606, dont on a tiré ce peu de paroles qui suivent, pour preuve de ce qu'on vient de dire, de sa valeur & de sa vertu : « Arriva le Ieudy vingt-huitiesme Avril, un Capitaine moult renommé, appellé Messire Florentin d'Illiers, & avec luy quatre cent lances fournies, tous braves combatans, qui venoient de Chasteaudun, lequel par son arrivée resjoüyt grandement tous les Capitaines ». Et plus avant, où il est fait mention de son retour d'Orleans à Chasteaudun; voicy comme la mesme Histoire en parle : « Florentin d'Illiers prit congé des Seigneurs, Capitaines, & bons bourgeois de la ville, & avec ses gens de guerre par luy là menez, s'en retourna dans Chasteaudun, dont il estoit Capitaine, remportant grand prix, los & renommée des vaillans faicts d'armes par luy & ses gens faits au secours d'Orleans : & de fait, en recognoissance d'une si belle action, les Orleannois nommerent une des principales ruës de leur ville la *Ruë d'Illiers*, qui s'appelle encore aujourd'huy de ce nom là, en memoire de ce que ce brave Capitaine entra premierement par là, & qu'il eut l'honneur de porter les premieres nouvelles de cette fameuse entreprise de la Pucelle, au devant de laquelle il sortit dés le lendemain avec le B. d'Orleans, pour favoriser l'entrée de cette Amazone ».

Ce genereux d'Illiers, aprés quantité de beaux faicts d'armes, dont il signala son courage & accreut sa reputation à ce memorable secours d'Orleans, voyant que les Anglois s'estoient retirez en assez bon ordre, & qu'ils assembloient encores de nouvelles forces, qui passoient la plusart aux environs de son Gouvernement, il s'y rendit en diligence, tant pour renforcer la garnison de sa place, que pour rasseurer les bourgeois & les soldats, qui ne se croyoient pas en seureté, pendant l'absence de leur Gouverneur: ce fut environ la Pentecoste, qu'il leur apporta les bonnes nouvelles de la desroute des Anglois, & de l'esperance qu'ils seroient bien-tost delivrez d'un si fascheux voisinage, qui les tenoit comme resserrez dans leurs murailles : en cette rencontre, ils ne furent pas moins ravis de joye par sa presence, que surpris d'estonnement, par le recit qu'il leur fit des merveilleux exploits de la Pucelle d'Orleans. Les jeunes gens de

Chasteaudun en firent une resjoüyssance publique pendant toutes les festes suivantes, sous le nom de Pucelle, que les filles ont tousjours continué depuis chaque année, comme pour éternifer la memoire & la valeur de cette célebre Pucelle Ieanne d'Arc, & de Florent d'Illiers leur Gouverneur : car estant ainsi retourné par devers eux, tout comblé de gloire & d'honneur, il en fut cette fois receu avec tel applaudissement & telle acclamation de joye, qu'ils creurent que ce ne leur estoit pas assez de le tesmoigner lors pour une seule fois, s'ils n'en renouvelloient en suite tous les ans la memoire, par cet esbatement, & ces Jeux solemnels.

Pendant cela, les ennemis qui estoient reduits à ce poinct, qu'ils ne paroissoient plus que sur la defensive, depuis cette grande desroute d'Orleans, furent bien-tost aprés chassez de Iairgeaux, de Meun, de Baugency, & puis entierement defaits à Patay en Beausse, par la genereuse resolution, & les efforts extraordinaires de Ieanne la Pucelle, de Iean d'Orleans Comte de Dunois, & des autres Capitaines & Chefs de l'armée.

Aprés de si heureux succés, on ne parla plus que du Sacre du Roy, lequel prenant à cet effet la route de Rheims, attira ses principales forces avec luy, & emmena toute la chaleur & le bruit des armes à sa suite. Cependant, tout se passoit dans les provinces en petites guerres seulement, entre les Gouverneurs des places, qui s'efforçoient à faire reüssir les desseins qu'ils faisoient les uns sur les autres. Florent d'Illiers ne pouvant demeurer inutile, en forma un sur la ville de Chartres, où les Anglois avoient mis une garnison fort considerable, laquelle tenoit en subjetion, ravageoit, & incommodoit grandement tout le pays. Cette entreprise fut si bien menée & conduite par ce sage & vaillant Capitaine, qu'il en vint heureusement à bout, par le moyen des intelligences qu'il avoit avec les principaux bourgeois de cette ville-là, & par la conference qu'il eut fortuitement avec un marchand, de la cognoissance d'un sien Secretaire, à qui les ennemis s'estoient adressez pour avoir quelques provisions qui leur manquoient, particulierement d'huile & de sel.

Ce Marchand, soigneux de son profit, pretendoit de tirer un sauf-conduit des Officiers de Chasteaudun, pour faciliter son commerce; mais ce brave & fidele Capitaine en estant adverty, s'aboucha avec luy, & le faisant rentrer en son devoir, mesnagea si bien ses interests, & ceux des meilleurs habitans de Chartres; en un mot, il dispoſa ſi ſagement toutes choſes, pour reduire cette ville de conſequence en l'obeïſſance du Roy ſon maiſtre, qu'eſtans enfin convenus du temps & de la maniere, un Samedy veille des Rameaux, le Marchand, par ſes ordres, s'eſtant preſenté de grand matin à la porte de S. Michel à Chartres, elle luy fut ouverte; & en meſme temps les pont-levis & les herſes arreſtées & embaraſſées par les chariots, qui au lieu de ſel & autres fournitures, eſtoient chargez de haches, picques, & pertuiſanes, & eſtoient ſuivis & environnez de ſoldats bien choiſis, mais deſguiſez, les uns en femmes de village, les autres en valets & payſans, bien armez ſous leurs juppons, leſquels tuerent auſſi toſt les ſentinelles; & ſe jettans tous enſemble ſur le corps-de-garde, ſe rendirent maiſtres de ladite porte, ſans y trouver beaucoup de reſiſtance. A l'inſtant le Sire d'Illiers, qui conduiſoit l'entrepriſe, ſortit de l'embuſcade où il s'eſtoit tenu caché, avec une troupe de gens choiſis, & accourant au ſignal, entra dans icelle ville, où les bourgeois, de ſon intelligence, le receurent avec grands crys de joye & d'allegreſſe; & prenans les armes qu'on avoit cachées dans les charettes du fusdit Marchand, ils se rendirent tous alors en belle ordonnance à la porte de l'Eglise Nostre-Dame, où le peuple estoit assemblé pour en solemniser la feste (qui estoit ce jour-là celle de l'Annonciation), les uns en criant *Vive le Roy*, & les autres, *Ville gagnée, quartier, bon quartier*; faisans au reste main basse sur tous ceux qui voulurent se mettre en defense, la plusspart desquels estoient des Anglois, & des factieux, ou Bourguignons, qui rendirent durant un temps le succés comme douteux, en donnant beaucoup de peine aux assaillans ; mais ils furent enfin vivement soûtenus & repoussez par le Comte de Dunois, & les Seigneurs de Gaucourt, de Saveuse & autres, à qui Messire Florent d'Illiers avoit communiqué ce grand dessein ; lequel, comme il fut des plus heureusement & hardiment executé, ne servit pas moins pour affermir l'authorité du Roy dans toute cette contrée, que le secours d'Orleans avoit fait, pour l'y establir.

C'est ainsi que les Memoires du temps en font mention ; & l'Autheur de la Mer des Histoires en parle en ces termes, vol. 2. Aage 6. « En ce temps le Bastard d'Orleans, la Hire, & Messire Florent d'Illiers prirent moult subtilement la ville de Chartres, où fut tué l'Evesque du lieu, partisan de Bourgongne, & quelques autres des plus factieux; en quoy ledit Florent d'Illiers fut le principal & premier entrepreneur. » Aussi Iean Chartier, Historien du temps, luy en donnet-il beaucoup de gloire, que d'autres, principalement des modernes, attribuent toute au Comte de Dunois; parce qu'il avoit le principal commandement dans les armées du Roy, & que l'on defere ordinairement aux Generaux tout l'honneur des bons succés.

L'an 1432, il defendit Louviers en Normandie. Et l'an 1435, en continuant ses genereux & heroïques exploits, il se signala à la prise du Pont-de-Meulan par les Anglois.

L'an 1449, il continuoit le siege de la grosse Tour de Verneüil, sur les mesmes Anglois.

Ce seroit icy le lieu de donner amplement le détail de plusieurs autres genereux exploits, & signalées conquestes que ce vaillant Capitaine fit ensuite dans les Comtez de Chartres, Dunois, Vendosmois & du Perche, d'où il acheva de desloger entierement les Anglois, par la prise des chasteaux du Neufbourg, de Beaumesnil, & de Verneüil au Perche, avec tant d'autres belles actions, qui luy firent meriter les deux charges de Gouverneur & Bailly de Chartres (lesquelles estoient si honnorables, que les anciens Comtes de Dreux, Princes yssus de la Maison de France, ne les estimerent pas au-dessous d'eux) : mais comme tous ces grands faicts d'armes n'eurent point d'autre fin que celle de sa vie, c'est assez de dire, qu'il n'y eut que la mort qui en peut interrompre le cours, l'an 1461, presque au mesme temps qu'il eut appris celle de Charles VII, comme s'il luy eust esté difficile de survivre à un tel maistre, qu'on peut dire avoir esté l'un des plus reconnoissans, comme il fut un des plus victorieux Roys de cette Monarchie.

Aprés ce que dessus, ils semble n'estre icy hors de propos d'adjouster encor, & de sçavoir que Florent d'Illiers eut un frere nommé Miles ou Milon, qui embrassa l'estat ecclesiastique, & s'y rendit aussi recommandable par son sçavoir & son merite, que son frere aisné fut illustre par son courage, & par les armes ; & comme il estoit l'un des plus habiles hommes & des plus capables de son siecle, il fut pourveu de l'Evesché de Chartres ; & fut fort employé en diverses ambassades d'importance par les Roys Charles VII,

Louys XI & Charles VIII, lequel luy donna pour succeſſeur ſon neveu René d'Illiers, ſeptieſme fils de Florent; & ainſi l'on peut dire que la Maiſon d'Illiers avoit lors, en meſme temps, entre ſes mains toute l'autorité ſpirituelle & temporelle dans ce pays là, où elle a laiſſé tant de preuves de ſa pieté & de ſon zele envers les Egliſes, & le public, qu'il ne ſe trouve preſque point de paroiſſes, d'abbayes & de couvents ou monaſteres dans toute cette contrée, où il n'en ſoit demeuré quelques marques honorables; ſurtout à Chartres, où l'on void encor aujourd'huy les armes d'Illiers (*) dans la Cathedrale, & à la Courtine, avec celles de la ville, dans l'ancienne muraille d'entre la porte Droüaiſe & celle des Eſpars, au droit du boulevart de Sainct-Iean-en-Vallée, & en tant d'autres lieux publics & particuliers de Chartres, Bonneval, Chaſteaudun, & autres villes, que pour le bien faire entendre, il faudroit preſque nommer toutes celles de la province, & beaucoup meſmes d'autres circonvoiſines.

Quand on a dit que René d'Illiers fut le ſeptieſme fils de Florent, c'eſt aſſez donner à entendre que ce grand perſonnage fut fa-

(*) Cette Maiſon porte d'or à ſix anneaux de gueules.

vorifé de Dieu d'une nombreuſe lignée toute de maſles, qu'il eut de Ieanne de Coutes ſon eſpouſe, petite fille de Meſſire Iean le Mercier, Seigneur de Nogent, Grand-Maiſtre de la Maiſon du Roy Charles VI, & l'un des Officiers des plus cheris & des plus eſtimez de ce Prince; ne ſe trouvant point, que de ce mariage il ſoit ſorty aucune fille.

C'eſt encor une choſe aſſez remarquable dans cette famille, que d'un ſi grand nombre d'enfans maſles, la pluſpart embraſſa l'eſtat eccleſiaſtique; que Ieanne, fille de l'aiſné (lequel n'eut point d'enfans maſles) porta la terre d'Illiers en la Maiſon du Lude, où elle eſt encore aujourd'huy, par le mariage qu'elle contracta avec Iacques de Daillon, Seigneur du Lude, Chambellan du Roy, & Seneſchal d'Anjou; & qu'il n'y a eu que le troiſieſme fils de Florent, nommé Charles, Seigneur de Chantemeſle, qui ait continué avec plus d'eſclat la poſterité maſculine de cette illuſtre & ancienne famille, qui ſubſiſte encore aujourd'huy avec beaucoup d'honneur & de reputation, en la perſonne de Meſſire Leon d'Illiers, Marquis d'Entragues, en qui la gloire de ſes anceſtres eſt ſi avantageuſement deſcenduë, que (ſans parler des alliances que sa Maison a eu avec les premieres & les plus puissantes non-seulement de France, mais encore avec celles du Sang Royal d'Escosse & d'Angleterre; & sans faire reflexion sur celles du Grand-Maistre de Montaigu, de l'Admiral de Graville, du Vidame de Chartres, François de Vendosme, Prince de Chabanois, ny sur celle des Seigneurs de Balsac d'Entragues, toutes devoluës & reünies en sa personne) pour luy donner les plus solides loüanges que la vertu puisse meriter; il suffit de dire que tout ce qu'il y a de plus honnestes gens à la Cour ont tousjours reconnu en sa personne une sagesse & une probité si hors du commun, qu'il a souvent esté pris, & l'est encor tous les jours, pour arbitre des differens des plus grandes Maisons, de quelques Generaux d'armées, & de plusieurs Princes: & ce qui est presque sans exemple en un particulier, les incognus mesmes ont eu recours à luy, & se sont volontairement soumis à ses jugemens, comme à des Arrests, tant sa reputation les leur faisoit estimer equitables: aussi a-t-il merité cet honneur rare & singulier, d'avoir esté loüé le plus adroitement & le plus à propos du monde sur ce sujet, & sur ses autres belles qualitez, de la bouche & de la plume d'une (*) des plus judicieuses & plus habiles Princesses que le Sang de France ait produit, dont l'esprit est si penetrant, & les sentimens si justes, que son jugement seul doit servir de decision & de regle à tous les autres.

(*) V. p. 83 des divers portraits faits par *Mademoiselle*, & imprimez l'an 1659 in-4, par ordre de son Altesse Royale.

Fin des Mémoires de Florent d'Illiers, & du septième Volume.

www.ingramcontent.com/pod-product-compliance
Lightning Source LLC
Chambersburg PA
CBHW070220240426
43671CB00007B/712